Ethisches Argumentieren

Marie-Luise Raters

Ethisches Argumentieren

Ein Arbeitsbuch

2. Auflage

Marie-Luise Raters
Institut für LER/Institut für Philosophie
Universität Potsdam
Potsdam, Deutschland

ISBN 978-3-662-67482-6   ISBN 978-3-662-67483-3 (eBook)
https://doi.org/10.1007/978-3-662-67483-3

Die Deutsche Nationalbibliothek verzeichnet diese Publikation in der Deutschen Nationalbibliografie; detaillierte bibliografische Daten sind im Internet über ▶ http://dnb.d-nb.de abrufbar.

J.B. Metzler
© Der/die Herausgeber bzw. der/die Autor(en), exklusiv lizenziert an Springer-Verlag GmbH, DE, ein Teil von Springer Nature 2020, 2024
Das Werk einschließlich aller seiner Teile ist urheberrechtlich geschützt. Jede Verwertung, die nicht ausdrücklich vom Urheberrechtsgesetz zugelassen ist, bedarf der vorherigen Zustimmung des Verlags. Das gilt insbesondere für Vervielfältigungen, Bearbeitungen, Übersetzungen, Mikroverfilmungen und die Einspeicherung und Verarbeitung in elektronischen Systemen.
Die Wiedergabe von allgemein beschreibenden Bezeichnungen, Marken, Unternehmensnamen etc. in diesem Werk bedeutet nicht, dass diese frei durch jedermann benutzt werden dürfen. Die Berechtigung zur Benutzung unterliegt, auch ohne gesonderten Hinweis hierzu, den Regeln des Markenrechts. Die Rechte des jeweiligen Zeicheninhabers sind zu beachten.
Der Verlag, die Autoren und die Herausgeber gehen davon aus, dass die Angaben und Informationen in diesem Werk zum Zeitpunkt der Veröffentlichung vollständig und korrekt sind. Weder der Verlag noch die Autoren oder die Herausgeber übernehmen, ausdrücklich oder implizit, Gewähr für den Inhalt des Werkes, etwaige Fehler oder Äußerungen. Der Verlag bleibt im Hinblick auf geografische Zuordnungen und Gebietsbezeichnungen in veröffentlichten Karten und Institutionsadressen neutral.

Einbandabbildung: © themacx/Getty Images/iStock

Planung/Lektorat: Franziska Remeika

J.B. Metzler ist ein Imprint der eingetragenen Gesellschaft Springer-Verlag GmbH, DE und ist ein Teil von Springer Nature.
Die Anschrift der Gesellschaft ist: Heidelberger Platz 3, 14197 Berlin, Germany

Das Papier dieses Produkts ist recyclebar.

Für meine Studierenden

Vorwort

Ursprünglich bestand gar nicht die Absicht, ein Arbeitsbuch mit praktischen Übungen zu verfassen. Es ist vielmehr im Laufe von mehreren Jahren aus den Arbeitsbögen entstanden, die ich für mein Seminar zur Einführung in die Ethik zusammengestellt und immer wieder überarbeitet habe. Das Seminar gehört zum Lehramtsstudiengang LER (Lebensgestaltung – Ethik – Religionskunde) der Universität Potsdam. Die Studierenden sollen hier ethisches Argumentieren lernen, um später ihre Schülerinnen und Schülern für kritische Reflexion auf die diversen Wertangebote unserer Zeit begeistern zu können. Das sollte möglichst praktisch geschehen, weil Ethik eine praktische Wissenschaft ist, in der es am Ende des Tages darum geht, sich begründet für richtiges Handeln zu entscheiden. Meine Beispiele waren zu Beginn nicht besonders anschaulich. Im Gegenzug waren meine Aufgabenstellungen oft unverständlich und meine Erläuterungen unnötig ausschweifend. Meine Studierenden haben mich immer wieder korrigiert und auf den harten Boden der Tatsachen zurückgeholt. Als die Arbeitsbögen endlich zu einem Buch zusammengefügt waren, hat sie Franziska Remeika vom Metzler-Verlag mit akribischer Sorgfalt und erfrischendem Humor korrigiert und gestaltet. Euch allen möchte ich an dieser Stelle sehr herzlich danken – ohne Euch wäre aus der losen Sammlung von Arbeitsmaterialien vermutlich nie ein Buch geworden!

Marie-Luise Raters
Potsdam
im Juli 2020

Vorwort zur 2. Auflage

„Welche Autorin träumt nicht vom perfekten Buch?" Das war die gelassene Reaktion von Franziska Remeika, als ich ihr entsetzt von den vielen Fehlern berichtete, die ich selbst und andere in der ersten Auflage dieses Buches entdeckt hatten. Insbesondere im ▶ Kapitel 1.5 zu *Schlussformen und Schlussfehlern* wimmelte es nur so vor Ungenauigkeiten und Fehlern. „Dafür gibt es ja die zweite Auflage", fuhr sie schmunzelnd fort. Diese zweite Auflage haben Sie jetzt in den Händen. Für kompetente Kritik und Hilfestellungen bei der Überarbeitung der ersten Auflage danke ich Franziska Remeika und meinen Studierenden. Mein besonderer Dank gilt außerdem Niko Strohbach und Sven Enders, die mich auf einige grobe Schnitzer in den ▶ Kapiteln 1.2 und 1.5 hingewiesen und hilfreiche Verbesserungsvorschläge gemacht haben. „Und mit der neuen Auflage hast Du ja dann auch die Gelegenheit, einige neue Kapitel zu Themen zu verfassen, die Du auch für wichtig hältst". Tatsächlich gibt es vier neue Kapitel, nämlich ▶ Kapitel 2.12 zur Diskursethik, das ▶ Kapitel 2.13 zur Fürsorge-Ethik, das ▶ Kapitel 3.14 zu den Allgemeinen Menschenrechten und das ▶ Kapitel 3.15 zum moralischen Dilemma. Für wichtige Hilfestellungen zum ▶ Kapitel 2.12 danke ich Matthias Kettner, Marc Geissler, Maximilian Berger und meinen Studierenden. Für Anregungen zu den ▶ Kapiteln 2.13, 3.14, und 3.15 danke ich Maximilian Berger und meinen Studierenden. „Aber bilde Dir bloß nicht ein, dass in der zweiten Auflage dann alles perfekt wird". So hat mich Franziska Remeika wieder auf den Boden der Tatsachen zurückgeholt. Zwar habe ich Grund zur Hoffnung, dass gegenüber der ersten Auflage in diesem Buch vieles richtiger, verständlicher und besser geworden ist. Das ist dann der Verdienst all derer, die mir bei der zweiten Auflage geholfen haben. Alle Fehler nehme ich selbstverständlich auf meine eigene Kappe und tröste mich mit der Aussicht auf eine dritte Auflage.

Marie-Luise Raters
Potsdam
im November 2023

Einleitung in das Buch und seine Methode

Mit der Ethik ist es wie mit der Politik: Jeder kann irgendwie mitreden. Und das ist auch richtig so, weil politische und moralische Überzeugungen einen wichtigen Teil unserer Persönlichkeit ausmachen. Aber kann wirklich jeder mitreden? Hat nicht jeder schon die Erfahrung gemacht, dass man etwas Wichtiges zu einem politischen oder moralischen Problem zu sagen hat, aber dann nicht richtig ausdrücken kann, was man sagen will? Oder dass man genau weiß, dass die Diskussionspartnerin gravierend falsch liegt, dass man aber verflixt nochmal nicht sagen kann, wo der Fehler liegt? Solche Erfahrungen machen auch diejenigen, die sich mit Ethik oder Politik im Studium, in der Schule oder im Beruf befassen: Manchmal kann man nicht sagen, was man sagen will, weil das richtige Argument fehlt, um seine Überzeugung auch überzeugend verteidigen zu können. Und das hat seinen Grund: Scharfsinniges Argumentieren ist nun einmal eine Technik, die genauso erlernt sein will wie die Techniken des Klavierspielens oder des Autoreparierens beispielsweise. Dieses Buch soll in die Technik des Argumentierens einführen, genauer in die Technik des ethischen Argumentierens über moralische Probleme und Streitfragen. Wie Dieter Birnbacher im Vorwort zu seinem Buch *Analytische Einführung in die Ethik* von 2007 treffend betont, hat jedes Buch seine „geheimen Vorbilder". Die hier zugrunde gelegte Auffassung, dass ein moralisches Urteil (mindestens) nicht nur auf einer konsensfähigen Norm, sondern auch auf einer angemessenen Situationsbeschreibung basieren muss, stammt aus der *Nikomachischen Ethik* des Aristoteles. Jenseits dessen ist diese Einführung von Birnbacher speziell und generell von der analytischen Ethik beeinflusst: Allen, die tiefer eindringen wollen, sei Birnbachers Buch deshalb wärmstens empfohlen.

Gegenstand und Adressaten

Das Buch richtet sich an alle, die die Technik des ethischen Argumentierens erlernen und einüben wollen. Das können Ethik-Lehrer(innen) und Philosophiestudierende und Mitglieder von Ethik-Komitees sein, aber auch sonst jeder, der sich für Ethik interessiert. Es geht um Typen von Argumenten, die in der professionellen Ethik angewandt werden. Dabei besteht die Besonderheit des Buches gegenüber ähnlich ausgerichteten Einführungen in die Ethik darin, dass *praktische Übungen präsentiert werden, mit denen sich das ethische Argumentieren an Beispielen einüben lässt.* Das Buch enthält deshalb weder lange Erläuterungen der spezifischen Argumentationsformen der Ethik noch umfangreiche Zuordnungen zu verschiedenen Epochen der Philosophiegeschichte. Solches Wissen wird zwar nicht vorausgesetzt, aber nur beiläufig mitvermittelt. Geboten werden stattdessen praktische Übungen zu verschiedenen ethischen Argumentformen, durch die das ethische Argumentieren autodidaktisch erlernt und eingeübt werden kann. Weil das Buch ein Übungs- und kein Sachbuch sein soll, werden nur die wichtigsten Sachinformationen und Begriffsdefinition (in blauen Kästen) stichwortartig mitgegeben, die für das Absolvieren der Übungsaufgaben unverzichtbar sind. In diesem Buch geht es ausschließlich um das Einüben der Technik des Argumentierens durch praktische Aufgabenstellungen; alles andere ist als unterstützendes Beiwerk betont spärlich. Auf Hinterfragungen, philosophiehistorische Einordnungen und Alternativen wurde bewusst verzichtet. Weitergehende Studien und kritische Überprüfungen in Philosophiegeschichten, Handbüchern und Begriffslexika sind jedoch dringend empfohlen.

Wie arbeitet man mit dem Buch?

Über das Philosophieren hat Aristoteles gesagt, dass man es allein tun kann, dass es aber „vielleicht noch besser gelingt, wenn man Freunde hat, die mitwirken". So ist es auch mit diesem Buch: Man kann die Fragen allein bearbeiten, aber wenn man sich zusammentut, wird die Bearbeitung vermutlich fruchtbarer sein und sicher mehr Freude bereiten. Aber gleich, ob Sie als Team oder allein arbeiten: Sie sollten in dem Buch schreiben. Zögern Sie nicht, das Buch als Arbeitsmaterial anzusehen, in dem Sie alles festhalten, was Ihnen beim Verständnis des jeweiligen Arguments hilft. Nehmen Sie sich einen Bleistift und unterstreichen Sie in den Beispieltexten Begriffe und Äußerungen, die Ihnen wichtig zu sein scheinen oder seltsam vorkommen. Schlagen Sie in einem philosophischen Begriffslexikon die Begriffe nach, die Sie nicht kennen, und schreiben Sie die Definition in die Marginalspalte. Halten Sie vor allem Ihre eigenen Antworten auf die gestellten Fragen schriftlich fest. Insgesamt sollten Sie sich immer nur eines der Kapitel vornehmen, bearbeiten und dann erst einmal weglegen, um über die Antworten nachdenken zu können, die Sie gegeben haben. Vielleicht fallen Ihnen noch bessere Antworten ein? Die eine richtige Antwort gibt es in der Philosophie nicht, aber es gibt gute und weniger gut begründete Antworten. Das Ziel des Buches ist die möglichst gute Begründung von ethischen Positionen, die auch scharfsinniger Kritik und kritischen Nachfragen standhält. Deshalb kann es sinnvoll sein, seine Antworten in einem zweiten Durchgang noch einmal zu prüfen. Dann könnte ein Radiergummi zum Einsatz kommen.

Zum Aufbau der Kapitel

Das Buch besteht aus in sich abgeschlossenen Einzelkapiteln. Dabei unterscheiden sich die ersten Kapitel von den übrigen Kapiteln, weil sie einige Basiskenntnisse vermitteln und in das hier zugrunde gelegte Verständnis von Philosophie und Ethik einführen. Deshalb sollten Sie mit diesen Kapiteln beginnen. Abgesehen von den ersten (einleitenden) Kapiteln behandelt dann jedes der übrigen Kapitel ein bestimmtes Argument aus der Perspektive ethischer Debatten. Sie bauen nicht aufeinander auf, so dass sie in beliebiger Reihenfolge bearbeitet werden können. Die Kapitel selbst sind dann so aufgebaut, dass sich der Schwierigkeitsgrad der Aufgabenstellungen im Verlaufe des Kapitels sukzessive steigert. Begonnen wird jeweils damit, dass die Argumentationsform, die praktisch eingeübt werden soll, in einer lebensweltlich vertrauten Formulierung (z. B. als Sprichwort) präsentiert wird. Das soll anregen, darüber nachzudenken, unter welchen Umständen man das Argument verwenden würde oder vielleicht selbst schon einmal verwandt hat. In welchen Kontexten hat das Argument überzeugt? Und auf welche Schwierigkeiten sind Sie gestoßen? Wenn Sie sich diese Fragen beantwortet haben, haben Sie eigentlich schon verstanden, wie das Argument funktioniert, wie es sich einsetzen lässt und wo die Schwachstellen sind. In einem zweiten Schritt wird ein moralisches Problem mit der Anweisung präsentiert, die Tragfähigkeit des Arguments gegenüber dem Problem kritisch zu untersuchen und eventuelle Einwände und Bedenken zu formulieren. Hierzu muss allerdings eine Trigger-Warnung ausgesprochen werden. Moralische Probleme können scheußlich sein. Wenn es Sie zu sehr belastet, sich mit einem bestimmten moralischen Problem auseinandersetzen zu müssen, nehmen Sie sich lieber das nächste Kapitel vor. Es folgt in einem dritten Schritt (mindestens) ein Auszug aus einem professionellen ethischen Text, in dem das jeweilige Argument verwendet wird. Die Herausarbeitung der Prämissen des

Argumentes, das in diesen Texten entwickelt und verteidigt wird, dürfte für Anfänger und philosophische Laien vermutlich die größte Schwierigkeit darstellen. Um die Lektüre der philosophischen Texte zu erleichtern, werden Lektürehilfen gegeben (wobei immer betont wird, dass sich der Text natürlich auch anderes strukturieren ließe). Zugrunde gelegt wird dabei ein Textanalyseschema, das im Wesentlichen aus den folgenden neun Elementen besteht: *leitende Frage: lF – These: T – Konklusion: K – Prämisse: P – antizipierter Einwand: E – Antwort auf den Einwand: AE – Beispiel: z. B. – Definition: Def. – weiterführende Frage: w. F.* Dabei wird unter der ‚leitenden Frage' das philosophische Problem verstanden, welches der Text lösen soll. Die Thesen T1–x sind die Antworten, welche der Text auf die leitende Frage gibt. Die Konklusionen K1–x sind die Schlussfolgerungen aus den philosophischen Argumenten, die der Text entwickelt und verteidigt. Dabei sind die Thesen eines Textes in aller Regel identisch mit den Schlussfolgerungen. Ein gängiges Verfahren ist nämlich, dass die Antwort des Textes auf die leitende Frage am Anfang zunächst als These T formuliert und dann im Verlauf des Textes mit einem philosophischen Argument verteidigt wird, das dann in der Schlussfolgerung K mündet. Die Prämissen P1–x sind die Begründungen der jeweiligen Antworten T1–x bzw. die Voraussetzungen der Konklusionen K1–x. Insofern es sich für ein besseres Textverständnis anbietet oder erforderlich ist, werden die Prämissen als deskriptive (d. i. beschreibende) Prämissen Pd1–Pdx und normative (d. i. vorschreibende) Prämissen Pn1–Pnx oder evaluative Prämissen Pe1–Pex unterschieden (▶ Kapitel 1.3). Die Einwände E1–x sind die Vorbehalte und Nachfragen, die sich gegen eine philosophische Position vorbringen lassen. Professionelle Philosophinnen antizipieren solche Einwände in der Regel selbst. Die Antworten A1–xE1–x sind ihre jeweiligen Verteidigungen gegen solche antizipierten Einwände. Die Beispiele z. B.1–x dienen der Veranschaulichung der Thesen T1–x oder der Prämissen P1–x. Die weiterführenden Fragen w. F.1–x sind Gelenkstellen, an denen der Text ein neues Problem bzw. eine neue Frage aufwirft oder auf ein Problem hinweist, das sich aus dem bisherigen Argumentationsgang ergeben hat. Durch die Definitionen Def.1–x zentraler Begriffe werden häufig wichtige Weichen für den weiteren Argumentationsgang gestellt. In einem vierten Schritt werden die Kapitel mit einer formalisierten Darstellung der jeweiligen Argumentationsform und der Standard-Strategie zur Widerlegung anhand eines Beispiels abgeschlossen. Zu allen vier Schritten werden mit der Anweisung ‚Stöbern Sie' gegebenenfalls Hinweise gegeben, wie man sich bei Interesse tiefer in eine philosophische Fragestellung, eine philosophische Debatte oder eine bestimmte philosophiehistorische Epoche einarbeiten kann.

Zum Aufbau des Buches

Damit ist das Wichtigste zum Aufbau des Buches schon gesagt. Im ersten einleitenden Teil *Grundsätzliches zum ethischen Argumentieren* werden die Grundlagen für die übrigen Kapitel gelegt, indem gezeigt wird, dass ethisches Argumentieren im Kern darin besteht, eine moralisch knifflige Situation erstens adäquat zu beschreiben und dann zweitens angemessen zu bewerten. Es gibt Kapitel zur adäquaten Beschreibung von moralisch schwierigen Situationen (deskriptive Prämisse Pd) und zu den wichtigsten Techniken des richtigen Schlussfolgerns. Der zweite Teil macht mit Siebenmeilenstiefeln einen Durchmarsch durch die Philosophiegeschichte: Gezeigt wird, wie eine Moralphilosophin einer bestimmten philosophiehistorischen Richtung in etwa argumentieren würde. Wenn Sie die Kapitel bearbeitet haben, wissen Sie, inwiefern ein Deontologe anders argumentiert als ein Utilitarist beispielsweise. Der dritte Teil liefert einen Überblick über die wichtigsten Problemfelder der Angewandten Ethik, um spezifisch ethische Argumentationsformen wie das Doppelwirkungs- oder Dammbruchargument vorzustellen. Im abschließenden *Anhang* findet sich eine Auflistung der wichtigsten Regeln, die man beim Verfassen eines ethischen Textes (in welchem Kontext und zu welchem Zweck auch immer) vielleicht berücksichtigen sollte. Das Problem der gender-gerechten Sprache wird so gelöst, dass es sowohl weibliche als auch männliche Formen und Protagonistinnen gibt, womit selbstverständlich immer auch queere Personen gemeint sind.

Inhaltsverzeichnis

1	**Grundsätzliches zum ethischen Argumentieren**	1
1.1	Philosophie als Tätigkeit	2
1.2	Praktische Philosophie	5
1.3	Das moralische Urteil	9
1.4	Deskriptive Prämissen (Situationsbeschreibung)	14
1.5	Schlussformen und Schlussfehler	23
	Literatur	31
2	**Historische Einführung in das ethische Argumentieren**	33
2.1	Das tugendethische Argument (Ausblick: Griechische Antike)	34
2.2	Das religiöse Argument (Ausblick: Scholastik)	41
2.3	Das Argument der Unbezweifelbarkeit (Ausblick: Neuzeit)	47
2.4	Das deontologische Argument (Ausblick: Aufklärung 18. Jahrhundert)	54
2.5	Das utilitaristische Argument (Ausblick: Klassischer Utilitarismus 19. Jahrhundert)	61
2.6	Das Argument des Mitleids (Ausblick: Willensmetaphysik 19. Jahrhundert)	69
2.7	Das Argument der moralischen Intuitionen (Ausblick: Intuitionismus frühes 20. Jahrhundert)	77
2.8	Das pragmatistische Argument (Ausblick: Klassischer Pragmatismus frühes 20. Jahrhundert)	85
2.9	Das Authentizitätsargument (Ausblick: Existentialistische Philosophie Mitte 20. Jahrhundert)	90
2.10	Das präferenzutilitaristische Argument (Ausblick: Präferenzutilitarismus spätes 20. Jahrhundert)	99
2.11	Das kontraktualistische Argument (Ausblick: Liberalismus spätes 20. Jahrhundert)	106
2.12	Das Argument der allgemeinen Anerkennung (Ausblick: Diskursethik spätes 20. Jahrhundert)	113
2.13	Das Nearest-and-Dearest-Argument (Ausblick: Care-Ethik und feministische Ethik spätes 20. Jahrhundert)	123
	Literatur	135
3	**Argumente der Angewandten Ethik**	137
3.1	Das Common-Sense-Argument	138
3.2	Das Autoritätsargument	143
3.3	Das Argument der Klugheit	150
3.4	Das Argument der Doppelwirkung	154
3.5	Das Dammbruch-Argument	160
3.6	Das Analogie-Argument	165
3.7	Das Argument der Selbstzweckhaftigkeit und das Instrumentalisierungsverbot	170
3.8	Das Argument der Autonomie	178
3.9	Das Argument der letzten Tür	187
3.10	Das Argument des Nichtstuns	192
3.11	Das Argument des bösen Zufalls	199
3.12	Das Argument des Nichtkönnens (*ought implies can*)	205
3.13	Das Argument der Supererogation	212
3.14	Das Argument der Allgemeinen Menschenrechte	218
3.15	Das Argument des moralischen Dilemmas	228
3.16	Das Argument des geglückten Lebens	235
	Literatur	242

Serviceteil

Anhang: Wie schreibe ich einen philosophischen Text? ... 246

Grundsätzliches zum ethischen Argumentieren

Inhaltsverzeichnis

1.1 Philosophie als Tätigkeit – 2

1.2 Praktische Philosophie – 5

1.3 Das moralische Urteil – 9

1.4 Deskriptive Prämissen (Situationsbeschreibung) – 14

1.5 Schlussformen und Schlussfehler – 23

Literatur – 31

1.1 Philosophie als Tätigkeit

Philosophen sind dem griechischen Wortursprung zufolge Menschen, die ‚Weisheit lieben'. Dabei ist ‚Weisheit' jedoch ausdrücklich kein schwieriges Geheimwissen, das die meisten Menschen nicht verstehen können. Das Gegenteil ist der Fall: Die Fähigkeit zum Philosophieren kann jeder erlernen, der sich darum bemüht. Tatsächlich ist die Philosophie nämlich in der Praxis entstanden. ‚Philosophen' oder ‚Sophisten' hießen im antiken Athen die Lehrer, die junge Leute auf den Beruf des Politikers vorbereiteten. Insofern mussten Philosophen konkrete Vorstellungen vom gelungenen Leben, vom guten Staatsbürger, vom wohlgeordneten Staat und vom Gerechten haben. Vor allem aber mussten sie Techniken des angemessenen Begründens und Argumentierens unterrichten können. Was hilft es schließlich einem Politiker, wenn er zwar weiß, was richtig ist, wenn er seine Position aber weder vermitteln noch verteidigen kann? Seit der griechischen Antike wird das Philosophieren als Tätigkeit des kritischen Nachdenkens aufgefasst. Der Gegenstand dieser Tätigkeit sind knifflige Fragen und Probleme. Ihr Ziel liegt in begründeten Antworten und Lösungsvorschlägen. Die Tätigkeit des Philosophierens besteht also einerseits im Entwickeln von gut begründeten Antworten und Lösungsvorschlägen und andererseits im kritischen Prüfen der Antworten und Lösungsvorschläge von anderen. Wer philosophieren will, muss deshalb kritisch argumentieren können. Umgekehrt kann philosophieren, wer kritisch argumentieren kann. In diese Auffassung von ‚Philosophie als Technik' soll dieses erste Kapitel einführen.

1. Was wollen Sie lernen, wenn Sie sich mit Philosophie befassen? Bitte schreiben Sie einige Stichworte auf.

_____

_____

_____

2. Bitte analysieren Sie die folgenden Textpassagen. Stöbern Sie: Was können Sie über die Autoren der Passagen (in Handbüchern und Philosophiegeschichten) in Erfahrung bringen? Dann versuchen Sie bitte, in der Wiedergabe-Spalte das Gesagte mit eigenen Worten zu formulieren. Überlegen Sie, was für und gegen jede Definition spricht.

Text	Eigene Wiedergabe/Pointe	Ihre Stellungnahme
„Im Bemühen um Wissen muss ich leben und deshalb prüfen und widerlegen." (Sokrates 469–399 v. Chr.)		
Der „Bildungshungrige" strebt nach „gängigen Meinungen" (δόξαι). Der Philosoph hingegen will „Wissen von dem, was sich immer gleichbleibend verhält". (Platon 427–347 v. Chr.)		
„Die Philosophie ist die erste und grundlegende aller Wissenschaften, weil sie nach den ersten Ursachen und Prinzipien des Seienden und des Denkens sucht." (Aristoteles 384–ca. 322 v. Chr.)		

1.1 · Philosophie als Tätigkeit

Text	Eigene Wiedergabe/Pointe	Ihre Stellungnahme
„Der Zweck der Philosophie ist die logische Klärung der Gedanken. Die Philosophie ist keine Lehre, sondern eine Tätigkeit […]. Das Resultat der Philosophie sind nicht philosophische Sätze, sondern das Klarwerden von Sätzen." (Ludwig Wittgenstein 1889–1951)		
„The man who has no tincture of philosophy goes through life imprisoned in the prejudices derived from common sense, from the habitual beliefs of his age or his nation, and from convictions which have grown up in his mind without the cooperation or consent of his deliberate reason." (Bertrand Russell 1872–1970)		

Versuchen Sie es selbst! Beschreiben Sie, was ‚Philosophieren' ist.

_____

_____

_____

3. Nach Immanuel Kant (1724–1804) beantwortet die Philosophie folgende vier Fragen: Was kann ich wissen? Was soll ich tun? Was darf ich hoffen? Was ist der Mensch?

» Die erste Frage beantwortet die *Metaphysik*, die zweite die *Moral*, die dritte die *Religion*, und die vierte die *Anthropologie*. (Kant 1800, S. 448, Hervorhebungen im Orig.)

Was glauben Sie: Welche Probleme werden mit den Fragen zusammengefasst? Was sind die speziellen Fragen der Philosophie? Schauen Sie sich die Struktur philosophischer Institute an Universitäten im Internet an, um Antworten zu finden.

Kants Frage	(Heute) gängige Etikette	Mögliche Unter-Fragen
Was kann ich wissen?	Theoretische Philosophie	1. 2. 3. 4–x:
Was soll ich tun?	Praktische Philosophie	1 2 3 4–x:
Was darf ich hoffen?	Religionsphilosophie und Ästhetik	1. 2. 3. 4–x:
Was ist der Mensch?	Anthropologie	1. 2. 3. 4–x:

4. Was unterscheidet die Herangehensweise der Philosophin von der eines Physikers oder einer Ärztin? Überlegen Sie am Beispiel der Frage ‚Was ist der Mensch'? Skizzieren Sie Ihre Antworten in Stichworten und überlegen Sie, wie Sie eine naturwissenschaftliche und eine philosophische Antwort auf die Frage nach dem Menschen überprüfen würden?

	Naturwissenschaften	Philosophie
Methode:		
Wie würden Sie eine Antwort prüfen bzw. hinterfragen?		

Tipp

Zu 1.1.3: Es gibt keinen bestimmten Themenbereich der Philosophie, aber gängige Einteilungen (z. B. in Theoretische Philosophie und in Praktische Philosophie).

Zu 1.1.4: Die Naturwissenschaften sammeln messbare Daten und entwickeln aus den Daten Theorien. Die Technik der Philosophie besteht im Prüfen und/oder Entwickeln von begründeten Antworten auf schwierige Fragen.

5. Aristoteles beantwortet die Frage ‚Was ist der Mensch' mit der Behauptung, dass der Mensch ein ‚zur Gesellschaft begabtes Tier' (*zoon politikon*) sei. Diese These begründet er damit, dass der Mensch aufgrund seiner Fähigkeit zur Sprache über das Gerechte und Ungerechte ebenso wie über das Nützliche und Schädliche diskutieren kann. Halten Sie die Prämissen von Aristoteles' Argument für tragfähig? Rekonstruieren Sie die Prämissen und diskutieren Sie ihr Für und Wider.

Text	Rekonstruktion	Diskussion
„Dass aber der Mensch mehr noch als jede Biene und jedes schwarm- und herdenweise lebende Tier ein Vereinswesen *[zoon politikon]* ist, liegt zutage.	T:	
Die Natur macht [...] nichts vergeblich.	P1:	
Nun ist aber einzig der Mensch unter allen animalischen Wesen mit der Sprache begabt. Die Stimme ist das Zeichen für Schmerz und Lust und darum auch den anderen Sinneswesen verliehen.	P2:	
Das Wort aber und die Sprache sind dafür da, das Nützliche und das Schädliche sowie das Gerechte und das Ungerechte anzuzeigen [...].	P3:	
Die Gemeinschaft dieser Ideen aber begründen den Staat und die Familie. [...]	P4:	
Wer aber nicht in Gemeinschaft leben kann oder ihrer [...] gar nicht bedarf, ist [...] entweder ein Tier oder ein Gott."	→ K (T):	
Aristoteles 1995: *Politik* 1253a8–28	*Bitte beachten Sie, dass der Text gekürzt ist und dass man einen philosophischen Text auf verschiedene Weise rekonstruieren kann.*	

6. Welche wichtigen (philosophischen) Fragen stellen sich Ihnen heute? Schreiben Sie Stichworte auf.

_____

_____

_____

_____

Was ist Philosophie?

Die Philosophie gibt begründete Antworten auf schwierige Fragen.
Die Fragen können aus allen Bereichen des Lebens stammen.
Sie sollten allerdings wirklich von Bedeutung und Interesse sein.
i)   Die begründeten Antworten auf die schwierigen Fragen heißen ‚Thesen'.
ii) Die Begründungen heißen ‚Prämissen'.
iii) Die These einschließlich ihrer Begründungen bildet ein Argument.
Die Technik der Philosophie besteht im Prüfen und/oder Entwickeln von philosophischen Argumenten.

> **Zum Weiterlesen**
> Rosenberg, Jay F.: *Philosophieren. Ein Handbuch für Anfänger.* Übers. von B. Flickinger. Frankfurt a. M. 1986 (engl. 1984).

1.2 Praktische Philosophie

Der Satz ‚Du sollst die Handlung X tun' kann in verschiedenen Kontexten Unterschiedliches bedeuten. Es kann eine allgemeine moralische Pflicht für alle gemeint sein. So sollte man nicht morden. Es kann auch eine Staatsbürgerpflicht oder eine Anstandsregel gemeint sein. So sollte man seine Steuern zahlen und nicht in der Nase bohren. Es kann auch ein Ratschlag gemeint sein. Ein Ratschlag kann sich auf Glücksvorstellungen oder Pläne beziehen. So sollte man nicht den Beruf wählen, mit dem man am meisten Geld verdienen würde, wenn man glaubt, dass anderes im Leben wichtiger ist. Es kann der kluge Ratschlag gemeint sein, dass man an der Haustür kein Geld spenden sollte. Der Ratschlag kann auch der praktische Tipp sein, dass man sein Fahrrad reparieren lassen könnte, anstatt es wegzuwerfen, weil der Kauf eines neuen Fahrrads teurer, aber nicht besser wäre als eine Reparatur. Gemeint sein können aber auch gewisse Standardanforderungen. So sollen philosophische Texte gewisse formale Anforderungen erfüllen. Das Hilfsverb ‚sollen' hat also je nach Kontext verschiedene Bedeutungen. Dementsprechend teilt sich das Feld der ‚Praktischen Philosophie' (als die Wissenschaft davon, was man tun soll) in verschiedene Teildisziplinen. Dabei gibt es allerdings die Schwierigkeit, dass bei manchen Etiketten keine Einigkeit darüber besteht, welche Teildisziplin sie benennen. Das gilt ausgerechnet für das Etikett ‚Ethik'. Für einige bezeichnet es die ‚Wissenschaft von der Moral' und für andere die ‚Wissenschaft vom geglückten Leben'. Dieses Kapitel soll mit Blick auf die nächsten Kapitel einige Etikette festlegen.

1. In welchen Kontexten stellt sich Kants Frage ‚Was soll ich tun'? Finden Sie Beispiele und mögliche Antworten.

	Bedeutung	Mögliche Antwort mit Begründung
Kontext A: Soll ich einem Obdachlosen Geld geben?		
Kontext B: Soll ich sparen?	Klugheits-Problem	Es ist klug, zu sparen, weil man dann auf Notsituationen vorbereitet ist.
Kontext C:		
Kontext D:		

2. Schlagen Sie nach: Was bedeuten *ethos* im Griechischen und *mos* im Lateinischen?

3. Schlagen Sie nach, wie der Begriff ‚Ethik' in verschiedenen philosophischen Begriffslexika verwendet wird. Schreiben Sie die Definitionen kurz auf und überlegen Sie, welche Frage(n) sich ein ‚Ethiker' jeweils stellen würde.

Definitionen	Frage(n)

> **Tipp**
>
> **Zu 1.2.2:** Das griechische *ethos* bedeutet ‚Gewohnheit, Sitte, Brauch, Charakter, Sinnesart'. Ethik ist also vom Ursprung her die Wissenschaft vom (guten) Charakter und den guten Gewohnheiten. Das lateinische *mos* bedeutet ‚gute Sitte'.
> **Zu 1.2.3:** Bei Birnbacher u. a. ist ‚Ethik' die Theorie der Moral. Für Aristoteles, Habermas u. a. ist ‚Ethik' jedoch die Lehre vom gelungenen Leben, wobei Aristoteles den Fokus auf den guten Charakter und Habermas auf subjektive Werte und individuelle Lebenspläne legt.

4. Stellen Sie sich vor, Sie sollen einen Essay (einen Zeitungsartikel oder eine Modularbeit) zu einem moralischen Problem schreiben. Mit welchem Problem würden Sie sich gern befassen? Fällt Ihnen eine spannende Fragestellung ein? Überlegen Sie außerdem, mit welchem Problem der (aktuellen) Angewandten Ethik Sie sich gern beschäftigen würden.

1.2 • Praktische Philosophie

	Ihre Frage	Ihre Antwort	Begründung(en)
Ihr moralisches Problem:			
Ihr Problem der (aktuellen) Angewandten Ethik:			

5. Rekonstruieren Sie folgenden Textauszug und überlegen Sie, ob Sie Dieter Birnbachers Auffassung von ‚Ethik' zu Ihrer eigenen machen wollen (Birnbacher 2007).

Text	Rekonstruktion	Diskussion
„‚Ethik' und ‚Moral' sind von ihrer Wortgeschichte mehr oder weniger gleichbedeutend. Das griechische ‚ethos' und das lateinische ‚mos' [...] bedeuten jeweils so viel wie Sitte, Gewohnheit, Üblichkeit.	Def. Geschichte der Philosophie:	
Auch in der deutschen Gegenwartssprache werden *Ethik* und *Moral* vielfach austauschbar gebraucht.	Def. Alltagssprache:	
Im Gegensatz dazu hat es sich innerhalb der Philosophie eingebürgert, Ethik und Moral klar voneinander zu unterscheiden.	Def. aktuelle Philosophie:	
Zwar wird diese Unterscheidung nicht von allen Moralphilosophen in derselben Weise getroffen.	E1:	
Aber ganz überwiegend wird zwischen ‚Ethik' und ‚Moral' so unterschieden, dass ‚Ethik' als die philosophische *Theorie der Moral* gilt,	Def. Ethik:	
‚Moral' dagegen als das komplexe und vielschichtige System der Regeln, Normen und Wertmaßstäbe, das den Gegenstand der Ethik ausmacht.	Def. Moral:	
‚Ethik' ist danach gleichbedeutend mit ‚Moralphilosophie'.	(noch einmal) Def. Ethik:	
Die Rolle des Ethikers oder Moralphilosophen besteht [...] primär darin, das Sprachspiel der Moral von einem außerhalb des Sprachspiels gelegenen Standpunkt zu beschreiben, zu analysieren und möglicherweise zu begründen.	Die Tätigkeit des professionellen Ethikers ist:	
Auch wenn man von dem Ethiker erwarten darf, dass er für die Moral ein besonderes Maß an Verständnis hat [...],	E2:	
so ist er dennoch nicht *eo ipso* in besonderer Weise ‚moralisch' im Sinne von prinzipienfest oder gewissenhaft. Der Ethiker ist ebenso wenig per se moralisch wie der Religionsphilosoph religiös – auch wenn die Erfahrung zeigt, dass sich nur wenige, die nicht von vornherein eine Neigung zur Sache haben, sich intensiver auf sie einlassen."	AE2:	
Birnbacher 2007, S. 1 ff.	*Bitte beachten Sie, dass der Text gekürzt ist und dass man einen philosophischen Text auf verschiedene Weise rekonstruieren kann.*	

6. Der Begriff ‚Ethik' kann sowohl die Wissenschaft von der Moral als auch die Wissenschaft vom geglückten Leben sein. Die erstgenannte Bedeutung hat sich (in Lehrplänen von Schulen etc.) weitgehend durchgesetzt. Obwohl sich Begriffsbedeutungen eigentlich nicht doppeln sollten, wird der Begriff ‚Ethik' deshalb auch in diesem Buch gleichbedeutend mit dem Begriff ‚Moralphilosophie' so verwandt, dass die ‚Wissenschaft von der Moral' gemeint ist. Die folgende Tabelle gibt einen Überblick über die wichtigsten Teildisziplinen der Praktischen Philosophie. Bitte nennen Sie ein typisches Anwendungsproblem.

Etikett	Definition	Ein typisches Problem
Moral/Moralen	Systeme von Regeln oder Werten, mit denen festgelegt wird, was moralische Akteurinnen mit Blick auf die berechtigten Interessen anderer tun dürfen bzw. sollen.	
Moralität	Fähigkeit zum moralischen Handeln	
Ethik	Wissenschaft vom moralisch Richtigen (vgl. Moralphilosophie)	
Metaethik	Wissenschaft von den Bedingungen und Voraussetzungen von Ethik	
Moralphilosophie	Wissenschaft vom moralisch Richtigen (vgl. Ethik)	
Philosophie des gelungenen Lebens	Wissenschaft von klugen Lebenszielen, von subjektiven Werten, vom guten Charakter und vom Glück (vgl. Ethik z. B. bei Habermas und Aristoteles)	
Angewandte Ethik	Wissenschaft von konkreten moralischen Problemen der Gegenwart	
Bereichsethiken wie Tierethik, Medizinethik, Umweltethik etc.	Ethiken zu bestimmten Problemfeldern der Angewandten Ethik	
Pragmatik	Wissenschaft von den adäquaten Strategien zur Erreichung eines bestimmten Ziels	

> **Was ist Ethik?**
>
> In diesem Buch ist Ethik die Wissenschaft vom moralisch Richtigen. Ethikerinnen und Ethiker entwickeln moralische Urteile und überprüfen die moralischen Urteile von anderen. Ihre Kriterien sind 1) etablierte moralische Überzeugungen der Menschen einer Zeit sowie 2) individuelle moralische Erfahrungen sowie 3) die allgemeinen moralphilosophischen Prinzipien, um die es im zweiten Teil gehen wird.

❯ Zum Weiterlesen

Habermas, Jürgen: Vom pragmatischen, ethischen und moralischen Gebrauch der praktischen Vernunft. In ders.: *Erläuterungen zur Diskursethik.* Frankfurt a. M. 1991, S. 100–118.

Düwell, Marcus/Hübenthal, Christoph/Werner, Micha H. (Hg.): *Handbuch Ethik.* Stuttgart ³2011.

Stoecker, Ralf/Neuhäuser, Christian/Raters, Marie-Luise (Hg.): *Handbuch Angewandte Ethik.* Stuttgart ²2023.

1.3 Das moralische Urteil

Das Ziel der Ethik (wie sie hier verstanden wird) sind Lösungen für knifflige moralische Probleme. Dabei sollten die Lösungsvorschläge so gut begründet sein, dass sie erstens kritischen Nachfragen standhalten und dass man zweitens aufgrund der Lösungsvorschläge handeln kann. Einen begründeten Lösungsvorschlag für ein kniffliges moralisches Problem nennt die Ethikerin ein ‚moralisches Urteil': Wer Ethik betreiben will, muss moralische Urteile fällen können. Vom Standpunkt der Analytischen Ethik betrachtet, ist nun jedes moralische Urteil unabhängig vom konkreten Problem eine Schlussfolgerung (Konklusion) aus einer Begründungskette (Syllogismus), welche man insgesamt als ‚das ethische Argument' bezeichnet. Die Begründungen in einem Syllogismus werden als ‚Prämissen' bezeichnet. Bezüglich der Prämissen des moralischen Urteils ist erstens wichtig, dass man ein moralisches Problem richtig beschreiben muss, ehe man es moralisch bewerten kann: Ich muss erst sagen können, dass Otto gestohlen hat, ehe ich sinnvoll darüber nachdenken kann, ob Otto damit etwas moralisch Verwerfliches getan hat und bestraft werden sollte. Sobald die Situation adäquat beschrieben ist, muss ich wissen, nach welchen Kriterien ich das Geschehen bewerten soll. Das bedeutet, dass ein ethisches Argument (ethischer Syllogismus) immer mindestens zwei Arten von Begründungen (Prämissen) enthalten muss: Es muss eine Beschreibung des Problems oder der Situation enthalten und außerdem ein moralisches Kriterium, mit dem die Situation oder die Handlung moralisch bewertet wird. Dabei wird die Beschreibung des Problems oder der Situation als deskriptive Begründung (deskriptive Prämisse Pd) bezeichnet, während das moralische Bewertungskriterium als normative Begründung (normative Prämisse Pn) bezeichnet wird. Ein moralisches Urteil (Konklusion) kann nur gefällt werden, wenn das ethische Argument (der ethische Syllogismus) sowohl eine deskriptive als auch eine normative Begründung (Prämisse) enthält.

1. Welche Arten von Urteilen kennen Sie? Was müssen Sie wissen bzw. können, damit Sie das Urteil fällen können? Nach welchen Kriterien (Maßstäben) urteilen Sie und woher haben Sie die Kriterien Ihres Urteils?

Art des Urteils	Beispiel	Was wird beurteilt?	Woher stammen die Bewertungskriterien?
Juristisch:			

2. Ein Argument ist eine Schlussfolgerung (Konklusion) aus mindestens einer Prämisse. Formulieren Sie ein Argument für oder gegen das Verbot von Verbrennungsmotoren im Straßenverkehr. Schreiben Sie es 1) als Prämisse(n) mit Konklusion (Syllogismus) und 2) als Satz mit der Konjunktion ‚weil' auf. Was fällt Ihnen auf? Wo finden sich die Prämissen wieder?

1) als Satz:
Ich bin für/gegen das Verbot von Verbrennungsmotoren im Straßenverkehr, weil:

2) als Syllogismus:

Pd:	
Pn:	
(P3–Px):	
→ Konklusion:	

3. Sie sind Klassenlehrerin. Anna kommt in der Pause empört zu Ihnen. Sie behauptet, dass Otto das Handy von Eva gestohlen hat. Sie habe nämlich gesehen, dass Otto mit einem Handy telefoniert hat, das genauso aussieht wie das Handy, das Eva zu ihrem Geburtstag geschenkt bekommen hat. Sie sollen ein moralisches Urteil fällen. Welche Fragen stellen Sie? Geben Sie mehrere mögliche Antworten auf die Fragen.

Fragen	Möglichen Antworten	Kriterium/Begründung
Deskriptiv: Was ist geschehen?	A1: Otto hat gestohlen. A2: A3:	
Normativ: Ist das Geschehene moralisch falsch bzw. böse?	A1: Stehlen ist böse. A2: A3:	

4. Sie sind in der letztgenannten Situation zu dem Urteil gekommen, dass Otto tatsächlich gestohlen hat. Fällen Sie Ihr moralisches Urteil als Syllogismus. Überlegen Sie, welche Bestandteile ein moralisches Urteil (mindestens) haben muss und woher Sie jeweils Ihre Prämissen nehmen.

Das moralische Urteil	Begründung bzw. Prämisse	Ursprung der Prämisse
1. Deskriptive Prämisse (Beschreibung der Handlung):		
2. Normative Prämisse (Kriterium der Bewertung der Handlung):		
→ Konklusion (moralisches Urteil):		

5. Die deskriptiven Prämissen des moralischen Urteils stammen in der Regel aus der Wahrnehmung oder dem etablierten Wissen einer Zeit. Woher aber stammen die normativen Prämissen? Ganz grob lassen sich drei Typen normativer Prämisse unterscheiden. 1) Für den Moralphilosophen James Urmson gilt: „Morality, as I take it, is something that should serve human needs" (Urmson 1958, S. 210). Die Moral muss zum Leben der Menschen passen und darf kein weltfremder Selbstweck sein. Die wichtigsten Kriterien des moralischen Urteils sind deshalb die herrschenden moralischen Überzeugungen der Menschen einer Zeit. Sie sind durch kulturelle Gegebenheit (z. B. Religion) und Lebensumstände geprägt, sie werden durch Erziehung vermittelt und sie müssen sich

1.3 · Das moralische Urteil

in der kollektiven Erfahrung einer Gesellschaft immer wieder bewähren und erneuern. 2) Darüber hinaus können Ethikerinnen (wie andere Menschen auch) einschneidende moralische Erfahrungen gemacht haben. Haben Sie schon solche Erfahrungen gemacht? Vielleicht sind Sie felsenfest davon überzeugt, dass man bestimmte Dinge auf keinen Fall tun darf, weil Sie sich schon einmal ‚moralisch geekelt' haben? 3) Schließlich gibt es allgemeine moralphilosophische Prinzipien, mit denen moralische Überzeugungen der Lebenswelt überprüft werden sollen oder aus denen sich konkrete normative Überzeugungen herleiten. Sie stammen manchmal aus moralischer Alltagsweisheit, aber in der Regel aus der Geschichte der Praktischen Philosophie, um die es im Teil 2 des Buches geht. Vielleicht kennen Sie ein solches allgemeines moralisches Prinzip? Bitte listen Sie einige herrschende moralische Überzeugungen, einschneidende moralische Erfahrungen und einige allgemeine moralphilosophische Prinzipien auf.

Kulturell etablierte moralische Überzeugungen	Einschneidende moralische Erfahrungen	Allgemeine Prinzipien
Man darf keine Menschen töten, wenn das nicht durch eine Notwehrsituation gerechtfertigt ist.	Man darf keine Hamster quälen, weil die furchtbar schreien dabei.	Was Du nicht willst, das man Dir tu, das füg' auch keinem anderen zu.

6. Welche Ihrer normativen Überzeugungen halten Sie für die wichtigsten? Nennen Sie drei Beispiele und überlegen Sie: Wo haben sie ihren Ursprung? Warum haben Sie die normativen Überzeugungen, die Sie haben? Gibt es Umstände, unter denen Sie die Überzeugung aufgeben oder einschränken würden?

Ihre moralische Überzeugung	Woher stammt Ihre Überzeugung?	Umstände, unter denen die Norm nicht angelegt oder sogar aufgegeben werden sollte

7. Auch in der Philosophie des gelungenen Lebens werden Urteile gefällt. Sie werden ‚Werturteile' genannt und basieren auf evaluativen Prämissen Pe1-Pex. Mögliche Ursprünge solcher Prämissen sind subjektive Werte, individuelle Glücksvorstellungen und Lebenspläne (s. ▶ Abschn. 3.16.7). Wirklich strikt trennen lassen sich moralische Urteile und Werturteile aber nicht, weil auch in Werturteilen in aller Regel irgendwann normative Fragen nach der Vereinbarkeit mit der Moral gestellt werden müssen, während in moralischen Urteilen häufig individuelle Wertvorstellungen zu berücksichtigen sind. Überprüfen Sie, welche Fragen Sie stellen würden, wenn Sie ein Werturteil zu der Frage fällen sollen, ob eine Freundin für ein Jahr nach Australien gehen sollte oder nicht.

Typisierung	Frage(n)	Mögliche Antworten
Fragen zur Situation (deskriptive Prämissen Pd1–dx)	Welche wichtigen Interessen oder Beziehungen müsste sie aufgeben? Was kann sie gewinnen? Wie würde sie den Aufenthalt finanzieren? Ihr zusätzlichen Fragen:	
Fragen zu persönlichen Interessen, Werten und Glücksvorstellungen (evaluative Prämissen Pe1–ex)	Wie würden Sie ihren Charakter beschreiben? Würde die Freundin durch den Aufenthalt langfristig glücklicher? Was ist ihr besonders wichtig? Ihre zusätzlichen Fragen:	
Moralische Fragen (normative Prämissen Pn1–nx)	Gibt es Menschen, für die sie verantwortlich ist? Kann sie es moralisch verantworten, diese Menschen zurückzulassen? Ihre zusätzlichen Fragen:	
	Ihr Werturteil:	**Begründung:**

> **Tipp**
>
> **Zu 1.3.2:** Ein Argument ist ein Satz, in dem ein ‚weil' vorkommt. Die Begründung entspricht den Prämissen im Syllogismus; das zu Begründende entspricht der Konklusion bzw. der These.
>
> **Zu 1.3.4:** Ein moralisches Urteil ist die Schlussfolgerung aus einem Argument mit mindestens einer beschreibenden (deskriptiven) Prämisse Pd und mindestens einer bewertenden (normativen) Prämisse Pn. (i) Die deskriptive(n) Prämisse(n) sollte(n) eine möglichst genaue und faire Beschreibung der Situation bzw. des Geschehens sein (s. ▶ Kapitel 1.4). (ii) Normative Prämissen sind präskriptiv, weil sie bestimmtes Handeln oder Unterlassen vorschreiben. Sie basieren auf moralischen Überzeugungen, die sich in einer Gesellschaft oder einer individuellen Biographie bewährt haben, und sie sollten sich auf dem Prüfstand der allgemeinen moralphilosophischen Prinzipien verteidigen lassen, welche aus der Alltagsweisheit stammen und/oder von der professionellen Moralphilosophie zur Überprüfung von etablierten moralischen Überzeugungen und Praktiken entwickelt wurden (s. ▶ Teil 2).

8. Die wichtigste Grundregel ethischen Argumentierens lautet, dass jedes Argument nur so stark bzw. überzeugend ist wie seine Prämissen. Deshalb besteht ethisches Argumentieren im Kern darin, die Prämissen zu prüfen (bzw. abzusichern), aus denen das moralische Urteil hergeleitet wird. Bitte überprüfen Sie das Urteil, welches Sie zu Ottos Diebstahl (s. ▶ Abschn. 1.3.4) gefällt haben, indem Sie mögliche Einwände gegen Ihre beiden Prämissen formulieren.

1.3 • Das moralische Urteil

	Mögliche Einwände?
Die deskriptive Prämisse Pd lautet:	E1: E2: E3:
Die normative Prämisse Pn lautet:	E1: E2: E3:
Die Konklusion K lautet:	Ist Ihre Konklusion K noch haltbar?

9. Dass zu jedem moralischen Argument eine normative Prämisse gehört, wurde schon gesagt. Bei normativen (bewertenden) Argumenten, bei denen die normative Prämisse fehlt oder nicht explizit ausgesprochen wird, spricht man von einem ‚naturalistischen Fehlschluss'. Naturalistische Fehlschlüsse begegnen Ihnen häufig in der Werbung, weil auch ästhetische Urteile oder Geschmacksurteile normative Urteile sind, die Bewertungen vornehmen. Positive Bewertungen kann man auf den Nenner bringen, dass etwas gut ist; negative Bewertungen besagen, dass etwas schlecht ist. Weil man vom Standpunkt der Moral aus das Gute tun und das Schlechte (Böse) unterlassen soll, kann man im Bereich der Moral auch sagen, dass normative Prämissen Sollens-Sätze (Imperative), Verbote oder Ratschläge sind. Bei den folgenden normativen Argumenten handelt es sich um einen ‚naturalistischen Fehlschluss', weil eine wichtige Prämisse fehlt. Ergänzen Sie jeweils die fehlende Prämisse.

Das Argument	Es fehlt eine Begründung für die normative Prämisse, dass	Hätten Sie Zweifel?
Man sollte Brötchen von Bäcker Blau kaufen, weil die Brötchen von Bäcker Blau doppelt gebacken sind.	doppelt gebackene Brötchen besonders lecker sind.	Vielleicht sind sie sehr hart?
Essen Sie Fliegenpilze, denn sie stammen aus der Natur!		
Kaufen Sie das Bild vom Künstler Kalle Pinsel, denn er malt mit selbstgemachten Farben.		
Man darf neue Medikamente an Ratten ausprobieren, weil Ratten keine Menschen sind.		
Ihr Beispiel:		

10. Peter Singer behauptet, es handele sich um einen naturalistischen Fehlschluss, wenn manche Tierethiken das Leiden von Tieren zum Wohl von Menschen rechtfertigen, ohne zu begründen, warum das Leiden von Tieren moralisch weniger ins Gewicht fallen soll als das Leiden von Menschen. Analysieren Sie die Passage und reformulieren sie die unausgesprochene normative Prämisse, auf die der Speziesismus nach Singer basiert.

Text	Rekonstruktion	Diskussion
„Wenn ein Wesen leidet, kann es keine moralische Rechtfertigung dafür geben, sich zu weigern, dieses Leiden in Erwägung zu ziehen. […]	T:	
Weiße Rassisten akzeptieren nicht, dass der Schmerz, den Schwarze verspüren, ebenso schlimm ist wie der, den Weiße verspüren.	Die (falsche) unausgesprochene normative Prämisse Pn1 des weißen Rassismus lautet nach Singer:	
Ähnlich messen jene, die ich ‚Speziesisten' nennen möchte, da, wo es zu einer Kollision ihrer Interessen mit den Angehörigen anderer Spezies kommt, den Interessen der eigenen Spezies größeres Gewicht bei. Menschliche Speziesisten erkennen nicht, dass der Schmerz, den Schweine oder Mäuse verspüren, ebenso schlimm ist wie der von Menschen verspürte."	Die (falsche) unausgesprochene normative Prämisse Pn2 des Speziesismus lautet nach Singer:	
Singer 1984, S. 73 f.	*Bitte beachten Sie, dass der Text gekürzt ist, dass er aus dem Englischen übersetzt wurde und dass man einen philosophischen Text auf verschiedene Weise rekonstruieren kann.*	

Was ist ethisches Argumentieren?

Ein ethisches Argument ist eine Schlussfolgerung aus einer deskriptiven (beschreibenden) Prämisse Pd und einer normativen (moralisch bewertenden) Prämisse Pn. Die Schlussfolgerung selbst (die Konklusion K) ist das moralische Urteil. Jedes Argument steht und fällt mit seinen Prämissen. Deshalb werden ethische Argumente nicht nur auf ihre logische Folgerichtigkeit (s. ▶ Kapitel 1.5) hin geprüft, sondern vor allem daraufhin, ob die Prämissen haltbar sind, aus denen das moralische Urteil hergeleitet wurde.

Deskriptive Prämissen prüft man auf ihre Wahrheit, indem man prüft, ob die Situation bzw. das Problem angemessen und vollständig beschrieben wurde (s. ▶ Kapitel 1.4).

Normative Prämissen prüft man auf ihre Gültigkeit, indem man prüft, ob sie sich durch herrschende moralische Überzeugungen, einschneidende moralische Erfahrungen und insbesondere durch allgemeine moralphilosophische Prinzipien (s. ▶ Teil 2) ausreichend rechtfertigen lassen.

Wenn in einem normativen (bewertenden) Argument die normative Prämisse Pn fehlt oder unausgesprochen vorausgesetzt wird, liegt ein naturalistischer Fehlschluss vor.

Syllogismus	Beispiel	Mögliche Einwände
Deskriptive Prämisse Pd	Otto hat gestohlen, indem er Eva etwas Wertvolles weggenommen hat, ohne dass Eva zugestimmt hätte.	E1: Hat das Wertvolle Eva tatsächlich gehört? E2: Hätte Eva zustimmen können? E3–x:
Normative Prämisse Pn	Stehlen ist moralisch schlecht, weil man einer Person schadet, wenn man ihr etwas Wertvolles ohne ihre Zustimmung wegnimmt.	E1: Darf man auch dann nicht stehlen, wenn man nur so große Not lindern kann? E2: Ist Eigentum grundsätzlich und immer zu schützen? E3–x.
Konklusion K:	Otto hat etwas moralisch Schlechtes getan.	Folgt die Konklusion K aus den Prämissen?

❯ Zum Weiterlesen

Aristoteles: *Nikomachische Ethik* (in Buch VI die Abschnitte zur *phronesis*).
Birnbacher, Dieter: Kennzeichen des moralischen Urteils. In ders.: *Analytische Einführung in die Ethik*. Berlin u. a. ²2007, S. 8–43.

1.4 Deskriptive Prämissen (Situationsbeschreibung)

Wer ein moralisches Urteil kritisch prüfen will, muss sowohl seine normative(n) als auch seine deskriptive(n) Prämisse(n) unter die Lupe nehmen. Im ganzen nächsten

1.4 · Deskriptive Prämissen (Situationsbeschreibung)

Teil des Arbeitsbuchs (s. ▶ Teil 2) geht es um die Prüfungsverfahren für normative Prämissen, die in der Geschichte der Ethik entwickelt und verteidigt worden sind. Sie bilden das Kerngeschäft der professionellen Ethik bzw. Moralphilosophie. Aber auch die deskriptiven Prämissen (sprich: die Beschreibung der Situation, in der das moralische Urteil gefällt werden soll) sind ein wesentlicher Bestandteil des moralischen Urteils. Die Übungen dieses Kapitels sollen Ihnen die Tatsache bewusst machen, dass man mit einer Beschreibung Sachverhalte, Handlungen, Menschen und Dinge bewerten kann, obwohl das Kriterium der Bewertung in einem ‚sauberen' moralischen Urteil ja erst durch die normative Prämisse für alle nachvollziehbar eingeführt und benannt werden sollte. Besonders deutlich findet eine nicht explizit als solche ausgewiesene Bewertung durch ‚pejorative' Begriffe statt: Es macht offensichtlich einen Unterschied, ob ich von ‚Tötung', ‚Erlösung' oder von ‚Mord' spreche, wenn ich ein Argument für oder gegen Sterbehilfe verteidigen will. Eine beliebte Strategie der Einflussnahme auf die Bewertung durch entsprechende Beschreibung ist auch die selektive Darstellung von Sachverhalten: Ihr Gegenüber wird dieselbe Situation ganz anders bewerten, je nachdem, welche Details Sie in ihrer Beschreibung weglassen oder hervorheben. Derselbe Effekt kann mit verzerrenden Beispielen erreicht werden. Und wenn Sie einmal in Ihrem Alltag darauf achten, werden Ihnen (in der Werbung beispielsweise) sicherlich noch einige andere Strategien auffallen, wie man mit gezielten Beschreibungen die Bewertung des Beschriebenen durch andere beeinflussen (um nicht zu sagen: manipulieren) kann. Dieses Kapitel soll Sie für bewertende Beschreibungen sensibel machen, damit Sie sich Ihren klaren ethischen Blick bewahren können. Es beginnt mit einer Übung zu ‚äquivoken' Begriffen: Das sind Begriffe, von denen Sie sicher sind, dass Sie die Bedeutung kennen, obwohl diese auch anders (sprich: mit anderen wertenden Implikationen) verwendet werden können.

1. Haben Sie schon mal das Teekesselchen-Spiel gespielt? Sie sagen ‚mein Teekesselchen hat Federn und es fließt Wasser heraus'. Und Ihr Gegenüber sagt ‚das ist ja leicht – es ist ein Hahn'. Worin liegt der Reiz? Nennen Sie einige ‚Teekesselchen'.

_____

_____

_____

_____

2. Analysieren Sie die Beispiele. Wo liegt der Fehler?

Es hat mir Flügel verliehen, als ich hörte, wie schön die beiden Pianistinnen das Duett auf den beiden Flügeln spielten. Sie standen im rechten Flügel des Gebäudes. Gewundert habe ich mich allerdings, dass sie auf dem Boden aufschlugen, als sie sich anschließend aus dem geöffneten Flügel des Fensters stürzten. Schließlich hatten sie doch zwei Flügel!	
Flügel 1:	
Flügel 2:	
Flügel 3:	
Flügel 4:	

Der Text ist sinnlos, weil

_____

_____

3. Wie wird der Begriff ‚Wert des Lebens' im Text verwendet? Unterscheiden Sie und definieren Sie, mit welcher Bedeutung der Begriff jeweils verwandt wird. Und fällt Ihnen vielleicht noch eine siebte Möglichkeit ein, über den ‚Wert des Lebens' zu sprechen?

Text	Rekonstruktion	Diskussion
Was ist menschliches Leben wert?	Leitende Frage des Textes:	
Die juristische Antwort lautet: Das kommt auf die Nationalität des Opfers an. Schätzungen von Rechtsexperten zufolge hängt es maßgeblich von der Staatsangehörigkeit ab, wie viel Geld die Hinterbliebenen der Opfer des Germanwings-Absturzes bekommen werden. Die Angehörigen der drei amerikanischen Passagiere an Bord könnten pro Person bis zu 136-mal mehr erhalten als die der deutschen Schüler. Erfahrungswerte zeigen, dass Hinterbliebene von erwachsenen US-Bürgern nach tödlichen Flugzeugunglücken durchschnittlich 4,5 Mio. US$ (4,1 Mio. EUR) zugesprochen bekommen. Für britische Opfer läge der Durchschnittswert bei 1,6 Mio. US$, bei Spaniern seien rund 1,4 Mio. US$ üblich und bei Deutschen 1,3 Mio. US$.	Def.1:	
Manchen Autoren der Praktischen Philosophie zufolge hat das Leben von Menschen jedoch unabhängig von der Nationalität noch einen geringen Wert, wenn die Menschen sehr leiden.	Def.2:	
Andere Autoren behaupten, dass das Leben von geistig schwer beeinträchtigten Menschen weniger Wert als das Leben eines Schweins beispielsweise habe, weil Schweine mehr moralisch relevante Fähigkeiten als diese Menschen hätten.	Def.3:	
Nationalsozialistischen Ärzte haben Menschen mit schweren geistigen oder körperlichen Beeinträchtigungen ermordet, weil deren Leben mit Blick auf die sogenannte ‚Volksgesundheit' angeblich keinen Wert hatte oder sogar schädlich war.	Def.4:	
Clemens Kardinal Graf von Galen [s. ▶ Abschn. 3.5.4] hat dieser verbrecherischen Praxis entgegengehalten, dass jedes menschliche Leben heilig sei und damit unendlichen bzw. absoluten Wert habe.	Def.5:	

1.4 • Deskriptive Prämissen (Situationsbeschreibung)

Text	Rekonstruktion	Diskussion
Wenn man nicht religiös ist, lässt sich der absolute Wert jedes menschlichen Lebens auch damit begründet, dass aus nicht-religiöser Perspektive mit dem Tod eines Menschen seine ganze Welt für ihn verschwindet, weil Tote keinen Weltbezug haben.	Def.7:	
Ihr Beispiel:	Def.8:	
Wenn vom Wert des menschlichen Lebens die Rede ist, ist besondere begriffliche Achtsamkeit geboten.	K:	
(M.-L. Raters: Diskussionsbeitrag)		

4. Schlagen Sie nach und definieren Sie: Was ist eine ‚Äquivokation'? Erfinden Sie ein Beispiel.

Definition:

Ihr Beispiel:

5. Ein Schluss, in dem zwei Schlüsselbegriffe äquivok sind, nennt man eine *quaternio terminorum*: Die Konklusion ist falsch (und vielleicht sogar unsinnig). Hier finden Sie ein Beispiel für eine unsinnige *quaternio terminorum*. Erfinden Sie selbst ein Beispiel für eine *quaternio terminorum*.

Prämisse 1:	Alle Flügel haben Tasten.
Prämisse 2:	Mein Kanarienvogel hat Flügel.
→ (unsinnige) Konklusion:	Mein Kanarienvogel hat Tasten.
Prämisse 1:	
Prämisse 2:	
→ (demagogische) Konklusion:	

> **Tipp**
>
> **Zu 1.4.4:** Der Begriff ‚Äquivokation' bedeutet ‚Gleichklang' und bezeichnet die Verwendung einer Lautfolge in mehreren Bedeutungen.
> Weil die Bedeutungen normativ stark abweichen können, sind Äquivokationen in moralischen Urteilen eine Fehlerquelle.

6. Der Begriff ‚menschlicher Embryo' lässt sich auf unterschiedliche Weise definieren. Was meinen Sie, welche ethischen Haltungen zur Abtreibung sprechen aus den Definitionen? Sind Embryonen etwas, das man schützen sollte? Begründen Sie.

Definition	Ethische Haltung zur Abtreibung	Begründung
Def.1: Ein menschlicher Embryo ist das erste Stadium des Menschseins.		
Def.2. Ein menschlicher Embryo ist ein Zellhaufen.		

7. Schlagen Sie nach: Was ist ein ‚pejorativer Begriff'? Ein Beispiel ist das N-Wort, das man nicht verwenden sollte, weil der Begriff beleidigend und abwertend ist. Finden Sie andere Beispiele und begründen Sie, warum der Begriff nicht verwendet werden sollte.

Definition ‚pejorativer Begriff':	Der Begriff sollte nicht verwandt werden, weil:
Ihr Beispiel 1:	
Ihr Beispiel 2:	

8. Man unterscheidet bei Begriffen ihre Extension (Menge aller Phänomene bzw. Dinge, die sie bezeichnen) von ihrer Intension (Menge aller Definitionsmerkmale) und ihrer Implikation bzw. Konnotation (Menge aller Bedeutungen, die assoziativ mitschwingen). Es gibt Begriffe, die nur verwendet werden, weil sie eine (negative oder positive) Bewertung transportieren. Ein Beispiel für einen positiv bewertenden Begriff wäre (insofern er nicht ironisch verwandt wird) der Begriff ‚Liebling'; ein Beispiel für einen abwertenden Begriff wäre vielleicht ‚blonde Tusse'. Bitte unterscheiden Sie die Extension, Intension und die Konnotation dieses abwertenden Begriffs in der Äußerung eines (vermutlich schon etwas angetrunkenen) Ehemanns in einer Kneipe über seine Frau Erna. Was würden Sie ihm antworten, wenn er zu Ihnen reden würde? Überlegen Sie, welchen alternativen Begriff Sie anbieten könnten, falls Sie mit dem Ehemann diskutieren wollen. Analysieren Sie dann auch diesen Begriff. Was fällt Ihnen auf? Finden sie ein anderes Beispiel für einen abwertend-pejorativen Begriff.

„Ich bin dagegen, dass Erna einen Führerschein machen darf, weil sie eine blonde Tusse ist."	
Extension ‚blonde Tusse':	
Intension ‚blonde Tusse'	

1.4 · Deskriptive Prämissen (Situationsbeschreibung)

„Ich bin dagegen, dass Erna einen Führerschein machen darf, weil sie eine blonde Tusse ist."	
Konnotation ‚blonde Tusse'	
Alternativer Begriff:	
Ihr Beispiel:	
Extension:	
Intension:	
Konnotation:	
Alternativer Begriff:	

9. Stöbern Sie: Was ist ein Euphemismus? Finden Sie ein Beispiel.

Definition:

Ihr Beispiel:

10. Markieren Sie alle pejorativen Begriffe und schreiben Sie die Passage möglichst neutral um.

Pejorativer Text	**Ihr wertneutraler Text**
„Einige nichtmenschliche Lebewesen scheinen vernunftbegabt und selbstbewusst zu sein [...]. Wenn das so ist oder nach unserem besten Wissen so sein kann, dann ist in diesem Fall das Argument gegen das Töten so stark wie das Argument gegen das Töten unheilbar gestörter Menschen auf gleichem geistigem Niveau. [...] Dieses starke Argument kann gegen das Niedermetzeln von Menschenaffen, Walen und Delfinen angeführt werden. [...] Diese Liste erhebt keinen Anspruch auf Vollständigkeit, sondern sie sondert Arten mit voll entwickelten geistigen Fähigkeiten aus, die wir in großen Mengen zu Forschungszwecken, für die Öl-, Nahrungs- und Pelzerzeugung, ja zur Befriedigung unseres sportlichen Ehrgeizes ermorden."	
Singer 1984, S. 184, 142 f.	*Bitte beachten Sie, dass der Text gekürzt ist, dass er aus dem Englischen übersetzt wurde und dass man einen philosophischen Text auf verschiedene Weise rekonstruieren kann.*

11. Markieren Sie alle Euphemismen und schreiben Sie die Passage sachgerecht um.

	Wertneutraler Text
„Reichsleiter Bouhler und Dr. med. Brandt sind unter Verantwortung beauftragt, die Befugnisse namentlich zu bestimmender Ärzte so zu erweitern, dass nach menschlichem Ermessen unheilbar Kranken bei kritischster Beurteilung ihres Krankheitszustandes der Gnadentod gewährt werden kann."	
Adolf Hitler: Handschriftlicher Brief. Berlin 01.09.1939. Zit. nach Wiesing 2000, S. 45	*Bitte beachten Sie, dass der Text gekürzt ist.*

> **Tipp**
>
> **Zu 1.4.7:** Eine ‚pejorativer Begriff' ist ein abwertender Begriff.
> **Zu 1.4.9:** Ein ‚Euphemismus' ist die Beschönigung eines schlimmen Sachverhalts.

12. Welche Fragen haben Sie zu folgender Zeitungsmeldung?

» Deutschland steht auf Platz 10 der Spenderländer!

Ihre Fragen:

___

___

13. ‚Selektion' bedeutet Auswahl. Finden Sie Beispiele für eine selektive Darstellung von Sachverhalten im Alltag. Welche Absichten verfolgt jemand, der absichtlich Fakten unterschlägt?

Ihr Beispiel:

___

___

Sie vermuten die Absicht:

___

___

14. Man kann einen Sachverhalt auch durch verzerrende Beispiele in ein falsches Licht rücken. Überlegen Sie: Welcher Eindruck soll durch folgende Zeitungsmeldung erweckt werden? Was sagen Sie einem Journalisten, der einen solchen Artikel schreibt? Was sagt die Quelle über die Absicht des Textes?

1.4 · Deskriptive Prämissen (Situationsbeschreibung)

> Köthen, Sachsen-Anhalt. Zwei 15-jährige Afghanen hatten zwei deutsche Mädchen belästigt. Diese wollten mit den Flüchtlingen nichts zu tun haben. Daraufhin schlug einer der Flüchtlinge einem der Mädchen ins Gesicht. Ein Helfer, der dazwischen ging, wurde von den Flüchtlingen mit einer abgebrochenen Flasche verletzt. (► http://www.politikversagen.net/rubrik/auslaenderkriminalitaet, Zugriff 21.09.2016)

Der Autor will den Eindruck vermitteln, dass:

_____

_____

Ersetzt werden sollten die Begriffe:

_____

_____

Sachlich angemessenere Begriffe wären:

_____

_____

Tipp

Zu 1.4.13: Eine ‚selektive Darstellung des Sachverhalts' liegt vor, wenn wichtige Fakten oder Details weggelassen werden.
Zu 1.4.14: Ein Beispiel verzerrt den Sachverhalt, wenn es nicht repräsentativ ist.

15. Wenn es um ein moralisches Urteil geht, sollten sich die deskriptiven Prämissen auf die moralisch relevanten Situationsmerkmale beschränken. Schauen Sie sich noch einmal die deskriptiven Prämissen des moralischen Urteils an, das in Aufgabe 1.3.4 gefällt werden sollte. Bitte ergänzen Sie mögliche moralisch irrelevante Situationsmerkmale.

Syllogismus	Beispiel
Moralisch relevante deskriptive Prämisse Pd1	Otto hat gestohlen, indem er Eva etwas Wertvolles weggenommen hat, ohne dass Eva zugestimmt hätte.
Moralisch irrelevante Prämisse Pd2	Otto hat blonde Haare.
Moralisch irrelevante Prämisse Pd3	
Moralisch irrelevante Prämisse Pd4	
Normative Prämisse Pn	Stehlen ist moralisch schlecht, weil man einer Person schadet, wenn man ihr etwas Wertvolles ohne ihre Zustimmung wegnimmt.
Konklusion K:	Otto hat etwas moralisch Schlechtes getan.

16. Analysieren Sie die Passage. Welche These will Arthur Schopenhauer (1819/1844) belegen? Welche Argumente bringt er vor? Teilen Sie seine Bewertungskriterien? Was hebt er hervor und was lässt er weg, um davon zu überzeugen, dass Liebe nur auf Zeugung ausgerichtet ist? Wie würden Sie ihm antworten?

Text	Rekonstruktion	Diskussion
„Dass nun aller Geschlechtsliebe ein durchaus auf das zu Erzeugende gerichteter Instinkt zum Grunde liegt [wird schnell offensichtlich].	T:	
Zuvörderst gehört hierher, dass der Mann von Natur zur Unbeständigkeit in der Liebe, das Weib zur Beständigkeit geneigt ist. Die Liebe des Mannes sinkt merklich, wo sie Befriedigung erhalten hat; fast jedes Weib reizt ihn mehr als das, welches er schon besitzt; er sehnt sich nach Abwechslung. Die Liebe des Weibes steigt hingegen von eben jenem Augenblick an.	P1:	
[…] Der Mann nämlich kann bequem über hundert Kinder im Jahr zeugen […] das Weib hingegen könnte, mit noch so vielen Männern, doch nur ein Kind zur Welt bringen".	P2:	
[…] Wichtig ist außerdem „das Alter: ein altes, nicht mehr menstruierendes Weib erregt unseren Abscheu […]	P3:	
Ein voller weiblicher Busen übt einen ungemeinen Reiz auf das männliche Geschlecht, weil er mit der Fortpflanzung im unmittelbaren Zusammenhang steht und dem Neugeborenen reichlich Nahrung verspricht.	P4:	
Hingegen erregen übermäßig fette Weiber unseren Widerwillen: Die Ursache ist, dass diese Beschaffenheit […] auf Unfruchtbarkeit hindeutet, welches nicht der Kopf, aber der Instinkt weiß.	P5:	
Erst die letzte Rücksicht ist die Schönheit des Gesichts."	P6:	
	(unausgesprochen) K (T):	
Schopenhauer ²1844, S. 634 ff.	*Bitte beachten Sie, dass der Text gekürzt ist und dass man einen philosophischen Text auf verschiedene Weise rekonstruieren kann.*	

Wie prüft man deskriptive Prämissen?

Wenn ein Begriff in ein- und demselben Zusammenhang mit unterschiedlicher Bedeutung verwandt wird, spricht man von einer ‚Äquivokation'.	Man einigt sich auf eine (einzige) Bedeutung.
Pejorative Begriffe werten ab. Euphemismen beschönigen Sachverhalte.	Man einigt sich auf eine wertneutrale Formulierung.
Selektive Darstellungen von Sachverhalten beschönigen oder verschlimmern eine Situation durch Auslassungen oder Übertreibungen.	Man einigt sich auf sachlich angemessene Ergänzungen oder Fokussierungen.
Verzerrende Beispiele behaupten einen Einzelfall als die Regel.	Man führt Gegenbeispiele ins Feld.
Insgesamt muss die Situationsbeschreibung auf das moralische Problem zugeschnitten sein.	Man einigt sich darauf, was in der jeweiligen Situation moralisch relevant ist.

> **Zum Weiterlesen**
> Damschen, Gregor/Schönecker, Dieter: *Selbst Philosophieren*. Berlin/Boston 2012 (bes. S. 19–64).
> Kienpointer, Manfred: *Vernünftig argumentieren*. Hamburg 1996.

1.5 Schlussformen und Schlussfehler

Ein Argument diskutiert man, indem man seine Prämissen prüft. Das wurde jetzt oft genug gesagt. Allerdings gilt das nur, insofern keine Schlussfehler vorliegen. Zwar mögen in der professionellen Ethik selten Schlussfehler gemacht werden – aber ausgeschlossen sind sie auch hier nicht! Und diejenigen, die (noch) nicht wirklich geübt sind im ethischen Argumentieren, sollten sich von Beginn an angewöhnen, logische Schlussfehler grundsätzlich zu vermeiden, weil ein ethisches Argument immer angreifbar ist, sobald es einen solchen Fehler enthält. Schlussfehler deuten auf fehlerhaftes Denken hin, und wenn das nachgewiesen wird, kann ein Argumentationsgang trotz tragfähiger Prämissen nicht überzeugen. Aber keine Sorge: Die gängigen logischen Fehler kennen Sie längst, weil Sie mit ihnen in Ihrer alltäglichen Argumentationspraxis vertraut sind. Deshalb dienen die Übungen dieses Kapitels vor allem dazu, Ihnen etwas bewusst zu machen, was Sie schon wissen.

1. Ein moralisches Urteil ist die Schlussfolgerung (Konklusion K) eines ethischen Arguments (ethischer Syllogismus). Die Begründungen in einem ethischen Argument nennt man auch die Prämissen des Arguments. Dabei können wahre bzw. gültige Prämissen eine richtige Konklusion nur garantieren, wenn kein Schlussfehler gemacht wurde. Deshalb prüft man jedes Argument zuerst auf formale Korrektheit. Einer der beiden folgenden Schlüsse ist formal nicht korrekt. Warum? Begründen Sie.

Beispiel	Richtig oder falsch?	Begründung
Prämisse 1: Sokrates ist ein Mensch. Prämisse 2: Alle Menschen sind sterblich. → Konklusion: Sokrates ist sterblich.		
Prämisse 1: Sokrates ist sterblich. Prämisse 2: Alle Menschen sind sterblich. → Konklusion: Sokrates ist ein Mensch.		

2. Ein Schluss kann formal korrekt sein. Wenn aber (mindestens) eine Prämisse des Arguments falsch bzw. ungültig ist, dann ist die Konklusion entweder falsch oder nur zufällig richtig. Deshalb überprüft man ein ethisches Argument vor allem auf die Wahrheit bzw. Gültigkeit seiner Prämissen. Im moralischen Urteil sind normative Prämissen Pn und deskriptive Prämissen Pd zu unterscheiden. Schauen Sie noch einmal Aufgabe 1.3.4 an und überlegen Sie: Welche Prämissen dieses Urteils sind ggfs. wahr und welche sind ggfs. gültig? Wie kann man von der Wahrheit oder der Gültigkeit einer Prämisse überzeugen? Finden Sie eigene Beispiele.

Wahr sind ggfs. die _____ Prämissen, weil sie begründet werden durch _____ .

Gültig sind ggfs. die _____ Prämissen, weil sie begründet werden durch _____ .

	Beispiel	Wie überzeugen Sie davon?
Gültige Prämisse:		
Wahre Prämisse:		

3. Ist folgende Konklusion richtig oder falsch? Begründen Sie.

Beispiel	Die Konklusion ist:
Prämisse 1: Sokrates ist ein Mensch. Prämisse 2: Alle Menschen können fliegen. → Sokrates kann fliegen.	Begründung:

4. Diese Konklusion ist offensichtlich falsch bzw. unsinnig. Wo liegt der Fehler? (Achtung: Es gibt gleich mehrere Fehlerquellen!)

Beispiel	Richtig oder falsch?	Welche Fehlerquellen führen zum falschen Schluss?
Prämisse 1: Schokolade wird aus Kakao gemacht.		
Prämisse 2: Kakao ist ein Baum.		
Prämisse 3: Ein Baum ist eine Pflanze.		
Prämisse 4: Kopfsalat ist ebenfalls eine Pflanze.		
→ Konklusion: Schokolade ist Kopfsalat.		

1.5 · Schlussformen und Schlussfehler

> **Tipp**
>
> **Zu 1.5.2:** Normative Prämissen sind gültig, wenn sie sich mit herrschenden moralischen Überzeugungen und/oder moralphilosophischen Prinzipien ausreichend rechtfertigen lassen. Ansonsten sind sie ungültig bzw. strittig. Deskriptive Prämissen sind wahr, wenn die Situation angemessen und sachlich richtig beschrieben ist. Ansonsten sind sie falsch. Schlussfolgerungen (Konklusionen) sind richtig oder falsch. Schlüsse (Syllogismen) sind formal korrekt oder formal inkorrekt. Argumente sind gut oder schlecht. Gute Argumente sind überzeugend, aussagekräftig und stichhaltig, weil sie auf wahren bzw. gültigen Prämissen beruhen und formal korrekt geschlossen wurde. Für schlechte Argumente gilt das nicht.

5. Ist diese Konklusion richtig oder falsch? Bitte begründen Sie.

Beispiel	Die Konklusion ist:
Prämisse 1: Sokrates ist ein Mensch. Prämisse 2: Alle Menschen sind sterblich → Sokrates kann schwimmen.	Begründung:

6. Die verbreitetste Schlussform ist der Modus Ponens. Er hat die Form {wenn p, dann q; p ist der Fall; also q}. Die Buchstaben p und q stehen jeweils für Sätze, die behaupten, dass etwas der Fall ist. Prüfen Sie (ausnahmsweise) nicht die Wahrheit bzw. Gültigkeit der Prämissen (eine Straße wird nicht unbedingt nass, wenn es regnet, weil ein Dach aufgespannt sein könnte, und an manchen Tagen regnet es nicht). Prüfen Sie lediglich die Folgerichtigkeit des Schlusses und finden Sie dann ein eigenes Beispiel für einen Modus Ponens. Falls Ihnen die Formel zu kompliziert ist, legen Sie einfach los: Sobald sie den Anweisungen folgen und Beispielsätze erfinden, werden Sie auch ohne die Formel wissen, ob die Schlussfolgerung korrekt oder inkorrekt ist.

Allgemeine Form	Beispiel	Ihr Beispiel
Prämisse 1: Wenn p, dann q	Wenn es regnet (p), wird die Straße nass (q).	
Prämisse 2: p	Es regnet.	
→ Konklusion: q	Die Straße ist nass.	

7. Folgender Schluss hat die Form: {Wenn p, dann q; p ist nicht der Fall; also nicht q}. Ist dieser Schluss auch gültig? Prüfen Sie und finden Sie ein eigenes Beispiel.

Allgemeine Form	Beispiel	Ihr Beispiel
Prämisse 1: Wenn p, dann q	Wenn es regnet (p), wird die Straße nass (q).	
Prämisse 2: Nicht p	Es regnet nicht.	
→ Konklusion: Nicht q	Also ist die Straße nicht nass.	

8. Eine ebenfalls gängige Schlussform ist der Modus Tollens. Er hat die Form {Wenn p, dann q; q ist nicht der Fall; also nicht p}. Prüfen Sie die Folgerichtigkeit des Schlusses und finden Sie ein eigenes Beispiel.

Allgemeine Form	Beispiel	Ihr Beispiel
Prämisse 1: Wenn p, dann q	Wenn es regnet (p), wird die Straße nass (q).	
Prämisse 2: Nicht q	Die Straße ist nicht nass.	
→ Konklusion:	Also regnet es nicht.	

9. Logisch besonders schwierig sind Argumente, in denen ‚oder' vorkommt. Welche beiden Bedeutungen von ‚oder' kennen Sie? Worin unterscheiden sich die beiden Bedeutungen logisch?

	Beispiel	Ihr Beispiel
Ausschließendes ‚entweder – oder'	Menschen sind tot oder lebendig.	
Aufzählendes ‚oder'	Man kann auf dem Markt Kirschen kaufen oder Äpfel oder Tomaten.	

10. Man unterscheidet ‚Quantoren' und ‚Modalitäten'. Die wichtigsten Quantoren sind ‚alle X', ‚einige X' und ‚kein X'. Das klingt sehr kompliziert, ist es aber nicht, weil sie alle genau wissen, wie man die Quantoren ‚alle' und ‚keiner' verwendet oder auch die logisch verwandten Zeitbestimmungen ‚immer' und ‚nie'. Aber vielleicht haben Sie sich noch nie klar gemacht, wie schnell man Gefahr läuft, etwas Falsches zu behaupten, wenn man solche Quantoren verwendet. So ist alles falsch, was sie mit dem Quantor ‚alle' behaupten, wenn es nur ein einziges Gegenbeispiel gibt. Wenn es einen schwarzen Schwan gibt, ist die These falsch, dass alle Schwäne weiß sein sollen; genauso werden Sie durch eine einzige Bevorzugung schon widerlegt, wenn Sie sich beklagen, dass Sie immer benachteiligt würden. Überlegen Sie deshalb, was impliziert ist, wenn Sie sagen 1) ‚alle X sind a', 2) ‚einige X sind a' und 3) ‚kein X ist a'. Wann sind die deskriptiven Prämissen jeweils falsch? Ergänzen Sie die Sätze.

Prämisse	
1. Die Prämisse ‚alle Blondinen heißen Nora' ist falsch, wenn:	
Ihr Beispiel:	
2. Die Prämisse ‚einige Flugzeuge fliegen umweltfreundlich' ist falsch, wenn:	
Ihr Beispiel:	
3. Die Prämisse ‚keine Blondine kann einparken' ist falsch, wenn:	
Ihr Beispiel:	

1.5 · Schlussformen und Schlussfehler

11. Die wichtigsten Modalitäten sind ‚notwendig', ‚möglich', ‚wirklich' und ‚unmöglich'. Überlegen Sie wiederum, was impliziert ist, wenn Sie sagen 1) ‚X ist notwendig der Fall', 2) ‚X ist möglich', 3) ‚X ist wirklich' und 4) ‚X ist unmöglich'. Wann sind die Prämissen falsch?

Die Frage	Ihre Antwort mit Begründung
1. Wenn es notwendig der Fall ist, dass Steine nicht lebendig sind – kann es dann einen Stein geben, der lebt?	Nein, weil …
Ihr Beispiel:	
2. Wenn es möglich ist, dass Steine schwarz sind – kann es dann schwarze Steine geben?	
Ihr Beispiel:	
3. Wenn eine Kirche tatsächlich irgendwo steht – kann es dann sein, dass es unmöglich war, sie zu bauen?	
Ihr Beispiel:	
4. Wenn es unmöglich ist, mit einem toten Hund spazieren zu gehen – kann man dann heute mit dem Hund spazieren gehen, der gestern gestorben ist?	
Ihr Beispiel:	
Zusatz: Auf welchen der vier Fälle (1, 2, 3, 4) bezieht sich Aristoteles mit dem berühmten Diktum ‚Das Notwendige ist wirklich'?	

> **Tipp**
>
> **Zu 1.5.10:** Prämissen mit ‚alle' oder ‚keiner' oder ‚nie' oder ‚immer' sind besonders vorsichtig zu verwenden, weil sie schon bei einem einzigen Gegenbeispiel falsch sind.

13. Am Stammtisch kann man solche ‚Argumente' hören: „Unser Bürgermeister sollte ein Mann sein. Deshalb sollten wir keine Frau zur Bürgermeisterin wählen". Rekonstruieren Sie das Beispiel als Syllogismus und überlegen Sie, warum der Schluss unvollständig ist. Schlagen Sie in einem Handbuch nach, was eine *petitio principii* ist. Finden Sie ein anderes Beispiel.

Eine *petitio principii* liegt vor, wenn:

_____

_____

Ihr Beispiel:

_____

14. Sie wissen längst, was ein logischer Widerspruch ist, auch wenn Sie vielleicht nicht wissen, dass die Philosophie von einer ‚Inkonsistenz' spricht. Vermutlich wissen Sie sogar, dass etwas falsch sein muss, wenn sich jemand in Widersprüche verwickelt: Die Person lügt oder sie irrt sich. Es passiert allerdings schneller als man denkt, dass man inkonsistent argumentiert. Wenn Sie beispielsweise von zwei verschiedenen Theorien beeindruckt sind, ohne zu wissen, dass beide Theorien nicht zusammenpassen und von unterschiedlichen Voraussetzungen ausgehen, kann es schnell passieren, dass Sie inkonsistente Thesen verteidigen und deshalb andere nicht überzeugen können. Recherchieren Sie deshalb, was der ‚Satz des Widerspruchs' nach Aristoteles besagt und was eine ‚Inkonsistenz' ist.

15. Sie kennen folgendes Gedicht (eines unbekannten Autors). Vielleicht versuchen Sie einmal, die Szene zu malen? Was würden Sie vermuten, wenn jemand Ihnen das Gedicht als Tatsachenbericht präsentieren würde? Sammeln Sie einige Hypothesen, was der Fall sein könnte, wenn jemand das tun würde.

> Dunkel war's, der Mond schien helle, schneebedeckt die grüne Flur,
> als ein Wagen blitzesschnelle, langsam um die Ecke fuhr.
> Drinnen saßen stehend Leute, schweigend ins Gespräch vertieft,
> als ein totgeschoss'ner Hase auf der Sandbank Schlittschuh lief.
> Und ein blondgelockter Jüngling mit kohlrabenschwarzem Haar
> saß auf einer grünen Kiste, die rot angestrichen war.
> Neben ihm 'ne alte Schrulle, zählte kaum erst sechzehn Jahr,
> in der Hand 'ne Butterstulle, die mit Schmalz bestrichen war.

Hypothese 1:	Es handelt sich um einen Performance-Künstler.
Hypothese 2:	
Hypothese 3:	

16. Der folgende Einwand gegen eine Moralphilosophie, welche das moralische Urteil von subjektiven Meinungen und Stimmungen abhängig macht, basiert auf dem aristotelischen ‚Satz vom Widerspruch', demzufolge Widersprüche in einem Text oder einem Argument auf Fehler hindeuten. Rekonstruieren Sie den Einwand als Syllogismus.

Text	Rekonstruktion	Diskussion
Diejenigen Moralphilosophien, die das moralische Urteil von subjektiven Reaktionen auf moralisch problematische Situationen abhängig machen, „machen das ethische Diskutieren über das moralisch Richtige sinnlos".	T:	
Es könnt nämlich häufig vor, dass ein Beobachter genau das entgegengesetzte Urteil fällt wie ein anderer Beobachter: Der eine findet eine Handlungsweise schlimm, während der andere dieselbe Handlungsweise befürwortet.	P1:	

1.5 · Schlussformen und Schlussfehler

Text	Rekonstruktion	Diskussion
Dann müsste die Theorie „behaupten können, dass es kein logischer Widerspruch sei, wenn der eine Beobachter den Akt für moralisch richtig und der andere für moralisch falsch erklärt".	P2:	
Weil sie das offensichtlich nicht behaupten kann, müsste die Moralphilosophie stattdessen sagen, „dass beide Beobachter Recht haben, obwohl sie sich offensichtlich widersprechen".	P3:	
Damit würde die Moralphilosophie den Satz des Widerspruchs als zentrales Denkgesetz aufgeben, dass nicht zwei entgegengesetzte Behauptungen wahr sein können.	P4:	
Und damit „würde die Moralphilosophie allem sinnvollen ethischen Argumentieren ein Ende setzen".	K (vgl. T):	
Ross 2002, S. 60 (Übers. MLR)	*Bitte beachten Sie, dass der Text gekürzt ist, dass er aus dem Englischen übersetzt wurde und dass man einen philosophischen Text auf verschiedene Weise rekonstruieren kann.*	

> **Tipp**
>
> **Zu 1.5.13:** Von einer *petitio principii* wird gesprochen, wenn die Konklusion eines Arguments schon in einer Prämisse ausgesagt wird. Synonym ist auch von einem ‚Zirkelschluss' die Rede.
>
> **Zu 1.5.14:** Der ‚Satz des Widerspruchs' (den Aristoteles immerhin als den „Grund jedes Beweises" bezeichnet) besagt, dass „dasselbe demselben unmöglich in derselben Beziehung zugleich zukommen und nicht zukommen kann" (Aristoteles 1991: *Metaphysik* 1005b). Für die Text- und Argumentanalyse bedeutet der Satz, dass irgendwo ein Schluss- oder Denkfehler vorliegen muss, wenn es widersprüchliche Aussagen (Inkonsistenzen) gibt.

17. Obwohl Sie den Begriff vermutlich nicht kennen, ist der infinite (bzw. unendliche) Regress im alltäglichen Argumentieren besonders verbreitet. Diesen Argumentationsfehler machen nämlich nicht nur pfiffige kleine Kinder, die gerade ihre Freude am Denken und Argumentieren entdecken und deshalb immer weiter nach dem Warum fragen. Nein, ihn machen auch Erwachsene, die sich für argumentative Virtuosen halten. Sie kennen alle so jemanden, und vermutlich ist er (oder sie) Ihnen auch schon mal gehörig auf die Nerven gegangen. Die Rede ist von Diskutanten, die grundsätzlich keine Prämisse einfach nur akzeptieren, sondern immer weiter die Begründung der Begründung der Begründung hinterfragen, wenn alle anderen schon erschöpft kapituliert haben, weil sie nicht mehr wissen, welches Problem ursprünglich diskutiert werden sollte. Wehren Sie sich, wenn jemand eine Argumentation auf diese Weise ad absurdum führt, um Sie mit seiner Kritikfähigkeit zu beeindrucken. Von einem solchen Gegenüber fühlen Sie sich zurecht in Ihrem eigentlichen Anliegen der Lösung eines ethischen Problems nicht ernst genommen. Machen Sie es dann wie Sokrates und bitten Sie Ihr Gegenüber, ob man sich zur Vermeidung eines infiniten Regresses nicht auf ein festes Repertoire an Prämissen einigen kann, auf denen die folgende Diskussion dann aufbaut, weil sie nicht mehr infrage gestellt werden dürfen. Dann können Sie zielorientiert weiter diskutieren, indem sie sich auf die noch strittigen Prämissen konzentrieren.

Schlagen Sie in einem Handbuch nach, was ein ‚infiniter Regress' ist und finden Sie ein Beispiel.

Eine Argumentation gerät in einen infiniten Regress, wenn:

_____

_____

Ihr Beispiel:

_____

_____

Ein infiniter Regress sollte vermieden werden, weil:

_____

_____

18. Rekonstruieren Sie den folgenden Beweisgang der Existenz Gottes.

Text	Rekonstruktion	Diskussion
„Der zweite Weg [Gottes Existenz zu beweisen; MLR] geht vom Gedanken der Wirkursachen aus.	T:	
Wir stellen nämlich fest, dass es in der sichtbaren Welt eine Über- und Unterordnung von Wirkursachen gibt.	P1:	
Dabei ist es niemals festgestellt worden und ist auch nicht möglich, dass etwas seine eigene Wirkursache ist. Denn dann müsste es sich selbst im Sein vorausgehen, und das ist unmöglich.	P2:	
Es ist aber ebenso unmöglich, in der Über- und Unterordnung von Wirkursachen ins Unendliche zu gehen, sowohl nach oben als nach unten. Denn in dieser Ordnung von Wirkursachen ist das Erste die Ursache des Mittleren und das Mittlere die Ursache des Letzten, ob nun viele Zwischenglieder sind, oder nur eines. Mit der Ursache aber fällt auch die Wirkung. Gibt es also kein Erstes in dieser Ordnung, dann kann es auch kein Letztes oder Mittleres geben. Lassen wir die Reihe der Ursachen aber ins Unendliche gehen, dann kommen wir nie an eine erste Ursache, und so werden wir weder eine letzte Wirkung noch Mittel-Ursachen haben. Das widerspricht aber offensichtlich den Tatsachen.	P3:	
Wir müssen also notwendig eine erste Wirk- und Entstehungsursache annehmen: und die wird von allen Gott genannt."	K (vgl. T):	
Thomas von Aquin 1979: Summa Theologiae, 1. Buch, 2. Frage, Art. 3	*Bitte beachten Sie, dass der Text gekürzt ist, dass er aus dem Lateinischen übersetzt wurde und dass man einen philosophischen Text auf verschiedene Weise rekonstruieren kann.*	

> **Tipp**
>
> **Zu 1.5.17:** ‚Infinit' bedeutet ‚ohne Ende' bzw. ‚unendlich'. Und ein ‚infiniter' bzw. ‚unendlicher Regress' droht, wenn eine Erklärung oder Begründung die Frage nach einer weiteren Erklärung der Begründung zu erzwingen scheint. Weil man prinzipiell jede Prämisse unendlich begründen könnte (indem man die Begründungen wieder begründet), müssen Prämissen irgendwann schlicht gesetzt (‚geschenkt') werden, um zielgerichtetes Argumentieren möglich zu machen.

> **Wie prüfe ein ethisches Argument?**
>
> Ein ethisches Argument ist schlecht, wenn (1) es formal nicht korrekt ist, weil ein Schlussfehler vorliegt und/oder wenn (2) seine Prämissen unwahr oder ungültig (d. i. nicht zu rechtfertigen) sind.
>
> Die häufigsten logischen Fehler kennen Sie alle – vertrauen Sie Ihrem Urteilsvermögen.
>
> Wenn in einem ethischen Argument die normative Prämisse fehlt, liegt ein naturalistischer Fehlschluss vor.
>
> Die wichtigste Aufgabe von Ethikerinnen und Ethikern besteht im Prüfen der Prämissen von ethischen Argumenten.

> **Zum Weiterlesen**
>
> Damschen, Gregor/Schönecker, Dieter: *Selbst Philosophieren*. Berlin/Boston 2012 (bes. S. 119–201).
>
> Kienpointer, Manfred: *Vernünftiges Argumentieren*. Hamburg/Berlin (Rowolth) 1996.

Literatur

Aristoteles: *Politik*. Übers. von Eugen Rolfes. In: Aristoteles: *Philosophische Schriften*, Bd. 4. Hamburg 1995.
Aristoteles: *Metaphysik*. Übers. von Hermann Bonitz. Hg. von Horst Seidl. Hamburg ³1991.
Birnbacher, Dieter: *Analytische Einführung in die Ethik*. Berlin/New York ²2007.
Düwell, Marcus/Hübenthal, Christoph/Werner, Micha H. (Hg.): *Handbuch Ethik*. Stuttgart ³2011.
Kant, Immanuel: *Logik*. Königsberg 1800. Zit. nach: Immanuel Kant: *Werke*, Bd. 5. Hg. von Wilhelm Weischedel. Darmstadt 1983, S. 420–582.
Kienpointer, Manfred: *Vernünftig argumentieren*. Hamburg 1996.
Rosenberg, Jay F.: *Philosophieren. Ein Handbuch für Anfänger*. Übers. von B. Flickinger. Frankfurt a. M. 1986 (engl. 1984)
Ross, David: *The Right and the Good* [1930]. Oxford ²2002.
Schopenhauer, Arthur: *Die Welt als Wille und Vorstellung* [1819/²1844]. Zürich 1977.
Singer, Peter: *Praktische Ethik*. Stuttgart 1984 (engl. *Practical Ethics*, 1979).
Neuhäuser, Christian/Raters, Marie-Luise/Stoecker, Ralf (Hg.): *Handbuch Angewandte Ethik*. Stuttgart ²2023.
Thomas von Aquin: Summa Theologiae (übers. von Norbert Hoerster). In: Norbert Hoerster (Hg.): *Glaube und Vernunft*. München 1979, S. 25ff.
Urmson, James O.: „Saints and Heroes". In: *Essays in Moral Philosophy*. Hg. von A.I. Melden. Seattle 1958, S. 198–216.
Wiesing, Urban u.a. (Hg.): *Ethik in der Medizin. Ein Reader*. Stuttgart 2000.

Historische Einführung in das ethische Argumentieren

Inhaltsverzeichnis

2.1 Das tugendethische Argument (Ausblick: Griechische Antike) – 34

2.2 Das religiöse Argument (Ausblick: Scholastik) – 41

2.3 Das Argument der Unbezweifelbarkeit (Ausblick: Neuzeit) – 47

2.4 Das deontologische Argument (Ausblick: Aufklärung 18. Jahrhundert) – 54

2.5 Das utilitaristische Argument (Ausblick: Klassischer Utilitarismus 19. Jahrhundert) – 61

2.6 Das Argument des Mitleids (Ausblick: Willensmetaphysik 19. Jahrhundert) – 69

2.7 Das Argument der moralischen Intuitionen (Ausblick: Intuitionismus frühes 20. Jahrhundert) – 77

2.8 Das pragmatistische Argument (Ausblick: Klassischer Pragmatismus frühes 20. Jahrhundert) – 85

2.9 Das Authentizitätsargument (Ausblick: Existentialistische Philosophie Mitte 20. Jahrhundert) – 90

2.10 Das präferenzutilitaristische Argument (Ausblick: Präferenzutilitarismus spätes 20. Jahrhundert) – 99

2.11 Das kontraktualistische Argument (Ausblick: Liberalismus spätes 20. Jahrhundert) – 106

2.12 Das Argument der allgemeinen Anerkennung (Ausblick: Diskursethik spätes 20. Jahrhundert) – 113

2.13 Das Nearest-and-Dearest-Argument (Ausblick: Care-Ethik und feministische Ethik spätes 20. Jahrhundert) – 123

Literatur – 135

© Der/die Autor(en), exklusiv lizenziert an Springer-Verlag GmbH, DE, ein Teil von Springer Nature 2024
M.-L. Raters, *Ethisches Argumentieren*, https://doi.org/10.1007/978-3-662-67483-3_2

Ein moralisches Urteil ist eine Konklusion aus deskriptiven und normativen Prämissen. Die deskriptiven Prämissen (Pd) beschreiben die zu beurteilende Situation. Die wichtigsten Quellen der eigenen normativen Prämissen (Pn) sind Ihre moralische Erziehung und Ihre moralischen Erfahrungen in einer bestimmten Umwelt und Kultur: Wir alle können auch ohne professionelle Schulung moralisch urteilen, weil wir über einen umfangreichen Kanon von moralischen Überzeugungen verfügen. Professionelle Ethiker und Ethikerinnen wenden beim ethischen Argumentieren zusätzlich einige allgemeine moralische Entscheidungsregeln an, die ‚moralische Prinzipien' heißen und in früheren Epochen der Ethik entwickelt wurden. So gibt es professionelle Ethiker und Ethikerinnen, die eine Handlungsweise danach beurteilen, ob sie gute Folgen für möglichst viele haben wird: Sie wenden damit ein Prinzip an, das im Utilitarismus des frühen 19. Jahrhunderts verteidigt wurde. In allen Jahrhunderten hat die Moralphilosophie Prinzipien für moralische Urteile erstellt. Die wichtigsten dieser Prinzipien soll diese historische Einführung in das ethische Argumentieren vorstellen. Aus Platzgründen marschieren wir mit Siebenmeilenstiefeln durch die Philosophiegeschichte, von der Praktischen Philosophie der Antike bis ins 20. Jahrhundert. Drei Einschränkungen müssen allerdings gemacht werden. Erstens können nicht alle einschlägigen Einwände (E) benannt werden. Aber vermutlich werden Sie auf die wichtigsten Einwände selbst kommen und sogar einige angemessene Antworten (AE) finden. Zweitens kann ein solcher Durchmarsch aus genanntem Platzmangel nur oberflächlich sein. Deshalb gibt es am Ende jedes Kapitels eine Literaturangabe für diejenigen, die ins Detail gehen wollen. Und drittens werden leider viele wichtige Positionen aus besagtem Grund übergangen. Aber vielleicht haben Sie ja Lust, die Lücken selbst zu füllen? Die Geschichte der Ethik hat nicht nur mit Blick auf das ethische Argumentieren viel Spannendes zu bieten.

2.1 Das tugendethische Argument (Ausblick: Griechische Antike)

Keine Epoche lässt sich auf einen einfachen Nenner bringen: Das gilt für die Antike ebenso wie für alle Epochen der Philosophiegeschichte, die in den folgenden Kapiteln noch angesprochen werden. Aus dem Abstand von mehr als 2000 Jahren und mit einer gehörigen Portion interpretatorischer Unschärfe lässt sich die Ethik der griechischen Antike aber vielleicht dennoch grob so charakterisieren, dass es weniger um Moral im neuzeitlichen Sinne als um die Entwicklung der menschlichen Fähigkeiten und Charakteranlagen für ein gelungenes Leben ging. Der Grundgedanke lautete in etwa, dass Menschen von Natur aus Anlagen haben, die sie zur Entfaltung bringen müssen, wenn sie ein gutes Leben führen wollen. Dabei unterscheidet zumindest Aristoteles zwei Arten von Anlagen. Die intellektuellen Anlagen des Menschen lassen sich durch intensives Studieren entwickeln. Bei den Charakteranlagen hingegen geht es darum, sich immer wieder neu für eine vorbildliche Handlung zu entscheiden, bis die jeweilige Handlungsweise so in Fleisch und Blut übergegangen ist, dass man selbstverständlich tugendhaft handelt, wenn sich die Situation ergibt. Wer sich oft entscheidet, mutig zu handeln, wird mutig: So in etwa könnte man die Theorie zusammenfassen. Wichtig ist dabei, dass man sich im Griff hat und die Situation besonnen betrachtet, ehe man handelt. Lehrer und Vorbilder können vorleben, wo es idealerweise hingehen könnte und was jeder bei entsprechender Anstrengung erreichen kann. Die eigentliche Anstrengung muss aber jeder selbst unternehmen, und das immer wieder neu. Handele so, wie ein tugendhafter Mensch handeln würde – ungefähr so lautet das moralphilosophische Prinzip der antiken Tugendethik.

2.1 • Das tugendethische Argument (Ausblick: Griechische Antike)

1. Überlegen Sie: In welchen Situationen sagen Sie „Nimm Dir an dem ein Beispiel". Bitte begründen Sie.

Ihr Beispiel:

_____

_____

Begründung:

_____

_____

2. Wer ist für Sie ein moralisches Vorbild? Begründen Sie und sagen Sie, wie Sie Ihr Vorbild nachahmen können.

Ihr Vorbild:

_____

_____

Begründung:

_____

_____

Nachahmung wäre möglich durch:

_____

_____

3. Was ist eine Tugend? Definieren Sie den Begriff und finden Sie ein Beispiel.

Ihre Def. Tugend:

_____

_____

Ihr Beispiel:

_____

_____

4. Welche Bedingungen 1–x müssen erfüllt sein, damit Sie jemanden als ‚tugendhaft' bezeichnen? Überlegen Sie, ob die Person immer moralisch gut handeln muss.

Eine Person ist tugendhaft, wenn:	Bed.1:
	Bed.2:
	Bed.3–x:
Sie handelt (nicht) immer moralisch gut, weil:	

5. Aristoteles unterscheidet ethische Tugenden des Charakters (wie beispielsweise die Gelassenheit) von dianoetischen Tugenden des Verstandes (wie beispielsweise ein umfassendes Detailwissen in einem bestimmten Bereich oder die Fähigkeit zum ethischen Argumentieren). Finden Sie weitere Beispiele für beide Sorten von Tugenden und überlegen Sie, wie man die Tugend jeweils entfalten bzw. erwerben kann.

Ethische Tugend	Dianoetische Tugend	Ausbildung durch

6. Die ethischen Tugenden bildet man der *Nikomachischen Ethik* des Aristoteles zufolge aus, indem man immer wieder versucht, die vernünftige Mitte (gr. *mesos*) zwischen zwei Extremen einzunehmen. Es heißt: „So ist also sittliche Werthaftigkeit eine feste, auf Entscheidung hingeordnete Haltung; sie liegt in jener Mitte, [...] die der Einsichtige festlegen würde" (Aristoteles 2008: NE 1106b 27 f.). Durch kontinuierliche Wiederholung soll sich daraus die Haltung ausbilden, die Aristoteles ‚ethische Tugend' nennt. Suchen Sie nach den jeweiligen Extremen, zu denen die genannten Haltungen die vernünftige Mitte bilden.

Zu wenig	Ethische Tugend nach Aristoteles	Zu viel
	Tapferkeit	
	Besonnenheit	
	Ökonomische Großzügigkeit	

2.1 • Das tugendethische Argument (Ausblick: Griechische Antike)

Zu wenig	Ethische Tugend nach Aristoteles	Zu viel
	Hochherzigkeit im Verzeihen	
	Geselligkeit	
	Ihre Beispiele für eine ethische Tugend	

> **Tipp**
>
> **Zu 2.1.3:** Nach Aristoteles ist eine Tugend (*areté*) eine Haltung oder Fähigkeit, die man ausbilden kann, weil man die Anlage dazu hat.
>
> **Zu 2.1.5:** Die dianoetischen Tugenden des Aristoteles sind handwerkliches Wissen, empirisches Faktenwissen, praktische Urteilsfähigkeit, philosophische Weisheit sowie spekulatives Erkennen der ersten Prinzipien des Wissens und der Moral. Man erwirbt sie durch Studium und Übung.
>
> Die ethischen Tugenden erwirbt man durch Selbstkontrolle, indem man so oft wie möglich die Mitte zwischen zwei Extremen einzunehmen versucht.

7. Analysieren Sie folgenden Argumentationsgang und überlegen Sie sich gegebenenfalls eigene Beispiele.

Text	Rekonstruktion	Diskussion
„Die <ethische> Tugend ist also eine Disposition *(hexis)*, die sich in Vorsätzen äußert *(prohairetiké)*, wobei sie in der Mitte liegt, und zwar in der Mitte in Bezug auf uns, die bestimmt wird durch die Überlegung *(logos)*, das heißt so, wie der Kluge *(phronimos)* sie bestimmen würde. Sie ist die Mitte zwischen zwei Lastern, von denen das eine auf Übermaß, das andere auf Mangel beruht. Sie ist auch in dem Sinn eine Mitte, dass die einen Laster in den Affekten und Handlungen hinter dem Gesollten *(to deon)* zurückbleiben, die anderen über es hinausgehen, während die Tugend das Mittlere sowohl findet wie wählt. Daher ist die Tugend ihrem Wesen *(ousia)* nach […] eine Mitte; im Hinblick darauf aber, was das Beste *(ariston)* und das gute Handeln *(eu)* ist, ist sie ein Extrem.	Def. ‚Tugend':	
Nicht jede Handlung und nicht jeder Affekt lässt allerdings eine Mitte zu.	E:	

Text	Rekonstruktion	Diskussion
Einige nämlich haben Namen, die die Schlechtigkeit bereits implizieren, zum Beispiel Schadenfreude, Schamlosigkeit, Neid und im Fall der Handlungen Ehebruch, Diebstahl, Mord. All diese und ähnliche Dinge werden so benannt, weil sie selbst schlecht sind und nicht das Übermaß oder der Mangel an ihnen. Man kann also in diesem Bereich niemals das Richtige treffen, sondern immer nur fehlgehen […]. Irgendetwas dieser Dinge zu tun ist immer falsch.	AE:	
In Bezug auf Furcht *(phobos)* und Mut *(tharré)* ist die Tapferkeit *(andreía)* die Mitte. […] Wer dagegen übermäßig Mut empfindet, ist tollkühn *(thrasys)*, und wer sich zu sehr fürchtet und zu wenig Mut empfindet, ist feige *(deilos)*."	z. B.	Ihr Beispiel:
Aristoteles 2008: NE, 1107a–b5	*Bitte beachten Sie, dass der Text gekürzt ist, dass er aus dem Griechischen übersetzt wurde, und dass man einen philosophischen Text auf verschiedene Weise rekonstruieren kann.*	

8. Für Aristoteles können Vorbilder (Lehrer) bei der charakterlichen Entwicklung förderlich sein. Analysieren Sie folgenden Argumentationsgang:

Text	Rekonstruktion	Diskussion
„Die charakterliche Tugend geht aus Gewöhnung hervor; daher auch ihr Name *(ethiké)*, der nur wenig von dem Wort *ethis* (Gewohnheit) abweicht. […]	T:	
Denn kein natürliches Ding wird durch Gewöhnung.	P:	
Beispielsweise lässt sich ein Stein, der von Natur aus nach unten fällt, nicht daran gewöhnen, nach oben zu fliegen. […]	z. B. (zu P):	
Also entstehen die Tugenden ins uns weder von Natur aus noch gegen die Natur. Vielmehr sind wir von Natur aus fähig, sie aufzunehmen und durch Gewöhnung werden sie vollständig ausgebildet. […]	K (vgl. T):	
	(unausgesprochen) E:	
Wenn es sich nicht so verhielte, dann brauchte man keine Lehrer. […] Indem wir im Verkehr mit anderen Menschen so oder so handeln, werden die einen von uns gerecht, die anderen ungerecht […]. Es kommt also nicht wenig darauf an, ob man schon von Kindheit an so oder so gewöhnt wird; es hängt viel davon ab, ja sogar alles."	AE:	
Aristoteles 2008: NE, 1103a, 15–25; 1103b, 20–25	*Bitte beachten Sie, dass der Text gekürzt ist, dass er aus dem Griechischen übersetzt wurde, und dass man einen philosophischen Text auf verschiedene Weise rekonstruieren kann.*	

2.1 · Das tugendethische Argument (Ausblick: Griechische Antike)

9. Ein tugendethisches moralisches Argument hat folgende allgemeine Form:

> Pn1: Es ist tugendhaft, gemäß der Tugend T zu handeln, weil damit die Mitte zwischen zwei Extremen getroffen wird.
> Pd: Die Person X handelt in der Situation S1 gemäß der Tugend T.
> Pn2: Man sollte nach dem Vorbild von tugendhaften Personen handeln.
> → K: Man sollte in einer vergleichbaren Situation S2 ebenfalls gemäß der Tugend T handeln.

Entwickeln sie ein tugendethisches moralisches Argument gegen den Genuss von Gänsestopfleber. Antizipieren Sie Einwände gegen Ihre Prämissen (Begründungen). Überlegen Sie anschließend, ob Ihre Konklusion noch haltbar ist.

Ihr Argument	Antizipierte Einwände
Pn1:	E1: E2: E3–Ex:
Pd:	E1: E2: E3–Ex:
Pn2:	E1: E2: E3–Ex:
→ K:	

10. Obwohl er Deontologe (s. ▶ Kapitel 2.4) ist, findet sich auch bei Immanuel Kant eine Tugendlehre. Dieser Lehre zufolge gibt es eine „Pflicht der Enthaltung von gewaltsamer und zugleich grausamer Behandlung der Tiere", weil „dadurch das Mitgefühl an ihrem Leiden im Menschen abgestumpft" und die Menschen „in ihrer Moralität" geschwächt würden (Kant 1956: MS, 578 f.). In der Tierethik wird das als ‚Verrohungsargument' diskutiert. Überlegen Sie, was mit der ‚Verrohung des Charakters' gemeint sein könnte und finden Sie ein anderes Beispiel einer Handlungsweise, die zu einer Charakterverrohung führen könnte.

Eine ‚Charakterverrohung' bedeutet, dass

_____

_____

Sie kann auch stattfinden, wenn

_____

_____

11. Analysieren Sie folgenden Argumentationsgang und unterscheiden Sie gegebenenfalls Thesen, Begründungen (Prämissen), Definitionen, Beispiele und antizipierte Einwände.

Text	Rekonstruktion	Diskussion
„Wenn es darum geht, was an unserem Umgang mit nichtmenschlichen Tieren richtig und was daran falsch ist, lässt uns die Tugendethik über diese Frage mithilfe der Begriffe von Tugenden und Lastern nachdenken. […]	T:	
In der Moralphilosophie fassen wir eine Tugend als einen moralisch guten, bewundernswerten oder lobenswerten Charakterzug auf. […] Umgekehrt ist ein Laster oder Makel ein moralisch schlechter, verachtenswerter oder bedauernswerter Charakterzug […].	Def.1:	
Der Besitz von Tugend macht eine Akteurin zu einer moralisch guten Person. […]	P1:	
Ich möchte jetzt eine Tugend einführen, auf die die antiken Griechen große Stücke gehalten haben: sophrosyne [Besonnenheit]. […] Die Besonnenen […] werden Sinnenfreuden charakteristischerweise im Einklang mit der Vernunft nachgehen, […] so dass sie in Übereinstimmung mit all den anderen Tugenden handeln. […]	Def.2:	?
Ist die Tugend voll entwickelt, verzichten die Besonnenen, wenn sie Grund dazu haben, charakteristischerweise ohne inneren Konflikt auf [manche] Vergnügen. […]	P2:	
Nun ist die Rücksicht auf das Leiden anderer zwar oft der relevanteste Grund, seinen Begierden nach bestimmter Kost nicht nachzugeben; sie ist jedoch nicht der einzige Grund.	P3:	
Wir wissen, dass Fischerei mit Bodenschleppnetzen enorm zerstörerisch wirkt. […]	P4	
Diese Beispielsammlung soll zeigen, dass eine Handlung wie das Fleischessen [eine Handlungsweise ist], von der eine tugendhafte Akteurin typischerweise und unter den meisten Umständen Abstand nehmen würde.	K (T):	
Folgt aus den vorhergehenden Absätzen, dass wir, aus der Perspektive der Tugendethik betrachtet, niemals Fleisch oder Fisch essen sollten?	E:	
Befragen Sie ihr eigenes Verständnis der Tugend- und Lasterbegriffe und sie werden feststellen, dass die Antwort ‚nein' lautet. Was würden Sie denn von einer Person denken, die zufällig ohne Nahrung im australischen Outback feststeckt und dann einen Hasen tötet und isst, […] anstatt zu warten, bis sie verhungert […]?"	AE:	
Hursthouse 2014, S. 321, 331, 339–334	*Bitte beachten Sie, dass der Text gekürzt ist, dass er aus dem Englischen übersetzt wurde und dass man einen philosophischen Text auf verschiedene Weise rekonstruieren kann.*	

Zu 2.1.9: Tugendethisches Argument gegen den Genuss von Gänsestopfleber

Gegen Pn1: Trifft das Handeln tatsächlich die Mitte zwischen zwei Extremen?
Gegen Pd: Ist die Handlungsweise der Person X in der Situation S1 angemessen beschrieben? Wie wichtig sind ihre Motive, um ihr Handeln als ‚tugendhaft' zu bezeichnen?
Gegen Pn2: Von Vorbildern lassen sich keine klaren Handlungsanweisungen ableiten. Außerdem können Menschen, die in einer Hinsicht tugendhaft sind, in anderer Hinsicht moralisch schlecht handeln.

Pn1: Der Verzicht auf Gänsestopfleber entspricht der Tugend der Mäßigung, weil die Mitte zwischen egoistischer Prasserei und einem verkrampften Verzicht auf alle Genüsse getroffen wird.	E: Trifft der Verzicht auf ein überflüssiges Lebensmittel tatsächlich die Mitte zwischen den genannten Extremen?
Pd: Xaver handelt tugendhaft gehandelt, wenn er im Restaurant auf den Genuss von Gänsestopfleber verzichtet.	E1: Verzichtet Xaver oder mag er schlicht keine Gänsestopfleber? E2: Vielleicht war Xaver die Gänsestopfleber zu teuer?
Pn2: Man sollte dem Vorbild von tugendhaften Menschen folgen.	E1: Ist Xaver wirklich ein moralisches Vorbild? Vielleicht ist er nicht ehrlich und hat gestern einer alten Frau Geld gestohlen hat? E2: Jeder muss selbst entscheiden, was moralisch richtig ist, weil Vorbilder auch Demagogen sein können.
→ K: Man sollte keine Gänsestopfleber essen.	**Ist die Konklusion noch haltbar?**

Bitte beachten Sie, 1) dass es mehrere Möglichkeiten gibt, das Argument zu formulieren und 2) dass hier nicht alle möglichen Einwände genannt werden können Wenn Sie einen anderen Syllogismus geschrieben oder andere Einwände formuliert haben, liegen Sie vermutlich ebenfalls richtig! Vielleicht befragen Sie Ihren Freundeskreis? Und bitte beachten Sie vor allem, dass sich die These (K) auch anders begründen ließe (s. ▶ Kapitel 3.4).

❯ Zum Weiterlesen

Aristoteles: *Nikomachische Ethik*. Übers. und hg. von Ursula Wolf. Hamburg ²2008.

2.2 Das religiöse Argument (Ausblick: Scholastik)

Das religiöse Argument hat einen großen Vorteil: Es basiert auf den Glaubensgrundsätzen und den etablierten Normen einer bestimmten Religionsgemeinschaft. Deshalb sind religiöse Argumente für die Mitglieder einer Religionsgemeinschaft oft sehr überzeugend oder sogar unbezweifelbar. Das religiöse Argument hat aber auch einen großen Nachteil: Es basiert auf den Glaubensgrundsätzen und den etablierten Normen einer bestimmten Religionsgemeinschaft. Wer der Religionsgemeinschaft nicht angehört, kann das Argument deshalb oft nicht akzeptieren. Vielleicht wird er es noch nicht einmal verstehen. Die angemessene Diskussion eines religiösen Arguments setzt damit nicht nur gegenseitigen Respekt voraus, sondern auch Kenntnisse über die Religion, in der sich das Argument begründet. Wenn das diejenigen nicht beherzigen, die sich von einer säkularen Warte oder vom Standpunkt einer anderen Religion auf die Diskussion eines religiösen Arguments einlassen, riskieren sie, dass sich das Gegenüber, dessen religiöses Argument zur Debatte steht, missverstanden oder gar missachtet fühlt. Dann besteht die Gefahr, dass die Debatte frustriert oder wütend abgebrochen wird – und das kann niemand wollen. Deshalb ist es ratsam, sich mit der jeweiligen Religion vertraut zu machen, wenn man ein religiöses Argument so diskutieren will, dass sich das (religiöse) Gegenüber auf die

Diskussion auch einlassen kann. Umgekehrt kann von den religiösen Menschen erwartet werden, dass sie den rationalen Gehalt ihres Arguments so weit erklären, dass es von ihrem (nicht-religiösen) Gegenüber verstanden wird.

1. Was ist gemeint, wenn jemand von einem ‚gottlosen Gesellen' oder einem ‚gottlosen Handeln' spricht? Was ist für Sie eine ‚Sünde'? Versuchen Sie eine Definition und finden Sie ein Beispiel.

	Definition	Beispiel
Gottloser Geselle		
Gottloses Handeln		
Sünde		

2. Stöbern Sie: Was sind die wichtigsten Quellen für moralische Überzeugungen und Regeln im Judentum, im Christentum und im Islam? Was erzählt die Bibel zum Ursprung der Normen? Warum sollen sie für die Gläubigen verbindlich sein?

3. Stöbern Sie: Wer hat die Bibel geschrieben? Bitte stellen Sie dieselben Nachforschungen zum Koran an.

> **Tipp**
>
> **Zu 2.2.2:** Judentum und Christentum stützen sich auf den ‚Dekalog' (die ‚Zehn Gebote'), die Moses auf dem Berg Sinai von Gott empfangen haben soll (*Die Bibel:* 2. Buch Moses [Exodus] 20, 1–17; 5. Buch Moses [Deuteronomium] 5, 6–21). Das Christentum beruft sich zusätzlich auf die ‚Seligpreisungen' der Bergpredigt, mit der Jesus die 10 Gebote aus der Perspektive der christlichen Gebote der Nächsten- und Gottesliebe auslegt (*Die Bibel:* Matt. 5). Die wichtigste normative Quelle des Islam ist der Koran.
>
> **Zu 2.2.3:** Etwa zwischen 1000 und 500 v. Chr. verschriftlichten viele Autoren die seit ca. 6000 v. Chr. überlieferten Geschichten zur Entstehung der Welt, zu den ‚Stammvätern Israels' und zu den Königen. Ab ca. 70 n. Chr. werden die christlichen Geschichten von Jesus aufgeschrieben; vieles geht nach der Zerstörung Jerusalems durch die Römer verloren. In den Konzilen von Hippo (393 n. Chr.) und Karthago (397 n. Chr.) wird die endgültige christliche Bibel festgelegt; die nicht in den Kanon aufgenommenen Schriften heißen ‚Apokryphe'.
> Der Koran soll zwischen 610 und 632 n. Chr. als göttliche Offenbarung durch den Engel Gabriel vom Propheten Mohammed empfangen worden sein. Dieser soll die Offenbarung an Gefährten mündlich weitergegeben haben, welche sie dann in 114 Kapiteln (Suren) aufgeschrieben haben sollen.

4. Stöbern Sie: Was bedeuten die Begriffe ‚Scholastik' und ‚Naturrecht'?

5. Lesen Sie in der Bibel die Geschichte, dass Abraham seinen Sohn Isaac opfern sollte (1. Buch Moses 22). Was hätten Sie Abraham geraten, wenn Sie dabei gewesen wären? Wie geht die Geschichte aus? Müsste man Abraham verurteilen, wenn er seinen Sohn getötet hätte?

2.2 • Das religiöse Argument (Ausblick: Scholastik)

> **Tipp**
>
> **Zu 2.2.4:** Als ‚Scholastik' wird in der Geschichte der Philosophie die mittelalterliche Philosophie bezeichnet, die theologische Probleme mit den Mitteln der (aristotelischen) Technik des Abwägens von Pro- und Contra-Argumenten behandelt. Unter ‚Naturrecht' wird das von Gott geschaffene, vernünftige moralische Gesetz verstanden, von dem alle Menschen durch ihre Vernunft und die Christen zusätzlich durch die christliche Offenbarung wissen können.
> **Zu 2.2.5:** Um seine Gottesfürchtigkeit zu beweisen, soll Abraham seinen einzigen Sohn opfern. Als Abraham dazu bereit ist, verhindert ein Engel Gottes das Opfer.

6. Analysieren Sie folgenden Text. Wie ist der Text aufgebaut? Rekonstruieren Sie die Grundstruktur und diskutieren Sie die Prämissen sowohl aus der internen Perspektive des Christentums als auch aus einer externen Perspektive.

Text	Rekonstruktion	Religionsinterne Diskussion	Religionsexterne Diskussion
Quaestio 64.6: Darf man in bestimmten Fällen einen Unschuldigen töten?	Leitende Frage:		
	Drei Pro-Argumente:		
„1. Sünde ist gewiss kein Zeichen von Gottesfurcht; denn ‚Gottesfurcht vertreibt vielmehr die Sünde', wie es bei *Jesus Sirach* 1.27 heißt.	P1		
Doch Abraham wurde als gottesfürchtig gepriesen, weil er seinen unschuldigen Sohn töten wollte.	P2		
Also kann jemand einen Unschuldigen töten, ohne zu sündigen.	K1:		
2. Eine Sünde wider den Nächsten wiegt umso schwerer, je größer der Schaden ist, dem man einem anderen zufügt.	P3:		
Doch schlimmeren Schaden fügt man durch Tötung einem Sünder als einem Unschuldigen zu, denn dieser geht aus dem Jammertal des Lebens nach dem Tod in die himmlische Glorie ein.	P4:		
Da man nun gegebenenfalls einen Sünder töten darf, ist es noch viel mehr erlaubt, einen Unschuldigen oder Gerechten zu töten.	K2:		
3. Was nach der Rechtsordnung geschieht, ist keine Sünde.	P5:		

Text	Rekonstruktion	Religionsinterne Diskussion	Religionsexterne Diskussion
Doch bisweilen wird jemand gezwungen, entsprechend der Rechtsordnung einen Unschuldigen zu töten, z. B. wenn ein Richter, der nach den vorgebrachten Aussagen richten muss, einen, von dessen Unschuld er überzeugt ist, unter der Beweislast falscher Zeugnisse zum Tode verurteilt.	P6:		
Also kann jemand ohne Sünde einen Unschuldigen töten.	K3:		
	Einwand (bzw. Contra-Argument):		
DAGEGEN heißt es im Buch Ex 23, 7: ‚Wer unschuldig und im Recht ist, den bring' nicht um sein Leben'.	E1:		
ANTWORT: Der Mensch kann unter einem zweifachen Gesichtspunkt betrachtet werden, einmal an sich und sodann in Beziehung zu etwas anderem. Betrachtet man ihn an sich, so darf man keinen Menschen töten, denn in jedem, auch im Sünder, müssen wir die von Gott geschaffene Natur lieben, die durch Tötung zerstört wird.	A1E1:		
Doch [...] wird die Tötung des Sünders im Hinblick auf das Gemeinwohl, das die Sünde zugrunde richtet, erlaubt. Das Leben des Gerechten hingegen erhält das Gemeinwohl. [...]	A2E1:		
Aus diesem Grund ist es niemals erlaubt, einen Unschuldigen zu töten.	K4 (Gegenthese):		
	Abwägung:		
Zu 1. Gott hält Leben und Tod in seiner Hand; denn nach seinem Willen sterben Sünder und Gerechte.	P7:		
Wer darum auf Befehl Gottes einen Unschuldigen tötet, sündigt so wenig wie Gott selbst, dessen Vollstrecker er ist, und indem er seinen Geboten gehorcht, erweist er sich als gottesfürchtig."	K5 (= These Th. v. Aquin):		
Thomas von Aquin 1987: ST II.II. Q64.6	*Bitte beachten Sie, dass der Text gekürzt ist, dass er aus dem Lateinischen übersetzt wurde und dass man einen philosophischen Text auf verschiedene Weise rekonstruieren kann.*		

2.2 · Das religiöse Argument (Ausblick: Scholastik)

7. Wir schreiben das Jahr 1999. Die muslimische Lehrerin Fereshta Ludin strebt ihre Einstellung als Beamtin auf Probe in den Schuldienst von Baden-Württemberg an. Das wird ihr verweigert, da sie nicht bereit ist, während des Unterrichts auf das Tragen ihres Kopftuchs zu verzichten. Die Begründung der Schulbehörde lautete, das Kopftuch sei Ausdruck kultureller Abgrenzung und damit nicht nur religiöses, sondern auch politisches Symbol. Deshalb ließe sich das Tragen eines Kopftuchs mit dem Gebot des Grundgesetzes einer staatlichen Neutralität in Glaubensfragen nicht vereinbaren. Informieren Sie sich im Internet über den Streitfall. Welche Instanzen haben anders entschieden? Wie lauteten jeweils die Begründungen? Wie hätten Sie entschieden? Begründen Sie!

Argumente für Kopftuch-Verbot	Argumente gegen Kopftuch-Verbot
Ihre Entscheidung:	Ihre Begründung:

8. Informieren Sie sich: Was ist ein ‚religiöser Pluralismus'? Was unterscheidet einen Atheisten von einem Agnostiker oder einem Häretiker? Lesen Sie den Artikel 4 zur Religionsfreiheit in unserem Grundgesetz. Überlegen Sie: Welche Konsequenzen muss der Artikel 4 haben? Würden Sie ggfs. Grenzen für die „Religionsausübung" ziehen wollen? Begründen Sie.

9. Gibt es für Sie glaubwürdigere und weniger glaubwürdige religiöse Autoritäten? Finden Sie jeweils ein Beispiel und begründen Sie.

	Ihr Beispiel	Begründung
Glaubwürdige religiöse Autorität:		
Unglaubwürdige religiöse Autorität:		

> **Tipp**
>
> **Zu 2.2.8:** Ein ‚religiöser Pluralismus' ist ein respektvolles Nebeneinander verschiedener Religionen. Für einen Atheisten gibt es keine göttliche Instanz; ein Agnostiker bezweifelt die Erkennbarkeit der göttlichen Instanz; ein Häretiker verbreitet (aus der Sicht religiöser Autoritäten) Irrlehren.
> Im Artikel 4 des Grundgesetzes heißt es: „Die Freiheit des Glaubens, des Gewissens und die Freiheit des religiösen und weltanschaulichen Bekenntnisses sind unverletzlich. Die ungestörte Religionsausübung wird gewährleistet."

10. Manche moralische Urteile basieren auf den Normen einer Religion. Ein religiös basiertes moralisches Argument kann in etwa folgende Form haben:

> Pd: Die religiöse Instanz R schreibt vor, dass H getan (nicht getan) werden sollte.
> Pn: Es sollte getan werden, was die religiöse Instanz R vorschreibt.
> → K: H soll getan (nicht getan) werden.

Stellen Sie ein religiös basiertes moralisches Argument zu der These, dass man sich nicht scheiden lassen darf, als Syllogismus dar. Überlegen Sie dann, wie Sie die Prämissen des Urteils anfechten würden. Überlegen Sie auch, welche Art von Einwänden ein Anhänger der Religion akzeptieren kann und welche nicht.

Syllogismus	Religionsinterne Einwände	Religionsexterne Einwände
Pd:		
Pn:		
→ K:		

11. Analysieren Sie folgendes religiöses Argument und diskutieren Sie es intrinsisch (d. h. in diesem Fall: aus der Innenperspektive des katholischen Christentums).

Text	Rekonstruktion	Interne Diskussion	Externe Diskussion
	(unausgesprochene) leitende Frage:		
„Die Ehe zwischen zwei Getauften ist ein Sakrament. Durch die beiden Wesenseigenschaften Einheit und Unauflöslichkeit erhält die christliche Ehe im Hinblick auf das Sakrament eine besondere Festigkeit.	T:		
Die Kirche orientiert sich dabei an der Weisung Jesu: ‚Was aber Gott verbunden hat, das darf der Mensch nicht trennen' (Mt 19,6; Mk 10,9).	P1:	Gibt es anderslautende Bibelstellen?	
Auf der Basis der Weisung Jesu formuliert das Gesetzbuch der katholischen Kirche (Codex Iuris Canonici = CIC) den Stellenwert der Ehe: ‚Die gültige und vollzogene Ehe zwischen Getauften kann durch keine menschliche Gewalt und aus keinem Grunde, außer durch den Tod, aufgelöst werden' (can. 1141 CIC).	P2:	Gibt es andere normative Autoritäten in der katholischen Kirche, die einen anderen Standpunkt vertreten?	

2.3 · Das Argument der Unbezweifelbarkeit (Ausblick: Neuzeit)

Text	Rekonstruktion	Interne Diskussion	Externe Diskussion
Deshalb steht eine nach katholischem Verständnis gültig geschlossene Ehe auch nach deren ziviler Scheidung einer erneuten kirchlichen Heirat im Wege."	K (vgl. T):	Ist die Konklusion aus der intrinsischen Sicht der Religionsgemeinschaft noch haltbar?	
Bistum Regensburg o.J.	*Bitte beachten Sie, dass der Text gekürzt ist und dass man einen philosophischen Text auf verschiedene Weise rekonstruieren kann.*		

Zu 2.2.11: Ein religiöses Argument zu der These, dass man sich nicht scheiden lassen darf

Gegen Pd: Hat die religiöse Instanz R tatsächlich behauptet, dass H getan (nicht getan) werden soll?
Gegen Pn: Man könnte die Autorität von R bezweifeln.
Zu beachten ist, dass Anhänger einer Religion häufig nur die intrinsische Diskussion von Pd akzeptieren (können). Dann wäre die normative Debatte beendet, wenn mit Pn die Autorität der religiösen Instanz angezweifelt wird. Deshalb sollte man die normativen Quellen (Schriften) der Religion kennen, wenn man ein religiös basiertes moralisches Argument mit einem Anhänger der Religion diskutieren will.

Pd: In der Bibel steht, dass der Mensch nicht trennen darf, was Gott verbunden hat (Mt. 19).	E1 (intern): Von den Jüngern hat Jesus verlangt, dass sie alles (sprich: auch ihre Familien) hinter sich lassen und ihm folgen sollen. E2 (intern): In der Hebräischen Bibel (die auch zur christlichen Bibel gehört) gibt es den ‚Scheidungsbrief' (Moses 24).
Pn: Was in der Bibel steht, ist für alle Menschen verbindlich.	E (extern): Die Bibel (insb. das Neue Testament) ist nur für Christen normativ verbindlich.
K: Menschen dürfen sich nicht scheiden lassen.	**Ist die Konklusion noch haltbar?**

Bitte beachten Sie, 1) dass es mehrere Möglichkeiten gibt, das Argument zu formulieren und 2) dass hier nicht alle möglichen Einwände genannt werden können.
Wenn Sie einen anderen Syllogismus geschrieben oder andere Einwände formuliert haben, liegen Sie vermutlich ebenfalls richtig! Vielleicht befragen Sie Ihren Freundeskreis? Und bitte beachten Sie vor allem, dass sich die These (K) auch anders begründen ließe.

> **Zum Weiterlesen**
> Thomas von Aquin: *Über sittliches Handeln.* Hg. von Rolf Schönberger. Stuttgart 2001.

2.3 Das Argument der Unbezweifelbarkeit (Ausblick: Neuzeit)

Natürlich lässt sich auch die Ethik der Neuzeit nicht auf einen Nenner bringen. Aber es gab doch ein dominierendes Thema, und das war der Ursprung des Wissens. Nun kann man zweifellos an allem irgendwie zweifeln, aber dennoch scheint man manches so sicher zu wissen, dass es sich falsch anfühlen würde, daran zu zweifeln. Woher stammt solches Evidenzwissen? Die sogenannten ‚Empiristen' haben sich den menschlichen Wissensapparat als eine bei der Geburt noch unbeschriebene Wachstafel (*tabula rasa*) vorgestellt, in die das Wissen durch Erfahrungen im Laufe eines Lebens quasi hineingeschrieben wird. Ähnliches haben sie über unsere moralischen Überzeugungen gesagt: Den Empiristen zufolge bilden sie sich, weil wir es uns merken, wenn wir etwas moralisch abscheulich gefunden oder moralisch bewundert haben. Aber wenn tatsächlich alles Wissen aus der Erfahrung stammt – warum zählen Menschen automatisch, wenn sie mehrere Äpfel in einer Schale liegen sehen? Und warum untersuchen sie alles, was ihnen widerfährt, auf seine Ursache hin? Gibt es vielleicht angeborene Funktionen in unserem Wissensapparat, durch die wir die eingehenden Erfahrungen soweit ordnen können, dass aus den diffusen Erfahrungshäppchen systematisch greifbares Wissen wird, das wir in sprachlicher Form mitteilen können? Und vielleicht gibt es sogar angeborene Wissensinhalte, an denen man nicht sinnvoll zweifeln kann? Die sogenannten ‚Rationalisten' waren überzeugt, dass es eine Art Grundausstattung des Wissens gibt, die jedem Menschen mit seiner Vernunft in die Wiege gelegt wird. Kandidaten für angeborenes Wissen waren die Überzeugungen, dass wir unter den Bedingungen eines ausgedehnten Raumes und einer kontinuierlich ablaufenden Zeit leben, dass eine göttliche Instanz existiert und dass es in jedem Menschen etwas gibt, das trotz aller äußeren Veränderungen bis zu seinem Tod gleich bleibt und das man als ‚Ich', als ‚Seele' oder als ‚Wesenskern' bezeichnen kann. Ein Kandidat für angeborenes unbezweifelbares Wissen war aber auch das Wissen über das Gute. Auf welche Seite würden Sie sich schlagen?

1. Überlegen Sie: Woher wissen Sie, dass die Erde eine Kugel ist? Woher wissen Sie, dass 2 + 2 = 4 ist? Woher wissen Sie, dass Ihre Freundin/Ihr Freund sie wirklich liebt? Woher wissen Sie, was moralisch richtig und falsch ist?

Behauptung	Beschreibung des Wissens	Quelle
Die Erde ist eine Kugel		
2 + 2 = 4		
Mein(e) Freund(in) liebt mich wirklich.		
Lügen ist moralisch falsch.		

2. In welchen Kontexten sagen Sie: „Daran kann man doch gar nicht zweifeln!" Gibt es etwas, worüber Sie sich absolut sicher sind? Woran liegt es, dass Sie sich sicher sind? Analysieren Sie Ihre Gründe.

Ihr Beispiel:

_____

_____

Sie sind sich sicher, weil:

_____

_____

3. Stöbern Sie: Was ist der (lat.) Wortursprung des Begriffs ‚Evidenz'? Wie nennt man jemanden, der sich sicher ist, dass es kein sicheres Wissen gibt? Und worin besteht das ‚Theodizee-Problem'?

2.3 • Das Argument der Unbezweifelbarkeit (Ausblick: Neuzeit)

Der Begriff ‚Evidenz' bedeutet:

_____

_____

Jemand, der an allem zweifelt, ist ein:

_____

_____

Man hat ein Theodizee-Problem, wenn man:

_____

_____

4. Was ist ‚Evidenz' für John Austin? Rekonstruieren Sie seine Definitionen. Diskutieren Sie, wodurch sich die beiden Arten von ‚Evidenz' unterscheiden.

Text	Rekonstruktion	Diskussion
„Wenn ich eine Zeitlang bei gutem Wetter ein Tier wenige Meter von mir beobachte, wenn ich es vielleicht anstupse, daran rieche und auf die Töne lausche, die es von sich gibt, mag ich vielleicht sagen ‚das ist ein Schwein', und dies wird ebenso ‚unkorrigierbar' sein – denn man könnte nichts vorzeigen, um mir einen Irrtum nachzuweisen. [...] Die Situation, in der man richtigerweise sagen würde, dass ich *Evidenz* für die Aussage habe, dass ein Tier ein Schwein ist, ist zum Beispiel die, in der ich das Vieh nicht tatsächlich sehe, wohl aber seine Hufabdrücke auf dem Boden vor seinem Stall. Finde ich ein paar Eimer mit Schweinefutter, so ist das weitere Evidenz, und seine Geräusche und sein Geruch mögen mir noch bessere hergeben.	Def.1:	
Aber wenn das Tier dann herauskommt und voll sichtbar vor mir steht, dann ist es keine Frage der Ansammlung von Evidenz mehr: sein Erscheinen ist kein weiteres Anzeichen dafür, dass es ein Schwein ist, sondern ich kann dies jetzt einfach *sehen*; diese Frage ist erledigt."	Def.2:	
Austin 1975, S. 189	*Bitte beachten Sie, dass der Text gekürzt ist, dass er aus dem Englischen übersetzt wurde und dass man einen philosophischen Text auf verschiedene Weise rekonstruieren kann.*	

Tipp

Zu 2.3.3: Der Begriff ‚Evidenz' stammt vom lateinischen *evidentia* für ‚Offensichtlichkeit', was wiederum von *videre* für ‚sehen' abgeleitet ist.
Wenn jemand überzeugt ist, dass es kein sicheres Wissen gibt, nennt man ihn einen ‚Skeptiker'.

> Das Theodizee-Problem besteht darin, dass es eigentlich kein Böses und kein Leiden in der Welt geben dürfte, wenn Gott als ihr Schöpfer sowohl 1) vollkommen als auch 2) allmächtig als auch 3) uneingeschränkt gütig als auch 4) allwissend ist, wie viele religiöse Menschen glauben.

5. Das erste (von vier) methodischen Grundprinzipien des René Descartes (1596–1650) besagt, „niemals eine Sache als wahr anzuerkennen, von der ich nicht evidentermaßen erkenne, dass sie wahr ist: d. h. Übereilung und Vorurteile sorgfältig zu vermeiden und über nichts zu urteilen, was sich für mein Denken nicht so klar und deutlich [frz. *clairement et distinctement*] darstellt, dass ich keinen Anlass hätte, daran zu zweifeln" (Descartes 1990: Methode, S. 15). In seinem *Discours de la méthode* findet sich außerdem das vielzitierte Diktum ‚Ich denke, also bin ich' (frz. *je pense donc je suis;* lat. *cogito ergo sum*). Damit wird gesagt, dass man vernünftigerweise an allem zweifeln kann, aber nicht daran, dass es etwas (jemanden) geben muss, der zweifelt, wenn gezweifelt wird. Damit meinte Descartes, tatsächlich etwas gefunden zu haben, was er ganz sicher weiß (ebd., S. 26). Wenn es um die Ethik geht, vertritt er in seinem *Discours de la méthode* allerdings nur eine ‚provisorische' Moral, weil er zwar feste Prinzipien des moralischen Denkens, aber keine unbezweifelbaren moralischen Überzeugungen formulieren konnte. Würden Sie Descartes widersprechen, weil Sie eben doch moralische Überzeugungen kennen, die sie unzweifelhaft für wahr (bzw. gültig) halten? Falls Sie Descartes zustimmen wollen, lassen Sie diese Aufgabe einfach aus.

Moralische Überzeugung	Gründe für die Gewissheit	Zweifelsgründe?
Beispiel 1:		
Beispiel 2:		
Beispiel 3–x		

6. Für Gottfried Wilhelm Leibniz (1646–1716) gibt es die unbezweifelbare Gewissheit, dass Gott in seiner unfassbaren Vollkommenheit die ‚beste aller möglichen Welten' für den Menschen geschaffen hat. Warum aber lässt Gott es dann zu, dass Menschen leiden müssen oder sich gegenseitig Böses antun? Analysieren Sie folgenden Argumentationsgang und diskutieren Sie, ob er das Theodizee-Problem in ihren Augen überzeugend gelöst hat.

Text	Rekonstruktion	Diskussion
„Alles Zukünftige ist bestimmt, daran gibt es keinen Zweifel;	P1:	
da wir aber nicht wissen, wie es bestimmt ist, noch was vorhergesehen oder beschlossen ist,	P2:	
so müssen wir unsere Pflicht tun, nach der von Gott gegebenen Vernunft und den von ihm vorgeschriebenen Regeln.	K (bzw. T):	
	(unausgesprochen) E1:	

2.3 · Das Argument der Unbezweifelbarkeit (Ausblick: Neuzeit)

Text	Rekonstruktion	Diskussion
Danach dürfen wir ruhigen Gemüts sein und Gott selbst die Sorge für den Erfolg überlassen;	AE1:	
denn er wird nie verfehlen, das zu tun, was sich als das Beste erweist, nicht nur im Allgemeinen, sondern auch im Besonderen für die, die wahrhaftes Vertrauen zu ihm haben, das heißt ein Vertrauen, das sich in nichts von wahrer Frömmigkeit, lebendigem Glauben und heißer Liebe unterscheidet und das uns nichts von dem versäumen lässt, was wir ihm an Pflichten und Dienstbarkeit schuldig sind.	P3 (= Begründung von AE1):	
Allerdings können wir ihm keinen Dienst leisten,	E2:	
denn er entbehrt nichts;	AE2:	
	(unausgesprochen) E3:	
Aber in unserer Sprache heißt ihm dienen, wenn wir seinen *mutmaßlichen* Willen erfüllen, indem wir an dem Guten mitwirken, das wir kennen, wo immer wir dazu beitragen können.	AE3:	
Denn wir müssen immer voraussetzen, dass sein Streben darauf gerichtet ist,	(noch einmal) P1:	
Bis das Ereignis uns zeigt, dass er starke, wenn auch uns unbekannte Gründe gehabt hat, dieses Gut, nach dem wir streben, hinter ein anderes größeres Gut zurückzustellen, das er sich zum Ziel gesetzt hat. […]	(noch einmal) P2:	
	(unausgesprochen) E4:	
Wenn also das geringste Übel, das in der Welt geschieht, in ihr fehlte, so würde es nicht mehr diese Welt sein, die, alles in Rechnung gestellt, von dem Schöpfer, der sie erwählt hat, als die beste befunden worden ist."	AE4:	
Leibniz 2002, S. 215	*Bitte beachten Sie, dass der Text gekürzt ist, dass er aus dem Lateinischen übersetzt wurde und dass man einen philosophischen Text auf verschiedene Weise rekonstruieren kann.*	

7. Ein evidenz-basiertes moralisches Argument kann in etwa folgende Form haben:

> Pd: Es kann nicht den Hauch eines Zweifels geben, dass die Handlung H eine moralisch gute (schlechte) Handlung ist.
> Pn: Man soll tun, was man ohne Zweifel für richtig hält.
> → K: H soll getan (nicht getan) werden.

Stellen sie ein moralisches Evidenz-Argument zu der These, dass man Menschen nicht essen darf, als Syllogismus dar und überlegen Sie, wie Sie die Prämissen des Urteils anfechten würden.

Syllogismus	Standard-Einwände
Pd:	
Pn:	
K:	

8. Im Empirismus erklärt man sich den Ursprung moralischer Überzeugungen durch unbezweifelbare emotionale Reaktionen wie Bewunderung oder Abscheu auf ein entsprechendes Erleben. Die meisten Menschen reagieren mit Abscheu, wenn sie mitansehen müssen, wie jemand gequält wird. Das Gefühl des moralischen Abscheus bedeutet, dass etwas moralisch sehr Schlechtes geschieht. Weil man sich solche Gefühle merkt, geht den Empiristen zufolge daraus, dass man auf Quälen mit moralischem Abscheu reagiert, irgendwann die (sprachlich formulierbare) moralische Überzeugung hervor, dass ‚Quälen moralisch schlecht' ist. Dabei muss natürlich zugestanden werden, dass man sich in der Analyse der Situation irren kann. Es kann schließlich auch ein Zahnarzt sein, der den Menschen zum Schreien bringt, und dann würde niemand von einem ‚moralisch schlechten Quälen' sprechen. Man kann allerdings nicht an seinen Empfindungen des moralischen Abscheus zweifeln, die sich einstellen, wenn man glaubt, dass ein Mensch gequält wird. Weil sich solche moralischen Gefühle (im Normalfall) zuverlässig als Reaktion auf entsprechende Erlebnisse einstellen, kann man für einen Empiristen sicher wissen, dass Quälen moralisch etwas Schlechtes ist. Analysieren Sie den Text und überlegen Sie, auf welche Situationen Sie mit unbezweifelbaren moralischen Gefühlen reagiert haben.

Text	Rekonstruktion	Diskussion
Zu erwägen ist, „ob es möglich ist, das sittlich Gute allein durch die Vernunft zu unterscheiden, oder ob noch andere Erkenntnisgründe hinzukommen müssen."	Leitende Frage:	
„Die Sittlichkeit erregt Affekte und erzeugt oder verhindert Handlungen.	P1:	
Die Vernunft allein aber ist hierzu ganz machtlos", denn „Handlungen können lobenswert oder tadelnswert, nicht aber vernünftig oder unvernünftig sein. […]	P2:	
Sittliche Unterscheidungen sind daher keine Erzeugnisse der Vernunft."	K1 (bzw. T1):	
„Wir müssen den Eindruck, den die Tugend hervorbringt, angenehm und den, der vom Laster ausgeht, unangenehm nennen. […]	P3:	
Die entscheidenden Eindrücke, durch die wir das sittlich Gute und das sittlich Schlechte erkennen, sind also nichts als *besondere* Lust- und Unlustgefühle. […]	P4:	

2.3 · Das Argument der Unbezweifelbarkeit (Ausblick: Neuzeit)

Text	Rekonstruktion	Diskussion
	(unausgesprochen) E1 gegen P4:	
[Zu berücksichtigen ist] die Verschiedenheit in unseren Lust- und Unlustgefühlen. Stolz und Niedergedrücktheit, Liebe und Hass werden erregt, wenn etwas uns entgegentritt, das mit dem Objekt des Affektes im Zusammenhang steht und zugleich eine Empfindung hervorruft, die der Empfindung des Affektes verwandt ist.	AE1:	
Tugend und Laster […] erregen Lust oder Unlust; sie müssen deshalb einen dieser vier Affekte erwecken.	K2 (bzw. T2):	
	(unausgesprochen) E2:	
Dies unterscheidet sie deutlich von der Lust und Unlust, die durch unbeseelte Dinge […] erregt werden."	AE2:	
„Von allen Verbrechen […] ist Undankbarkeit das scheußlichste und unnatürlichste, besonders, wenn es gegen Eltern begangen wird, und wenn der Undank bis zu körperlicher Verletzung und Mord sich steigert."	z. B. zu K2:	
Hume 2004, S. 458, 468 ff., 465	*Bitte beachten Sie, dass der Text gekürzt ist, dass er aus dem Englischen übersetzt wurde und dass man einen philosophischen Text auf verschiedene Weise rekonstruieren kann.*	

Zu 2.3.7: Ein evidenz-basiertes Argument zu der These, dass man Menschen nicht essen darf

Gegen Pd: Gibt es echte Zweifelsgründe? Zudem sind als evident behauptete normative Sätze oft trivial.
Gegen Pn: Prinzipiell sind immer Irrtümer denkbar.

Pd: Es kann vernünftigerweise nicht den Hauch eines Zweifels geben, dass man Menschen nicht essen darf.	E1. Kürzlich gestorbene Menschen darf man vielleicht doch essen, wenn man sonst selbst verhungern würde. E2: Kannibalen teilen diese Überzeugung nicht, obwohl Kannibalen nicht per se unvernünftig sind.
Pn: Man sollte nach einer moralischen Regel handeln, wenn man sie ohne Zweifel für richtig hält.	E: Es besteht die Gefahr eines moralischen Dogmatismus, wenn bestimmte moralische Regeln als unbezweifelbar richtig behauptet werden.
K: Man darf Menschen nicht essen.	**Ist die Konklusion noch haltbar?**

Bitte beachten Sie, 1) dass es mehrere Möglichkeiten gibt, das Argument zu formulieren und 2) dass hier nicht alle möglichen Einwände genannt werden können. Wenn Sie einen anderen Syllogismus geschrieben oder andere Einwände formuliert haben, liegen Sie vermutlich ebenfalls richtig! Vielleicht befragen Sie Ihren Freundeskreis? Und bitte beachten Sie vor allem, dass sich die These (K) anders begründen ließe.

❯ Zum Weiterlesen

Hume, David: Über Moral. In: *Traktat über die menschliche Natur.* Berlin 2004, S. 455–595.

2.4 Das deontologische Argument (Ausblick: Aufklärung 18. Jahrhundert)

Stellen Sie sich eine Welt vor, in der niemand den Kindern beibringt, was man auf gar keinen Fall tun darf, wenn man kein schlechter Mensch sein will. Wüssten die Menschen in dieser Welt trotzdem, dass man niemanden brutal quälen darf? Den deontologischen Moralphilosophen zufolge wüssten sie es. Der griechische Begriff *to deon* bezeichnet nämlich ‚das Gesollte'; Deontologie ist damit in etwa ‚die Wissenschaft vom Gesollten'. Für einen deontologischen Moralphilosophen wissen die Menschen, was sie tun und lassen sollen, weil Menschen wesentlich Vernunftwesen sind und deshalb vernünftige Einsicht in das moralisch Richtige haben. Dazu lautet ein berühmter Ausspruch von Immanuel Kant: „Zwei Dinge erfüllen das Gemüt mit immer neuer und zunehmender Bewunderung und Ehrfurcht", nämlich „der bestirnte Himmel über mir und das moralische Gesetz in mir" (Kant 1956: KpV, 300). Damit will Kant nicht behaupten, dass alle Menschen immer moralisch handeln würden. Er will vielmehr sagen, dass alle Menschen (insofern ihre Vernunft nicht durch Krankheit oder extreme Umstände eingeschränkt ist) im Grunde ihres Herzens wissen, was moralisch richtig und was falsch ist. So weiß nach Kant ein Verbrecher, der sich nur durch die falsche Beschuldigung eines anderen vor dem Galgen retten könnte, dass es falsch wäre, das zu tun. Und wenn jemand doch einmal nicht genau weiß, was er tun soll, kann er das nach Kant herausbekommen, indem er sich die Frage beantwortet, nach welcher Regel (Maxime) alle Menschen handeln sollten. So kann man nach Kant wissen, dass man nicht lügen darf, wenn man sich nur aufrichtig die Frage beantwortet, ob man tatsächlich wollen kann, dass alle Menschen lügen dürfen, wenn es ihnen passt. Wichtig zu wissen ist auch, dass Menschen nach Kant nicht nur wissen können, wie sie handeln sollen, sondern dass sie dann auch tatsächlich so handeln können, wie sie es als richtig eingesehen haben. Eine wichtige Voraussetzung von Kants Moralphilosophie ist nämlich die Freiheit des menschlichen Willens. Gemeint ist, dass Menschen tun können, was sie als moralisch richtig eingesehen haben, während unvernünftige Lebewesen ihren Bedürfnissen und Instinkten ausgeliefert sind. Der Mensch ist ein besonderes Lebewesen, weil Menschen moralisch handeln können (s. ▶ Kapitel 3.7). Das ist eine bemerkenswerte Idee, die uns allerdings auch in die Pflicht nimmt, moralisch handeln zu müssen, weil wir uns nicht damit herausreden können, dass wir nicht tun können, was wir tun sollen.

1. Können Sie sich an Situationen erinnern, in denen Sie gesagt haben „Das tut man einfach nicht – niemals!"? Begründen Sie. Und überlegen Sie, wie andere reagieren könnten?

Man darf niemals:

_____

_____

Begründung:

_____

_____

Dagegen könnte andere sagen, dass:

_____

_____

2.4 · Das deontologische Argument (Ausblick: Aufklärung 18. Jahrhundert)

2. ‚Universal' bedeutet in der Moralphilosophie, dass eine Pflicht, ein moralischer Anspruch oder ein Verbot vernünftigerweise für alle vernünftigen Wesen des Universums zu allen Zeiten und unter allen denkbaren Umständen gelten sollte. Dabei ist es kein Einwand, wenn die Regel faktisch gebrochen oder irgendwo auf der Welt nicht akzeptiert wird, weil es nur darum geht, dass sie vernünftigerweise universal gelten *sollte*. Kennen Sie eine moralische Regel, von der Sie meinen, dass sie ‚universal' sein sollte? Falls Sie eine solche Regel kennen: Warum halten Sie gerade diese Regel für universal?

Ihre universale moralische Regel:

_____

_____

Begründung:

_____

_____

_____

3. Wie würden Sie es gegenüber einem achtjährigen Kind begründen, dass es nicht lügen soll? Analysieren Sie ihre Begründung.

Ihre Begründung:

_____

_____

Das Kind könnte antworten:

_____

_____

4. Ein bekanntes Sprichwort formuliert folgende moralische Regel: „Quäle nie ein Tier zum Scherz, denn es fühlt wie Du den Schmerz". Auf welchen unausgesprochenen Voraussetzungen (Prämissen) basiert diese Regel? Hätten Sie Einwände?

Bedeutung	Anwendungsbeispiel	Voraussetzungen	Diskussion
	z. B.	P1: P2: P3–x:	

5. Die *Goldene Regel* lautet „Was Du nicht willst, was man Dir tu(t), das füg' auch keinem anderen zu". Was bedeutet das? Wann wenden Sie die Regel an? Wovon würden Sie sagen, dass man es nicht tun sollte, weil Sie selbst nicht wollen, dass es Ihnen angetan wird?

Kapitel 2 · Historische Einführung in das ethische Argumentieren

Die *Goldene Regel* besagt, dass:

_____

_____

Ihr Beispiel:

_____

_____

In der Situation könnten andere einwenden, dass:

_____

_____

6. Überlegen Sie kritisch: Gibt es vielleicht doch etwas, von dem Sie wünschen, dass man es Ihnen antut (bzw. nicht antut), das man anderen aber durchaus (nicht) antun sollte oder (nicht) antun darf?

Ihr Beispiel:

_____

_____

Das ist nicht universalisierbar, weil:

_____

_____

7. Stöbern Sie: Wie lautet Kants berühmter „Kategorischer Imperativ" (in der ersten Formulierung)? Bitte erklären Sie unter Bezugnahme auf den Kategorischen Imperativ, warum Aufrichtigkeit nach Kant ‚kategorisch geboten' bzw. unbedingte Pflicht ist und was das für moralische Akteure bedeutet.

Eine ‚Maxime' ist eine individuelle Handlungsregel. Wenn Sie sich die Maxime setzen, nicht zu lügen, heißt die Maxime:	
Ein ‚allgemeines Gesetz' gilt wie ein Naturgesetz immer und unter allen Umständen. Wenn Sie das ‚allgemeine Gesetz' formulieren sollten, dass nicht gelogen werden darf, würde das Gesetz lauten:	

Wenn man wollen kann, dass die Maxime ‚Ich soll nicht lügen' wie ein allgemeines Gesetz immer und für alle Menschen gültig ist, ist der Imperativ ‚Du sollst nicht lügen' ein *Kategorischer Imperativ*. Überlegen Sie: Was spricht dafür und was spricht dagegen, das zu wollen?

2.4 · Das deontologische Argument (Ausblick: Aufklärung 18. Jahrhundert)

Für ein kategorisches Lügenverbot spricht:	Gegen ein kategorisches Lügenverbot spricht:
Entscheiden Sie: Sollte Lügen kategorisch verboten sein? Ihre Begründung:	
Für Kant gibt es eine kategorische Pflicht zur Aufrichtigkeit. Unter welchen Umständen darf man nach Kant doch lügen? Achtung: Fangfrage!	

8. Immanuel Kant unterscheidet vollkommene und unvollkommene Pflichten, und das jeweils gegen sich selbst und gegen andere. Dabei dulden vollkommene Pflichten keine Ausnahmen, aber unvollkommene Pflichten unter Umständen schon: Wenn unvollkommene Pflichten in Konflikt mit einer vollkommenen Pflicht geraten, sind sie unterzuordnen; bei einem Konflikt zwischen zwei unvollkommenen Pflichten darf abgewogen werden. Eine vollkommene Pflicht gegen sich selbst ist die Pflicht zur Erhaltung des eigenen Lebens auch unter widrigen Umständen; vollkommene Pflichten gegen andere sind das Aufrichtigkeitsgebot und das Gebot der Achtung. Eine unvollkommene Pflicht gegen sich selbst ist das Gebot der Ausbildung seiner Begabungen (insb. seiner moralischen Anlagen); eine unvollkommene Pflicht gegen andere ist die Pflicht zum Wohltun. Überlegen Sie, ob ihnen andere vollkommene oder unvollkommene Pflichten gegen sich selbst oder andere einfallen? Überlegen Sie: Ist eine Situation denkbar, in der zwei vollkommene Pflichten miteinander in Konflikt geraten? Was wäre die Konsequenz? Erfinden Sie Beispiele für Pflichtenkollisionen und begründen Sie Ihre Entscheidung.

Ihr Beispiel für eine unvollkommene Pflicht:	Begründung:
Ihr Beispiel für eine vollkommene Pflicht:	Begründung:
Ihr Beispiel eines Konflikts zweier vollkommener Pflichten:	Ich würde den Konflikt so lösen, dass: Begründung:
Ihr Beispiel eines Konflikts zweier unvollkommener Pflichten:	Ich würde den Konflikt so lösen, dass: Begründung:
Ihr Beispiel eines Konflikts zwischen unvollkommener und vollkommener Pflicht:	Ich würde den Konflikt so lösen, dass: Begründung:

9. Ein deontologisches moralisches Urteil kann in etwa folgende Form haben:

> Pd1: Der Akteur X hat die Handlung H getan (bzw. nicht getan).
> Pd2: Die Handlung H gehört zum Handlungstyp T.
> Pn1: Handlungen des Typs T sind allgemein verboten (bzw. allgemeine Pflicht), weil man vernünftigerweise wollen sollte, dass Handlungen des Typs T unter allen Umständen verboten (bzw. Pflicht) sein sollten.
> Pn2: Verstöße gegen allgemeine Verbote (bzw. allgemeine Pflichten) sollten bestraft werden.
> → K: X sollte bestraft werden.

Stellen Sie ein deontologisches moralisches Urteil zu der These, dass man für einen Meineid vor Gericht mit einer hohen Gefängnisstrafe bestraft werden sollte, als Syllogismus dar.

Das deontologische moralische Urteil	Mögliche Einwände?
Pd1:	
Pd2:	
Pn1:	
Pn2:	
→ K:	

Tipp

Zu 2.4.7: Kants Kategorischer Imperativ lautet (in der ersten Formulierung) „Handle nur nach derjenigen Maxime, durch die du zugleich wollen kannst, dass sie ein allgemeines Gesetz werde." (Kant 1956: GMS, 68). Weil das Lügen kategorisch verboten ist, darf man nach Kant nie (sprich: unter keinen Umständen) lügen.

2.4 • Das deontologische Argument (Ausblick: Aufklärung 18. Jahrhundert)

10. Analysieren Sie folgenden Argumentationsgang und zeichnen Sie seine Struktur gegebenenfalls auf.

Text	Rekonstruktion	Ihre Diskussion
„In der Schrift *Frankreich im Jahr 1797* […] von Benjamin Constant ist folgendes enthalten. ‚Der sittliche Grundsatz: es sei eine Pflicht, die Wahrheit zu sagen, würde, wenn man ihn unbedingt und vereinzelt annähme, jede Gesellschaft zur Unmöglichkeit machen. Den Beweis davon haben wir in den sehr unmittelbaren Folgerungen, die ein deutscher Philosoph aus diesem Grunde gezogen hat, der so weit geht zu behaupten: dass die Lüge gegen einen Mörder, der uns fragt, ob unser von ihm verfolgter Freund sich nicht in unser Haus geflüchtet, ein Verbrechen sein würde.'	Ausgangssituation: [Constant bezieht sich auf Kant: *Metaphysik der Sitten* von 1797.]	
Der französische Philosoph widerlegt diesen Grundsatz auf folgende Art. Kein Mensch aber hat ein Recht auf eine Wahrheit, die anderen schadet. […]	Constant T:	
Es ist eine Pflicht, die Wahrheit zu sagen.	Constant P1:	
Der Begriff der Pflicht ist unzertrennbar von dem Begriff des Rechts. Eine Pflicht ist, was bei einem Wesen den Rechten eines anderen entspricht. Da, wo es keine Rechte gibt, gibt es keine Pflichten.	Constant P2:	
	(unausgesprochen) Constant P3: Eine Lüge schadet.	
Die Wahrheit zu sagen, ist also eine Pflicht, aber nur gegen denjenigen, welcher ein Recht auf die Wahrheit hat.	K (s. T) Constant:	
Nun ist die *erste* Frage: ob der Mensch, in Fällen, wie er einer Beantwortung mit Ja oder Nein nicht ausweichen kann, die Befugnis (das Recht) habe, unwahrhaft zu sein.	Kants erste leitende Frage:	
Die *zweite* Frage ist: ob er nicht gar verbunden sei, in einer gewissen Aussage, wozu ihn ein ungerechter Zwang nötigt, unwahrhaft zu sein, um eine ihn bedrohende Missetat an sich oder einem anderen zu verhüten.	Kants zweite leitende Frage:	
Wahrhaftigkeit in Aussagen, die man nicht umgehen kann, ist formale Pflicht des Menschen gegen jeden; es mag ihm oder einem anderen ein noch so großer Nachteil daraus erwachsen; und ob ich zwar dem, welcher mich ungerechterweise zur Aussage nötigt, nicht Unrecht tue, wenn ich sie verfälsche, so tue ich doch durch eine solche Verfälschung […] im wesentlichen Stücke der Pflicht überhaupt Unrecht:	T1 (zur ersten leitenden Frage):	

Text	Rekonstruktion	Ihre Diskussion
d. i. ich mache, so viel an mir ist, dass Aussagen (Deklarationen) überhaupt keinen Glauben finden,	P1:	
mithin auch alle Rechte, die auf Verträgen gegründet werden, wegfallen und ihre Kraft einbüßen;	P2:	
welches ein Unrecht ist, das der Menschheit überhaupt zugefügt wird.	P3:	
Die Lüge also, bloß als vorsätzlich unwahre Deklaration gegen einen anderen Menschen definiert, bedarf nicht des Zusatzes, dass sie einem anderen schaden müsse […]. Denn sie schadet jederzeit einem anderen, wenn gleich nicht einem anderen Menschen, doch der Menschheit überhaupt, indem sie die Rechtsquelle unbrauchbar macht. […]	Zwischenkonklusion (zu Constant P3):	
Es ist also ein heiliges, unbedingt gebietendes, durch keine Konvenienzen einzuschränkendes Vernunftgebot: in allen Erklärungen wahrhaft (ehrlich) zu sein.	K1 (vgl. T1):	
Aus seinem Recht, von anderen zu fordern, dass er ihm zum Vorteil lügen sollte, würde ein aller Gesetzmäßigkeit widerstreitender Anspruch folgen.	T2 (zur zweiten leitenden Frage):	
Jeder Mensch aber hat nicht allein ein Recht, sondern sogar die strengste Pflicht zur Wahrhaftigkeit in Aussagen, die er nicht umgehen kann: sie mag nun ihm selbst oder andern schaden. […]	P4 (vgl. T1)	
	(unausgesprochen) P5 (vgl. Constant P2):	
	(unausgesprochen) K2 (bzw. T2): Wenn es eine Pflicht zur Wahrhaftigkeit gibt, kann es kein Recht auf eine (schützende) Lüge geben.	
	(unausgesprochen) E:	
Obgleich ich durch eine gewisse Lüge in der Tat niemanden Unrecht tue, so verletze ich das Prinzip […], welches viel schlimmer ist als gegen irgend jemanden eine Ungerechtigkeit begehen. […] Alle rechtlich-praktischen Grundsätze […] können […] niemals Ausnahmen […] enthalten, weil diese die Allgemeinheit vernichten, um deretwegen allein sie den Namen der Grundsätze führen."	AE:	
Kant 1956: Lügen, S. 637 f., 640 f.	*Bitte beachten Sie, dass der Text gekürzt ist und dass man einen philosophischen Text auf verschiedene Weise rekonstruieren kann.*	

2.5 · Das utilitaristische Argument (Ausblick: Klassischer Utilitarismus 19. Jahrhundert)

> **Zu 2.4.9: Ein deontologisches Urteil zu der These, dass Meineid vor Gericht mit einer hohen Gefängnisstrafe geahndet werden sollte**
>
> Gegen Pd1: Hat X die Handlung H tatsächlich getan (nicht getan)?
> Gegen Pd2: Gehört die Handlung H zu einem anderen Handlungstyp?
> Gegen Pn1: Sind Umständen denkbar, unter denen man vernünftigerweise nicht wollen würde, dass die Handlungsweise H verboten (bzw. Pflicht) sein sollte?
> Gegen Pn2: Sind Umstände denkbar, unter denen schwere Vergehen vernünftigerweise nicht bestraft werden sollten? Zudem könnten Dilemmata (s. ▶ Kapitel 3.15) aufgezeigt werden.
>
> | | |
> |---|---|
> | Pd1: Otto hat vor Gericht einen Meineid geschworen. | E: Hat Otto wirklich geschworen? |
> | Pd2: Meineid ist eine schwerwiegende Form des Lügens. | E1: Ein Meineid kann auch auf Irrtum beruhen, weil man ja schwört ‚die Wahrheit' zu sagen, und nicht etwa das, was man aufrichtig dafür hält.
E2: Ein Meineid ist keine Lüge, weil man durch die Situation quasi dazu gezwungen wird. |
> | Pn1: Lügen ist in jedem Fall ein schweres moralisches Vergehen. | E: Wenn jemand unter Zwang oder zum Wohl anderer lügt, ist eine Lüge kein schweres Vergehen. |
> | Pn2: Schwere moralische Vergehen sollten Gerichte mit Gefängnisstrafen ahnden. | E: Es kann Umstände geben, unter denen man schwere moralische Vergehen nicht (oder nur symbolisch) bestrafen sollte. Ein Beispiel wäre die Androhung von Folter, wenn nur damit ein Menschenleben gerettet werden kann. |
> | K: Otto sollte mit einer Gefängnisstrafe belegt werden. | **Ist die Konklusion noch haltbar?** |
>
> Bitte beachten Sie, 1) dass es mehrere Möglichkeiten gibt, das Argument zu formulieren und 2) dass hier nicht alle möglichen Einwände genannt werden können.
> Wenn Sie einen anderen Syllogismus geschrieben oder andere Einwände formuliert haben, liegen Sie vermutlich ebenfalls richtig! Vielleicht befragen Sie Ihren Freundeskreis? Und bitte beachten Sie vor allem, dass sich die These (K) auch anders begründen ließe.

❯ Zum Weiterlesen

Kant, Immanuel: *Grundlegung zur Metaphysik der Sitten* [1785]. In: Werke in zehn Bänden, Bd. 6. Hg. von Wilhelm Weischedel. Darmstadt 1956, S. 11–102.

2.5 Das utilitaristische Argument (Ausblick: Klassischer Utilitarismus 19. Jahrhundert)

Der Utilitarismus ist eine konsequentialistische Moralphilosophie, weil ein Utilitarist die moralische Bewertung einer Handlung von ihren schlechten oder guten Folgen (Konsequenzen) abhängig macht. Während es für einen Deontologen unter allen Umständen verboten ist, absichtlich etwas Unwahres zu sagen, kann eine Lüge für einen Utilitaristen erlaubt (oder sogar geboten) sein, falls sie unter den gegebenen Umständen das Bestmögliche für alle Betroffenen und Beteiligten erreichen oder großen Schaden abwenden würde. Allerdings muss man gute Gründe haben, wenn man eine etablierte moralische Regel ausnahmsweise außer Kraft setzen will. Moralische Regeln sind wichtig, und sie werden zerstört, wenn Ausnahmen allzu leichtfertig zugelassen werden. Und darf man wirklich alles tun, was für eine Mehrheit von Menschen gute Folgen hätte? Darf man beispielsweise einige wenige Menschen töten, um viele Menschen zu retten? Mit solchen Problemen konfrontiert der klassische Utilitarismus des 19. Jahrhunderts.

1. Überlegen Sie: In welcher Situation haben Sie schon einmal gesagt ‚das wäre doch für alle das Beste'? Auf welche Probleme bzw. Reaktionen sind Sie gestoßen? Diskutieren Sie Ihr Beispiel.

Ihr Beispiel:

_____

_____

Mögliche Reaktionen:

_____

_____

2. Stöbern Sie: Was versteht man in der Moralphilosophie unter einem ‚Konsequentialismus'? Prima facie scheint es überzeugend zu sein, ein moralisches Urteil davon abhängig zu machen, ob es gute Konsequenzen für möglichst viele hat. Finden Sie ein Beispiel für eine Situation, in der sie eine an sich verbotene Handlung tun würden, weil sie gute Folgen für viele hätte. Formulieren Sie mögliche Bedenken gegen diese Entscheidung. Finden Sie dann aber auch ein Beispiel für eine Handlung, die trotz guter Folgen für viele nicht getan werden darf.

Beispiel	Gute Folgen	Begründung, warum sie die Handlung (nicht) tun würden.
Beispiel für eine verbotene Handlung, die Sie wegen der guten Folgen tun würden:		
Beispiel für eine Handlung, die man trotz guter Folgen nicht tun darf:		

3. Wir schreiben das Jahr 1822. Sie sind Cowboy in Texas, Sie heißen Jim und Sie mögen amerikanische Ureinwohner. Als Sie eines Tages auf der Suche nach einem entlaufenen Rind sind, verschlägt es sie in eine Stadt, in der ein sadistischer Sheriff hundert amerikanische Ureinwohner gefangen hält. Dem Sheriff gefällt Ihre Nase nicht und deshalb droht er, alle hundert Ureinwohner vor Ihren Augen zu erschießen, wenn Sie nicht einen der Menschen mit eigener Hand erschießen. Den Sheriff können sie nicht erschießen. Was würden sie tun?

Mit Immanuel Kant müssten Sie:	
Wenn die Konsequenzen des Handelns ausschlaggebend sein sollen, müssten Sie:	
Ihre moralische Entscheidung wäre:	
Ihre Begründung lautet:	

4. Stöbern Sie: Was versteht man unter dem ‚Klassischen Utilitarismus'? Was besagt das ‚utilitaristische Prinzip'? Schlagen Sie nach: Was bedeutet *utilis* im Lateinischen?

2.5 · Das utilitaristische Argument (Ausblick: Klassischer Utilitarismus 19. Jahrhundert)

5. Alfred Nobel gilt als Erfinder des Dynamits. Er hat mit dieser (und ähnlichen) Erfindungen ein sehr großes Vermögen gemacht. Bei der Eröffnung des Testaments von Alfred Nobel am 02.01.1897 wurde folgender Satz verlesen: „Das Kapital […] soll einen Fonds bilden, dessen jährliche Zinsen als Preise denen zuerteilt werden, die im verflossenen Jahr der Menschheit den größten Nutzen gebracht haben." Wie Sie wissen, wird deshalb seit 1901 jedes Jahr am 10. Dezember der Nobelpreis in den Sparten Physiologie/Medizin, Chemie, Physik, Literatur und Erhaltung des Friedens verliehen. Wem würden Sie einen Nobelpreis verleihen? Beachten Sie wiederum, dass es um den ‚größten Nutzen' für die ‚gesamte Menschheit' gehen soll. Würden Sie eine Sparte abschaffen oder hinzufügen? Beachten Sie, dass es um den ‚größten Nutzen' für die ‚gesamte Menschheit' gehen soll. Begründen Sie. Wenn Sie eine Sparte hinzufügen könnten: Welche Sparte wäre das?

	Ihr Preis ginge an	Begründung
Wer sollte einen Nobelpreis bekommen?		
Welche Sparte soll hinzugefügt werden?		

6. Mills Buch *Utilitarianism* von 1861 verteidigt (insb. im 2. Kapitel) den Utilitarismus von Jeremy Bentham gegen verschiedene Einwände. Rekonstruieren Sie seine Antworten und überlegen Sie, ob Sie überzeugt sind. Hätten Sie andere Einwände?

Text	Rekonstruktion	Diskussion
„Die Auffassung, für die die Nützlichkeit oder das Prinzip des größten Glücks die Grundlage der Moral ist, besagt, dass Handlungen insoweit und in dem Maße moralisch richtig sind, als sie die Tendenz haben, Glück zu befördern, und insoweit moralisch falsch, als sie die Tendenz haben, das Gegenteil von Glück zu bewirken.	Def. Utilitarismus:	
Unter ‚Glück' *[happiness]* wird dabei Lust *[pleasure]* und das Freisein von Unlust *[pain]*, unter ‚Unglück' *[unhappiness]* Unlust und das Fehlen von Lust verstanden. […]	Def. Glück:	
Der Gedanke, dass das Leben […] keinen höheren Zweck habe als die Lust, kein besseres und edleres Ziel des Wollens und Strebens, erschien als eine Ansicht, die nur der Schweine würdig wäre, mit denen die Anhänger Epikurs ja schon sehr früh verächtlich gleichgesetzt wurden.	E1:	
Auf Angriffe dieser Art haben die Epikureer stets geantwortet, dass […] die Anklage ja unterstellt, dass Menschen keiner anderen Lust fähig sind als der, deren auch Schweine fähig sind. […]	AE1:	

Text	Rekonstruktion	Diskussion
Die Menschen haben höhere Fähigkeiten als bloß tierische Gelüste und vermögen, sobald sie sich dieser einmal bewusst geworden sind, nur darin ihr Glück zu sehen, worin deren Betätigung eingeschlossen ist. […]	P1 von AE1:	
Wir kennen keine epikureische Lebensauffassung, die nicht den Freuden des Verstandes, der Empfindung und Vorstellungskraft sowie des sittlichen Gefühls einen weit höheren Wert zuschreibt als der bloßen Sinnlichkeit […].	P2 von AE1	
	(unausgesprochen) K1 (vgl. AE1)	
Fragt man mich nun, was […] eine Freude […] wertvoller als eine andere macht,	E2:	
so gibt es nur eine mögliche Antwort: von zwei Freuden ist diejenige wünschenswerter, die von allen oder nahezu allen, die beide erfahren haben […] entschieden bevorzugt wird. […]	AE2:	
Es ist nun aber eine unbestreitbare Tatsache, dass diejenigen, die mit beiden gleichermaßen bekannt und für beide gleichermaßen empfänglich sind, der Lebensweise entschieden den Vorzug geben, an der auch ihre höheren Fähigkeiten beteiligt sind.	P1 von AE2:	
Nur wenige Menschen würden darein einwilligen, sich in eines der niederen Tiere verwandeln zu lassen, wenn man ihnen verspräche, dass sie die Befriedigungen des Tiers im vollen Umfange auskosten dürften. Kein intelligenter Mensch möchte ein Narr […] sein, auch wenn sie überzeugt wären, dass der Narr […] mit seinem Schicksal zufriedener ist als sie mit dem ihren. […] Es ist besser, ein unzufriedener Mensch zu sein als ein zufriedengestelltes Schwein; besser ein unzufriedener Sokrates als ein zufriedener Narr *[foll satisfied]*.	P2 von AE2:	
	(unausgesprochen) K2 (vgl. AE2):	
Die utilitaristische Moral erkennt den Menschen durchaus die Fähigkeit zu, ihr eigenes größtes Gut für das Wohl anderer zu opfern. Sie kann jedoch nicht zulassen, dass das Opfer selbst ein Gut ist.	E3:	

2.5 • Das utilitaristische Argument (Ausblick: Klassischer Utilitarismus 19. Jahrhundert)

Text	Rekonstruktion	Diskussion
Ein Opfer, das den Gesamtbetrag an Glück nicht erhöht (bzw. nicht die Tendenz hat, den Gesamtbetrag an Glück zu erhöhen), betrachtet sie als vergeudet. Der einzige Selbstverzicht, den sie billigt, ist die Hingabe an das Glück (oder einige der Voraussetzungen des Glücks) anderer, sei es das Glück der Menschheit insgesamt oder – innerhalb der durch das Gesamtinteresse der Menschheit gezogenen Grenze – das Glück einiger bestimmter Individuen."	AE3:	
	Ihr Einwand:	
	Mill könnte vielleicht antworten, dass:	
Mill 2006, S. 23–33, 51 f.	*Bitte beachten Sie, dass der Text gekürzt ist, dass er aus dem Englischen übersetzt wurde und dass man einen philosophischen Text auf verschiedene Weise rekonstruieren kann.*	

> **Tipp**
>
> **Zu 2.5.4:** Unter dem ‚Klassischen Utilitarismus' versteht man die Positionen von Jeremy Bentham (1748–1832), John Stuart Mill (1806–1873) und Henry Sidgwick (1838–1900). Zur Lösung der Probleme dieser ersten Form des Utilitarismus entwickeln sich bald andere Formen, nämlich der Regelutilitarismus, der Handlungsutilitarismus, der strenge Konsequentialismus, der ideale Utilitarismus und der Präferenzutilitarismus (s. ▶ Kapitel 2.10) beispielsweise. Das ‚utilitaristische Prinzip' besagt in etwa, dass eine moralisch gute Handlung das größtmögliche Wohlergehen (Glück) einer größtmöglichen Anzahl von glücksfähigen Wesen realisiert.
> Weil das lateinische Adverb *utilis* die Bedeutung ‚nützlich' hat, entspricht das Etikett ‚Utilitarismus' nicht wirklich der Ausrichtung dieser Moralphilosophie auf das größtmögliche Wohlergehen von möglichst vielen.

7. Ein erstes Problem des Klassischen Utilitarismus besteht darin, dass verschiedene Menschen auf die Frage nach ihren Vorstellungen von Glück Unterschiedliches antworten würden. Fragen Sie andere nach ihren Glücksvorstellungen und überlegen Sie, ob man gewichtige und vernünftige Glücksvorstellungen von banalen und unvernünftigen Glücksvorstellungen unterscheiden sollte, um das Problem der verschiedenen Glücksvorstellungen zu lösen. Überlegen Sie, ob Sie für alle Menschen sagen könnten, was Glück ‚eigentlich' ist.

Beispiele für Glücksvorstellungen	Begründung	Diskussion
Glück ist eigentlich:		

8. Ein zweites Problem des Utilitarismus liegt in der Eingrenzung derjenigen, die von einer Entscheidung berücksichtigt werden müssen. Diskutieren Sie: Wer gehört zu der Gemeinschaft der glücksfähigen Wesen, deren Glück maximiert werden soll? Wen bzw. was würden Sie ausschließen? Bei welchen glücksfähigen Wesen wären Sie sich nicht sicher? Begründen Sie.

Gemeinschaft der glücksfähigen Wesen	Begründung
Zugehörig 1:	
Zugehörig 2:	
Nicht zugehörig 1:	
Nicht zugehörig 2:	
Zugehörigkeit zweifelhaft:	

9. Ein drittes Problem des (klassischen) Utilitarismus besteht darin, dass er nahezulegen scheint, man könne einen Menschen opfern, wenn man vielen Menschen damit Gutes tun würde. Das ist jedoch ohne jeden Zweifel moralisch falsch. Plausibilisiert wird das Problem am Beispiel eines Menschen, der in einem Krankenhaus ‚ausgeschlachtet' werden soll, weil viele Menschen Organe brauchen. Schreiben Sie eine ‚Geschichte' zu dem Beispiel und diskutieren Sie es kritisch.

Ihre Geschichte:	
Für ein ‚Ausschlachten' spricht, dass:	
Ein ‚Ausschlachten' ist verboten, weil:	
Ihr abschließendes Urteil mit Begründung:	

10. Ein viertes Problem des Utilitarismus wird darin gesehen, dass moralische Regeln gefährdet zu sein scheinen (s. ▶ Kapitel 3.5: Dammbruch-Argument), wenn man sie zu leichtfertig bricht. Analysieren Sie folgenden Argumentationsgang.

Text	Rekonstruktion	Diskussion
„Die Pflicht, die Wahrheit zu sagen, wird mitunter als ein treffendes Beispiel einer Sittenregel angeführt, die nicht auf einer utilitaristischen Grundlage ruhe. Aber ein sorgfältiges Studium dürfte [...] zu einem entgegengesetzten Ergebnis führen.	T:	

2.5 • Das utilitaristische Argument (Ausblick: Klassischer Utilitarismus 19. Jahrhundert)

Text	Rekonstruktion	Diskussion
Denn die allgemeine Nützlichkeit, die Wahrheit zu sagen, ist […] so augenscheinlich, dass sie nicht bewiesen zu werden braucht. […]	P1:	
Dort, wo diese Nützlichkeit einmal nicht vorhanden zu sein scheint oder durch einzelne schlechte Folgen aufgewogen wird, finden wir, dass der gesunde Menschenverstand zumindest zögert, die Regel durchzusetzen.	E1:	
Verfolgt zum Beispiel jemand verbrecherische Zwecke, so ist es auf den ersten Anblick für die Gesellschaft nachteilig, wenn ihm dabei dadurch geholfen wird, dass er sich auf die Aussagen anderer verlassen kann.	z. B. zu E1:	
Hier ist also die Täuschung als Schutz gegen das Verbrechen berechtigt, obwohl, wenn wir die schlechte Wirkung des Beispiels selbst einer einzigen Unwahrheit auf die Gewohnheit betrachten, der Fall nach utilitaristischen Prinzipien zweifelhaft erscheint. […]	AE1:	
Obwohl es ferner allgemein im Interesse eines Menschen ist, die Wahrheit zu erfahren, gibt es Ausnahmefälle, in denen es für ihn nachteilig wäre,	E2:	
etwa wenn ein Kranker schlechte Nachrichten hört.	z. B. zu E2:	
Und auch hier ist der gesunde Menschenverstand [zu schnell] geneigt, die Regel aufzuheben. […]	AE2:	
Ich möchte nicht sagen, dass der gemeine Menschenverstand sich entschieden zugunsten der Unwahrhaftigkeit ausspricht; aber dann ist auch der Utilitarismus sich nicht klar,	K (vgl. T):	
da die Nützlichkeit, eine allgemeine Gewohnheit, die Wahrheit zu sagen, aufrechtzuerhalten so groß ist, dass es nicht leicht ist, zu beweisen, dass sie auch durch triftige Gründe zur Verletzung der Regel aufgewogen wird."	noch einmal P1	
Sidgwick ⁴2008, 102 f.	*Bitte beachten Sie, dass der Text gekürzt ist, dass er aus dem Englischen übersetzt wurde und dass man einen philosophischen Text auf verschiedene Weise rekonstruieren kann.*	

11. Ein utilitaristisches moralisches Urteil kann in etwa folgende Form haben:

> Pd1: In der Situation S könnte die Handlung H getan bzw. unterlassen werden.
> Pd2: Die Handlung H (bzw. ihre Unterlassung) hätte für das Gesamtwohl bessere Folgen als eine alternative Handlung (bzw. ihre Unterlassung).
> Pn: Man sollte tun, was für das Gesamtwohl die bestmöglichen Folgen hat.
> → K: Man sollte H tun (bzw. unterlassen).

Sie haben von einem Großonkel viel Geld geerbt. Vor seinem Tod haben Sie ihm versprochen, dass Sie sich den lang ersehnten Bechstein-Flügel für das Geld kaufen werden. Als Sie das Geld bekommen, entscheiden Sie jedoch, das Geld für einen wohltätigen Zweck zu spenden. Begründen Sie Ihre Entscheidung utilitaristisch und stellen Sie Ihr Urteil als Syllogismus dar.

Das utilitaristische moralische Urteil	Mögliche Einwände?
Pd1:	
Pd2:	
Pn:	
K:	

12. Analysieren Sie folgendes Beispiel und überlegen Sie, wie Sie entschieden hätten?

Text	Rekonstruktion	Diskussion
„Ich habe einem Freund, der auf einer verlassenen Insel stirbt, versprochen, dass sein Vermögen (über das ich verfüge) einem Rennclub zukommt.	P1:	
Nachdem ich von jener Insel gerettet bin, entscheide ich jedoch, dass es besser wäre, das Geld einem Krankenhaus zu geben,	T:	
das damit Besseres anfangen kann.	P2:	
Man könnte argumentieren, dass ich Unrecht tue, das Geld dem Krankenhaus zu geben. Aber warum?	E1	
a) Das Krankenhaus kann mit dem Geld mehr Gutes tun als der Rennclub es kann.	A1E1 (vgl. P1):	
b) Der vorliegende Fall unterscheidet sich von der überwiegenden Anzahl anderer Versprechen darin, dass niemand außer mir von dem Versprechen weiß. Damit […] bewirke ich in keiner Weise eine Schwächung des allgemeinen Vertrauens in Versprechen. […]	A2E1:	
	(unausgesprochen) K (vgl. T):	
Ohne Zweifel […] wird es in mir zu einer seelischen Spannung kommen, wenn man mich fragt, was ich jenem Menschen versprechen musste. Denn natürlich würde ich sagen müssen, dass ich ihm versprechen musste, das Geld dem Krankenhaus zu geben, und das wird mir als einem Menschen, der seiner Gewohnheit nach die Wahrheit sagt, erheblich gegen den Strich gehen."	E2:	

2.6 · Das Argument des Mitleids (Ausblick: Willensmetaphysik 19. Jahrhundert)

Text	Rekonstruktion	Diskussion
	Mögliche utilitaristische Antwort AE2: Solche Reaktionen eines ‚schlechten Gewissens' sind anerzogene gesellschaftliche Normierungen.	
Smart 1976, S. 217	*Bitte beachten Sie, dass der Text gekürzt ist, dass er aus dem Englischen übersetzt wurde und dass man einen philosophischen Text auf verschiedene Weise rekonstruieren kann.*	

Zu 2.5.11: Utilitaristisches Argument zu einem gebrochenen Versprechen

Gegen Pd1: Kann die Handlung H tatsächlich getan werden?
Gegen Pd2: Gibt es eine alternative Handlung, die bessere Folgen für das Gesamtwohl hätte?
Gegen Pn: Manche Handlungen (bzw. Unterlassungen) sind moralisch verboten, obgleich die Handlung (bzw. Unterlassung) die besseren Folgen für das Gesamtwohl hätte. Haben vielleicht die eigenen Interessen ein so hohes moralisches Gewicht, dass man nicht das für alle Bestmögliche tun muss?

Pd1: Obwohl das Versprechen abgegeben wurde, geerbtes Geld für einen Bechstein-Flügel zu verwenden, könnte das Geld auch gespendet werden.	E1: Es wurde das Versprechen gegeben, das Geld zu spenden.
Pd2: Während der Bechstein-Flügel nur einer Person nützen würde, würde eine Spende vielen notleidenden Menschen nützen.	E: Man könnte mit dem Bechstein-Flügel Konzerte geben und Geld einsammeln, das dann ebenfalls gespendet würde.
Pn: Man sollte tun, was das Beste für möglichst viele ist.	E1: Man darf auch mal etwas tun, worüber man sich sehr freut. E2: Wenn man dafür ein Versprechen brechen muss, darf man nicht das Bestmögliche für das Gesamtwohl tun.
K: Man sollte das Geld spenden.	**Ist die Konklusion noch haltbar?**

Bitte beachten Sie, 1) dass es mehrere Möglichkeiten gibt, das Argument zu formulieren und 2) dass hier nicht alle möglichen Einwände genannt werden können.
Wenn Sie einen anderen Syllogismus geschrieben oder andere Einwände formuliert haben, liegen Sie vermutlich ebenfalls richtig! Vielleicht befragen Sie Ihren Freundeskreis? Und bitte beachten Sie vor allem, dass sich die These (K) auch anders begründen ließe.

> **Zum Weiterlesen**
> Mill, John Stuart: *Utilitarismus*. Übers. und hg. von Dieter Birnbacher. Stuttgart 2006.

2.6 Das Argument des Mitleids (Ausblick: Willensmetaphysik 19. Jahrhundert)

Das Mitleid ist ein seltsames Phänomen: Es stellt sich manchmal unerwartet ein, während es in ganz ähnlichen Situationen ausbleibt. Weil sich Mitleid so willkürlich einzustellen scheint, ist das Argument des Mitleids schwer zu diskutieren. Man kann es schließlich nicht einfach bezweifeln, wenn jemand sagt, dass er gerade Mitleid empfindet. Bestreiten lässt sich allerdings, ob Mitleid immer ein guter Wegweiser für moralisches Entscheiden ist. Mitleid mag sich zwar gut anfühlen, aber tatsächlich ist aus Mitleid schon viel Übles angerichtet worden. Es scheint also so etwas wie schlechtes oder schädliches Mitleid zu geben. Andererseits verabscheuen wir Menschen, die ohne Mitleid sind, als amoralische Menschen. Wer das Argument des Mitleids treffsicher verwenden will, muss sich dieser seltsamen Spannung bewusst sein.

1. Was meinen Sie, wenn Sie sagen: „Das konnte ich nicht mehr mitansehen! Da musste ich etwas tun!"? Finden Sie ein Beispiel.

Ihr Beispiel:

_____

_____

Ihre Handlungsweise war richtig/falsch, weil:

_____

_____

2. Definieren Sie den Begriff ‚Mitleid'. Welche Synonyme gibt es? Was bedeutet der Begriff ‚Empathie'? Übersetzen Sie den Begriff ins Englische, Lateinische und Französische und überlegen Sie, welche anderen Begriffe mit anklingen.

	Übers. bzw. Def.	Ggfs. Anklänge an
Mitleid:		
Dt. Synonyme:		
Empathie:		
Englisch:		
Französisch:		
Lateinisch:		

3. Überlegen Sie: In welchen Situationen empfinden Sie Mitleid? Gibt es ein einheitliches Muster? Ähneln sich die Situationen in irgendeiner Weise? Welcher Handlungsimpuls geht von Mitleid aus? Ist es immer vernünftig bzw. moralisch richtig, dem Impuls des Mitleids zu folgen? Erfinden Sie Beispiele.

	Die Situation	Die Handlung	Die Handlung ist gut bzw. nicht gut, weil
Unvernünftiges Mitleid:			
Angemessenes Mitleid:			

4. In dem Roman *Ungeduld des Herzens* von Stefan Zweig aus dem Jahr 1939 spielt der junge Leutnant Anton Hofmiller der gelähmten Edith von Kekesfalva aus Mitleid Liebe vor. Als sich das Mädchen die Wahrheit eingestehen muss, bringt es sich um. Eine vielzitierte Passage lautet:

2.6 · Das Argument des Mitleids (Ausblick: Willensmetaphysik 19. Jahrhundert)

> » Es gibt eben zweierlei Mitleid. Das eine, das schwachmütige und sentimentale, das eigentlich nur Ungeduld des Herzens ist, sich möglichst schnell freizumachen von der peinlichen Ergriffenheit vor einem fremden Unglück, jenes Mitleid, das gar nicht Mitleiden ist, sondern nur instinktive Abwehr des fremden Leidens von der eigenen Seele. Und das andere, das einzig zählt – das unsentimentale, aber schöpferische Mitleid, das weiß, was es will, und entschlossen ist, geduldig und mitduldend alles durchzustehen bis zum Letzten seiner Kraft und noch über dies Letzte hinaus. (Zweig 2017, S. 16.)

In der Angewandten Ethik ist von ‚tödlichem Mitleid' die Rede, wenn das Argument des Mitleids angeführt wird, um Sterbehilfe zu rechtfertigen. Überlegen Sie: Was ist ‚tödliches Mitleid' im Gegensatz zu ‚sentimentalem Mitleid', ‚falschem Mitleid' und ‚schöpferischem Mitleid' im Sinne von Stefan Zweig?

	Ihre Definition	Ihr Beispiel
Tödliches Mitleid		
Sentimentales Mitleid		
Falsches Mitleid		
Schöpferisches Mitleid		

5. Stöbern Sie: Welchen Stellenwert hat Mitleid im Christentum? Wie wurde die menschliche Fähigkeit zum Mitleiden in der Willensmetaphysik des 19. Jahrhunderts erklärt? Was sagen die modernen Sozialwissenschaften? Was sagt die moderne Neurowissenschaft zu Ursprung und Funktion unserer Fähigkeit zur Empathie?

6. Analysieren Sie folgende Passage.

Text	Rekonstruktion	Diskussion
Das „Gefühl des Mitleids und der weichherzigen Teilnehmung […] ist wohldenkenden Personen selbst lästig,	T:	
[denn sie] bringt ihre überlegten Maximen in Verwirrung und bewirkt den Wunsch, ihrer entledigt und allein der gesetzgebenden Vernunft unterworfen zu sein."	P:	
Kant 1956: KpV, S. 248	*Bitte beachten Sie, dass der Text gekürzt ist und dass man einen philosophischen Text auf verschiedene Weise rekonstruieren kann.*	

> **Tipp**
>
> **Zu 2.6.2:** Der Begriff ‚Empathie' geht zurück auf das altgriechische ἐμπάθεια (*empátheia*), zusammengesetzt aus πάθος (*pathos*) für ‚Leid', ‚Schmerz', ‚Gefühl' und der Vorsilbe ἐν, ἐμ (*en, em*) für ‚mit'.
> **Zu 2.6.5:** Im Christentum gilt Mitleid (*misericordia*) mit Armen, Schwachen und Leidenden als zentrale Tugend.

> In Schopenhauers Willensmetaphysik des 19. Jahrhunderts wurde die menschliche Fähigkeit zum Mitleid damit erklärt, dass alle Vereinzelung (bei Menschen, aber auch bei Tieren) nur Schein ist, weil in Wahrheit alles Existierende die Verkörperung eines einzigen archaischen Willens zum Leben ist. Wenn wir Mitleid empfinden, wird dieser Schein für einen kurzen Moment aufgehoben und wir erkennen, dass wir tatsächlich in einem wörtlichen Sinne mitleiden, weil das Leiden des anderen in Wahrheit unser eigenes Leiden ist. Für die modernen Sozialwissenschaften ist die Fähigkeit zur Empathie ein wichtiger Anpassungsvorteil. In den modernen Neurowissenschaften wird die Fähigkeit mit sogenannten ‚Spiegelneuronen' erklärt, die dafür zuständig sein sollen, die Empfindungen von anderen als vergleichbar mit eigenen Empfindungen erleben zu können.

7. Stöbern Sie: Warum sprechen manche von Nietzsche als von demjenigen, der ‚mit dem Hammer philosophiert' hat? Rekonstruieren Sie folgenden Argumentationsgang und finden Sie ein Beispiel für ‚tyrannische Mitleidserzeugung'.

Text	Rekonstruktion	Diskussion
„*Mitleid erregen wollen.* La Rochefoucauld trifft […] gewiss das Rechte, wenn er alle die, welche Vernunft haben, vor dem Mitleiden warnt […], weil das Mitleiden, nach seinem (und Plato's) Urteil, die Seele entkräfte.	Ausgangssituation (Nietzsche bezieht sich auf LaRochefoucauld 1658): T LaRochefoucauld: P LaRochefoucauld:	
Freilich solle man Mitleiden *bezeugen,* aber sich hüten, es zu *haben* […].	T Nietzsche:	
[…] Man beobachte Kinder, welche weinen und Schreien, *damit sie bemitleidet werden* […], man lebe im Verkehr mit Kranken und Geistig-Gedrückten und frage sich, ob nicht das beredte Klagen und Wimmern, das Zur-Schau-Tragen des Unglücks im Grunde das Ziel verfolgt, den Anwesenden *weh zu tun:* das Mitleiden, welches Jene dann äußern, ist insofern eine Tröstung für die Schwachen und Leidenden, als sie daran erkennen, doch wenigstens noch eine *Macht zu haben,* trotz aller ihrer Schwäche: die *Macht, wehe zu tun.*	P1:	
Der Unglückliche gewinnt eine Art von Lust in diesem Gefühl der Überlegenheit, welches das Bezeugen des Mitleides ihm zum Bewusstsein bringt; seine Einbildung erhebt sich, er ist immer noch wichtig genug, um der Welt Schmerzen zu machen. Somit ist der Durst nach Mitleid ein Durst nach Selbstgenuss, und zwar auf Unkosten der Mitmenschen."	P2:	
	(unausgesprochen) K (vgl. T Nietzsche):	
Nietzsche 1999a, S. 70 f.	*Bitte beachten Sie, dass der Text gekürzt ist und dass man einen philosophischen Text auf verschiedene Weise rekonstruieren kann.*	

2.6 • Das Argument des Mitleids (Ausblick: Willensmetaphysik 19. Jahrhundert)

Ihr Beispiel für ‚tyrannische Mitleidserzeugung':

_____

_____

Sie wissen, dass das Leid geheuchelt ist, weil:

_____

_____

8. Das Argument des Mitleids ist ein wichtiges Argument in der Tierethik. Stellen Sie Überlegungen dazu an.

Frage	Ihre Antwort	Ihre Begründung
Sollte man mit Tieren dasselbe (bzw. aus denselben Gründen) Mitleid haben wie mit Menschen?		
Gibt es Tiere oder Tierarten, mit denen Menschen eher Mitleid empfinden als mit anderen?		
Leiden (alle) Tiere auf ähnliche Weise wie Menschen?		
Können Tiere auf vergleichbare Weise Mitleid empfinden wie Menschen?		
Würden Sie mit jemandem befreundet sein wollen, der grundsätzlich kein Mitgefühl für Tiere hat?		

> **Tipp**
>
> **Zu 2.6.7:** Nietzsche ist der ‚Philosoph mit dem Hammer', weil er althergebrachte philosophische Konzeptionen (wie z. B. Seele oder Wahrheit) durch die These ‚dekonstruiert' hat, dass es sich um bloße Worthülsen ohne reale Entsprechung handele.

9. Rekonstruieren Sie folgenden Argumentationsgang zur tierethischen Position von Arthur Schopenhauer.

Text	Rekonstruktion	Diskussion
„Das Wohl und Wehe, welches […] jeder Handlung, oder Unterlassung als letzter Zweck zum Grunde liegen muss, ist entweder das des Handelnden selbst, oder das irgendeines Andern, bei der Handlung passive Betheiligten.	P1:	
Im ersten Falle ist die Handlung nothwendig egoistisch […]. Dann aber ist die Handlung […] ohne moralischen Werth. […]	T1:	

Text	Rekonstruktion	Diskussion
Wenn der letzte Beweggrund zu einer Handlung […] ausschließlich im Wohl und Wehe irgend eines dabei passiv betheiligten Anderen liegt […], dieser Zweck allein drückt einer Handlung, oder Unterlassung, den Stämpel des moralischen Werthes auf […].	T2:	
	(unausgesprochen) E1:	
Dies erfordert aber, dass ich auf irgend eine Weise mit ihm identificirt sei, d. h. daß jener gänzliche Unterschied zwischen mir und jedem Andern, auf welchem gerade mein Egoismus beruht, wenigstens in einem gewissen Grade aufgehoben sei. Da ich nun aber doch nicht in der Haut des Andern stecke, so kann allein vermittelst der Erkenntniss, die ich von ihm habe […] ich mich so weit mit ihm identificiren […].	AE1:	
	(unausgesprochen) E2:	
Der hier analysirte Vorgang aber ist […] ein ganz wirklicher, ja, keineswegs seltener: es ist das alltägliche Phänomen des Mitleids […].	AE2:	
Dieses Mitleid ganz allein ist die wirkliche Basis aller freien Gerechtigkeit und aller ächten Menschenliebe. […]	T3:	
Die von mir aufgestellte moralische Triebfeder bewährt sich als die ächte gerne dadurch, dass sie auch die Thiere in Schutz nimmt […]. Mitleid mit Thieren hängt mit der Güte des Charakters so genau zusammen, dass man zuversichtlich behaupten darf, wer gegen Thiere grausam ist, könne kein guter Mensch seyn."	T4:	
Schopenhauer 1979, S. 104–106, 136–139	*Bitte beachten Sie, dass der Text gekürzt ist und dass man einen philosophischen Text auf verschiedene Weise rekonstruieren kann.*	

10. Das Mitleidsargument hat folgende allgemeine Form:

> Pd1: Person P empfindet in der Situation S Mitleid mit dem Wesen W.
> Pd2: Die Handlung H könnte das Leiden von W verhindern, beenden oder minimieren, wegen dem P Mitleid mit W hat.
> Pn: Man sollte dem Impuls des Mitleids entsprechend handeln, weil Mitleid ein moralisches Gefühl ist.
> → K: Man sollte H tun.

Stellen Sie ein Mitleidsargument gegen Tierversuche an Mäusen als Syllogismus dar.

2.6 · Das Argument des Mitleids (Ausblick: Willensmetaphysik 19. Jahrhundert)

Ihr Mitleids-Argument	Mögliche Einwände?
Pd1:	
Pd2:	
Pn:	
→ K:	

11. Analysieren Sie folgenden Argumentationsgang und zeichnen Sie seine Struktur gegebenenfalls auf.

Text	Rekonstruktion	Diskussion
„Auch wenn wir die Eigentümlichkeiten von Schopenhauers metaphysischer Identifikationstheorie einklammern,	E1:	
bleibt seine Konzeption einer Mitleidsethik ein wichtiger Beitrag zur Tierethik.	T1:	
Das Mitleid bezieht sich auf das Lebewesen, welches leidet;	P1:	
es zeigt an, dass uns am ‚Wohl und Wehe' eines anderen Menschen oder eines Tiers liegt.	P2:	
Es ist also sowohl geeignet, den Inhalt der moralischen Rücksicht, die Rücksicht auf fühlende Individuen, angemessen zu fassen, als auch in der Lage, das moralische Handeln an ein gewöhnliches empirisches Motiv zurückzubinden.	K1 (vgl. T1):	
Dennoch reicht das Mitleid allein nicht aus, um eine Moralkonzeption zu fundieren.	E2:	
Zunächst ist das Mitleid ein Affekt, der als solcher in seinem Auftreten von zufälligen Vorlieben und Verfasstheiten der handelnden Person abhängen kann. Wie auch Schopenhauer gesehen hat, genügt es daher nicht, auf das Mitleid zu verweisen. Damit dieses eine moralische Bedeutung gewinnt, muss es zu einer festen Grundhaltung werden, zu einer Tugend, die sich in entsprechenden Handlungssituationen als Rücksicht auf das Wohl anderer fühlender Wesen äußert.	P1E2:	
Eine solche persönliche Einstellung muss außerdem, damit sie eine moralische ist, in einer bestimmten Form vertreten werden, nämlich mit der Auffassung verbunden sein, dass auch die anderen moralischen Akteure eine solche Einstellung ausbilden und auf ihrer Grundlage handeln sollen.	P2E2:	

Text	Rekonstruktion	Diskussion
Das Mitleid ist somit zwar wichtig, um den Individuen Bezug der Moral und eine wichtige empirische Motivationsgrundlage zu erklären. Es kann aber weder die Universalität der Rücksicht noch den Forderungscharakter der entsprechenden Normen begründen.	Zwischenkonklusion K2 (vgl. E2):	
[…] Die Art unserer Verpflichtungen hängt vielmehr zusätzlich von den Arten von Beziehungen ab, in denen wir zu diesen Gegenständen stehen. So besteht gegenüber domestizierten Tieren, die wir in der Gesellschaft halten und die nicht für sich selbst sorgen können, eine Verpflichtung zur Fürsorge […].	P3:	
Das Mitleid behält seine Bedeutung als allgemeiner Kern der moralischen Motivation, denn natürlich implizieren alle diese Relationen, dass wir es mit fühlenden Wesen zu tun haben, deren Wohl nicht durch die Zufügung von Leiden verhindert werden darf.	K1 (bzw. T1):	
Die einzige Motivation aber kann das Mitleid nur dort sein, wo wir mit frei lebenden Tieren zu tun haben, die für sich selbst sorgen. Denn hier beschränkt sich die Forderung der Moral darauf, kein Leiden zuzufügen, ergänzt vielleicht durch die Forderung, in Notfällen, mit denen wir konfrontiert sind, zu helfen."	K3 (bzw. T3):	
Wolf 2008, S. 17 f.	*Bitte beachten Sie, dass der Text gekürzt ist und dass man einen philosophischen Text auf verschiedene Weise rekonstruieren kann.*	

Zu 2.6.11: Mitleidsargument gegen Tierversuche

Gegen Pd1: Handelt es sich vielleicht um sentimentales oder blindes Mitleid?
Gegen Pd2: Beendet, verhindert oder minimiert die Handlung H das Leiden tatsächlich?
Gegen Pn: Gibt es vernünftige rationale Gründe dagegen, dem Impuls des Mitleids zu folgen?

Pd1: Person P hat Mitleid mit den Mäusen, an denen Tierversuche vorgenommen werden.	E1: Das Mitleid hat keine rationale Basis, weil Mäuse nur leiden, wenn man ihnen Schmerzen zufügt oder Angst einjagt. Unter einer Gefangenschaft leiden sie nicht. E2: Es könnte sich um sentimentales Mitleid handeln, weil Mäuse niedlich aussehen. Hätte Person P auch Mitleid mit Ratten, Spinnen oder Schlangen? E3: Das Mitleid ist ein subjektives Gefühl, das sich kaum diskutieren lässt.
Pd2: Man könnte das Leiden der Mäuse beenden, indem man sie freilässt.	E1: Die Mäuse würden außerhalb des Käfigs verhungern oder krank werden. E2: Infizierte Mäuse würden Krankheiten übertragen, was das Gesamtleiden vergrößern würde.
Pn: Man sollte den Impuls des Mitleids auch dann ernst nehmen, wenn er sich auf Tiere richtet.	E: Es gibt rationale Gründe für Tierversuche, weil durch die getesteten Produkte das Leiden von Menschen minimiert werden soll.

→ K: Man sollte die Mäuse aus ihren Käfigen befreien und sie freilassen.

Ist die Konklusion noch haltbar?

Bitte beachten Sie, 1) dass es mehrere Möglichkeiten gibt, das Argument zu formulieren und 2) dass hier nicht alle möglichen Einwände genannt werden können Wenn Sie einen anderen Syllogismus geschrieben oder andere Einwände formuliert haben, liegen Sie vermutlich ebenfalls richtig! Vielleicht befragen Sie Ihren Freundeskreis? Und bitte beachten Sie vor allem, dass sich die These (K) auch anders begründen ließe.

Zum Weiterlesen
Arthur Schopenhauer: *Preisschrift über die Grundlage der Moral* [1839/1840]. Hg. von Hans Ebeling. Hamburg 1979.

2.7 Das Argument der moralischen Intuitionen (Ausblick: Intuitionismus frühes 20. Jahrhundert)

Das Zünglein an der Waage moralischer Entscheidungen sind häufig nicht geprüfte moralische Gründe, sondern moralische Intuitionen. Von einer ‚moralischen Intuition' spricht man, wenn jemand in einer moralisch verworrenen Situation spontan zu wissen glaubt, welche Entscheidung die richtige wäre, ohne dass er das explizit begründen könnte. Ob solche Intuitionen aus Erziehung und Erfahrung stammen oder ob sie allen Menschen in irgendeiner vorbewussten und vorläufigen Form als Gespür für das moralisch Richtige angeboren sind – das lässt sich letztlich nicht entscheiden. Erstaunlicherweise sind unsere Intuitionen häufig ein zuverlässiger Ratgeber. Manchmal führen sie allerdings in die Irre. Deshalb sollte man seine eigenen moralischen Intuitionen gut kennen und vielleicht auch einmal kritisch daraufhin geprüft haben, ob man sich wirklich von ihnen lenken lassen will.

1. Überlegen Sie: in welchem Kontext haben Sie schon einmal gesagt: „Bei der Sache habe ich Bauchschmerzen! Das können wir so nicht machen!" Nennen Sie ein Beispiel. Auf welche Reaktionen sind Sie gestoßen bzw. wie würden Sie reagieren, wenn jemand so zu einem moralischen Problem argumentiert?

Ihr Beispiel:

_____

_____

Mögliche Reaktionen:

_____

_____

2. Definieren Sie: Was ist eine ‚Intuition'? Was unterscheidet eine Intuition von einem Vorurteil? In welchem Zusammenhang denken Sie intuitiv? Auf welche Schwierigkeiten stoßen Sie?

Def. Intuition:	
Def. Vorurteil:	

Vorurteile sind keine Intuitionen, weil:	
Ihr Beispiel für eine intuitive Entscheidung:	
Die Entscheidung war im Nachhinein richtig (falsch), weil:	

3. Fertigen Sie eine Liste Ihrer eigenen ‚moralischen Intuitionen' an. Was glauben Sie: Wo ist ihr Ursprung? Überprüfen Sie Ihre Intuitionen: Welche halten Sie unabhängig von allen kulturellen Kontexten für universal gültig? Welche würden Sie an Ihre Kinder weitergeben?

Moralische Intuition	Ursprung?	Ich würde sie gegenüber meinen Kindern (nicht) verteidigen, weil	Universal gültig?
1. Man darf nicht quälen.			
2.			
3.			

4. Sammeln Sie Sprichwörter, die moralische Intuitionen zum Ausdruck bringen. Analysieren Sie ihren Inhalt und diskutieren Sie: Haben sie einen ‚wahren Kern'?

Das Sprichwort	Aussage	Diskussion

> **Tipp**
>
> **Zu 2.7.2:** Eine ‚Intuition' ist eine (oft plötzlich ins Bewusstsein tretende) vorbegriffliche Einsicht, die (anders als ein Vorurteil) rationale Gründe hat, welche aber noch vorbewusst sind.

5. Nach W. D. Ross sind moralisch knifflige Situationen dadurch gekennzeichnet, dass man auf den ersten Blick (engl. *prima facie*) Verschiedenes tun sollte: Ross spricht von ‚prima facie-Pflichten'. Es gilt dann herauszufinden, was ‚unterm Strich' (d. h. unter Berücksichtigung aller Umstände, engl. *all things considered*) tatsächlich getan werden sollte: Das wäre nach Ross die ‚tatsächliche Pflicht' (engl. *actual duty*). Stellen Sie sich folgende Situation vor: Sie fahren mit dem Auto an einem schweren Verkehrsunfall vorbei, aber gleichzeitig sind Sie in Eile, weil Sie versprochen haben, pünktlich bei einer Hochzeit als Trauzeuge zu fungieren. Welche prima-facie-Pflichten konfligieren in dieser

2.7 • Das Argument der moralischen Intuitionen (Ausblick: Intuitionismus frühes 20. Jahrhundert)

Situation und wie sollten Sie sich tatsächlich entscheiden? Befragen Sie Ihre Intuitionen und begründen Sie dann Ihre Entscheidung:

Prima-facie-Pflicht 1:	Prima-facie-Pflicht 2:
Ihre spontane Intuition zur tatsächlichen Pflicht:	
Ihre Entscheidung zur tatsächlichen Pflicht nach reiflicher Überlegung:	
Begründung:	
Meine tatsächliche Entscheidung weicht von meiner spontanen Entscheidung ab (nicht ab), weil:	
Ist ihre Entscheidung objektiv in dem Sinne, dass sie alle vernünftigen Menschen treffen sollten?	
Nein, weil	Ja, weil

6. Analysieren Sie folgenden Argumentationsgang, rekonstruieren Sie seine Struktur und zeichnen Sie diese gegebenenfalls auf.

Text	Rekonstruktion	Diskussion
„Wenn ich meinem Freund versprochen habe, mich mit ihm zu einem bestimmten Zeitpunkt aus einem unbedeutenden Anlass zu treffen,	Prima-facie-Pflicht 1:	
würde ich mich sicherlich für berechtigt halten, mein Wort zu brechen,	Tatsächliche Pflicht:	
falls ich dadurch ein schweres Unglück verhindern oder den Opfern eines Unglücks Hilfe leisten könnte.	Prima-facie-Pflicht 2:	
Die Vertreter der diskutierten Auffassung [die Utilitaristen] sind der Meinung, diese Überlegung beruhe auf der allgemeineren Überlegung, dass durch die eine Handlung ein größeres Gut verwirklicht wird als durch die andere.	Utilitaristische Begründung der tatsächlichen Pflicht:	
Man kann demselben Sachverhalt auch die zutreffendere Interpretation geben [...], dass ich außer der Pflicht, mein Versprechen zu halten, die weitere Pflicht habe und anerkenne, Not zu lindern, und dass [...] ich meine, dass unter den gegebenen Umständen diese die dringlichere ist. [...]".	Intuitionistische Begründung der tatsächlichen Pflicht:	
Ross 1976, S. 254	*Bitte beachten Sie, dass der Text gekürzt ist, dass er aus dem Englischen übersetzt wurde und dass man einen philosophischen Text auf verschiedene Weise rekonstruieren kann.*	

7. Auch für den Intuitionismus ist das moralische Urteil eine Schlussfolgerung aus (mindestens) einer deskriptiven und (mindestens) einer normativen Prämisse. Während die deskriptive Prämisse ein objektives Situationsmerkmal (z. B. ein gegebenes Versprechen) ist, gibt es für die normative Prämisse keine festen Regeln. Deshalb hat das moralische Urteil dem Intuitionismus zufolge insgesamt nur den Status einer ‚mehr oder weniger wahrscheinlichen' Meinung. Rekonstruieren Sie folgende Textpassage dazu.

Text	Rekonstruktion	Diskussion
„Befinde ich mich in einer Situation (wie es vielleicht sogar ständig der Fall ist), in der mir nicht nur eine, sondern mehrere dieser Prima-facie-Pflichten obliegen, ist es meine Aufgabe,	Ausgangssituation:	
mir einen möglichst schnellen Überblick über die Situation zu verschaffen	Pd:	
und mir daraufhin eine begründete Meinung – mehr ist es nicht – darüber zu bilden, welche Pflicht mir unter den gegebenen Umständen in höherem Maße obliegt als jede andere;	Pn:	
und in der Erfüllung dieser Prima-facie-Pflicht ist in dieser Situation meine Pflicht schlechthin [*actual duty*] zu sehen. […]	K:	
Derartige Prima-facie-Pflichten sind nichts Willkürliches.	E1:	
Jede Prima-facie-Pflicht beruht auf einem bestimmten [objektiven] Situationsmerkmal, dessen moralische Relevanz nicht ernstlich geleugnet werden kann. […]	AE1:	
[Man könnte fragen, ob] unseren Urteilen über unsere tatsächlichen Pflichten in konkreten Situationen […] dieselbe Gewissheit zukommt, die für die Einsicht in die allgemeinen Prinzipien der Pflicht charakteristisch ist. […]	E2:	
Sie sind nicht evident. […] Nach gründlicher Überlegung, mag es uns scheinen, dass die eine Pflicht dringlicher ist als die andere; aber auch dann sind wir nicht sicher, ob sie es tatsächlich ist. […]	AE2:	
Unsere Urteile über unsere speziellen Pflichten sind keine logischen Folgerungen aus evidenten Prämissen. […]	P1 zu AE2:	
Insofern ist das Urteil über die Richtigkeit einer bestimmten Handlung dem Urteil über die Schönheit eines bestimmten Naturgegenstandes oder eines Kunstwerks genau analog. […]	P2 zu AE2:	
In diesem wie im moralischen Falle müssen wir uns mit mehr oder weniger wahrscheinlichen Meinungen zufriedengeben."	K (vgl. AE2):	
Ross 1976, S. 254–264	Bitte beachten Sie, dass der Text gekürzt ist, dass er aus dem Englischen übersetzt wurde und dass man einen philosophischen Text auf verschiedene Weise rekonstruieren kann.	

2.7 · Das Argument der moralischen Intuitionen (Ausblick: Intuitionismus frühes 20. Jahrhundert)

8. Für Ross gibt es so etwas wie ‚moralische Tatsachen' (engl. *moral facts*). Das sind Handlungen oder Situationsmerkmale, aus denen Verpflichtungen hervorgehen. Ein Beispiel wäre ein gegebenes Versprechen: Aus der Tatsache, dass man ein Versprechen gegeben hat, folgt die Verpflichtung, es halten zu müssen. Ein anderes Beispiel wäre die Notlage eines Menschen, aus der die Verpflichtung folgt, ihr helfen zu müssen. Nennen Sie ein mögliches Beispiel für eine ‚moralische Tatsache' und überlegen Sie, welche Verpflichtungen daraus folgen könnten.

Ihr Beispiel:

_____

_____

Aus einer solchen Tatsache geht die Verpflichtung hervor, dass:

_____

_____

9. Die Entscheidung, die Kant in seiner Schrift *Über ein vermeintliches Recht, aus Menschenliebe zu lügen* (1797; vgl. ▶ Abschnitt 2.4.10) gefällt hat, bezeichnen viele als ein ‚kontraintuitives moralisches Urteil'. Was könnte das heißen? Suchen Sie in Ihrer moralischen Praxis nach Beispielen für ‚kontraintuitive moralische Urteile'.

Ihr Beispiel:

_____

_____

Das ist kontra-intuitiv, weil:

_____

_____

10. Ein intuitionistisches moralisches Urteil kann in etwa folgende Form haben:

> Pd1: In der Situation S ist etwas geschehen, so dass S das Merkmal M1 hat.
> Pn1: In M1 begründet sich die Prima-facie-Pflicht Pn1, die Handlung H1 zu tun (zu unterlassen).
> Pd2: In der Situation S ist auch etwas geschehen, so dass S das Merkmal M2 hat.
> Pn2: In M2 begründet sich die Prima-facie-Pflicht Pn2, die Handlung H2 zu tun (zu unterlassen).
> Pn3: Unter Berücksichtigung aller Umstände fühlt es sich für Person P insgesamt besser an, wenn sie sich vorstellt, dass sie sich für die Prima-facie-Pflicht zu H1 (bzw. H2) entscheidet.
> → T: P sollte H1 (bzw. H2) tun.

Stellen Sie ein intuitionistisches moralisches Urteil zu der These als Syllogismus dar, dass man ein Versprechen zu einer Bootsfahrt brechen darf, dass man seinen Kindern gegeben hat, wenn ein Freund aus Australien sich plötzlich zu einem Besuch anmeldet (s. ▶ Abschn. 2.10.5). Diskutieren Sie die Prämissen.

Ihr intuitionistisches moralisches Urteil	Mögliche Einwände?
Pd1:	
Daraus folgt Pn1:	
Pd2:	
Daraus folgt Pn2:	
Pn3:	
→ K:	

11. Zum Massaker von MyLai heißt es bei Thomas Nagel unmissverständlich, dass es „zutiefst unrecht" gewesen sei, weil die „Bestialitäten" keinem „militärischen Zweck" gedient hätten. Wie aber sollte sich ein Kommandant entscheiden, wenn er ein wichtiges militärisches Ziel nur mit moralisch fragwürdigen Mitteln erreichen kann? Die Moralphilosophie nennt solche Konflikte auch das ‚Problem der schmutzigen Hände'. Informieren Sie sich zu MyLai und rekonstruieren Sie Nagels intuitionistisches moralisches Urteil zum ‚Problem der schmutzigen Hände'.

Text	Rekonstruktion	Diskussion
„Nach einer der vertretenen Auffassungen sind den Dingen, die im Krieg begangen werden dürfen, Grenzen gesetzt, und zwar gleich, wie erstrebenswert das erreichbare Ziel auch sein mag […].	T1 zur tatsächlichen Pflicht: (begründet mit verbreiteter moralischer Intuition bzw. Common Sense; s. ▶ Kapitel 3.1)	
Der Utilitarist legt den Primat auf die Frage, was *geschehen wird,*	Def. utilitaristische Prima-facie-Pflicht:	
während für den Absolutismus [Deontologie] hingegen stets der Vorrang gebührt, was im Hier und Jetzt von uns *begangen* wird. […]	Def. deontologische Prima-facie-Pflicht:	
Kaum einer von uns dürfte restlos immun sein gegen diese beiden Arten moralischer Intuitionen, obwohl es Menschen geben wird, bei denen die einen Intuitionen infolge eigener Veranlagung oder aus ideologischen Gründen dominant und die anderen eher unterdrückt oder verkümmert sind. Es kann aber auch sein, dass man *beide* Typen von Gründen gleich stark in sich verspürt, und dann ist in bestimmten Krisensituationen das Dilemma vorprogrammiert. […]	Das Dilemma:	

2.7 · Das Argument der moralischen Intuitionen (Ausblick: Intuitionismus frühes 20. Jahrhundert)

Text	Rekonstruktion	Diskussion
In letzter Konsequenz werde ich zu dem Ergebnis gelangen, dass das Dilemma nicht aufgelöst werden kann. [...]	Intuitionistische Prämisse zum moralischen Urteil:	
Was ich also anbiete, ist eine Verteidigung der absolutistischen [deontologischen] Position mit einer einschränkenden Kautel. [...]	T2 zur tatsächlichen Pflicht:	
Auch wenn eine Reihe unsauberer Aktionen annehmbar werden sollte, sobald viel zu viel auf dem Spiel steht,	(Unter-)Gewichtung der utilitaristischen Prima-facie-Pflicht:	
wird von allen Taten die am strengsten verboten sind, wie Mord und Foltern, nicht allein verlangt, dass sie außergewöhnlich gut gerechtfertigt werden müssen, sondern es wird verlangt, *nie* so zu handeln, da kein noch so hohes Maß an resultierendem Guten jemals rechtfertigen könnte, Menschen dies anzutun.	(Über-)Gewichtung der deontologischen Prima-facie-Pflicht:	
Es bleibt die Tatsache, dass ein Absolutist [Deontologe] sich zwar weigern kann, eine ethisch verbotene Maßnahme zu ergreifen, auch wenn er weiß oder meint, dass der utilitaristische Preis, den er für diese Weigerung zu zahlen hat, immens hoch ist,	E1:	
aber er wird alsdann schwerlich das Gefühl haben, ein moralisches Dilemma befriedigend gelöst zu haben. [...]	AE1:	
In Anbetracht der Begrenztheit des menschlichen Handlungsspielraums ist es reichlich naiv anzunehmen, dass es für jedes moralische Problem, vor das uns die Welt stellen kann, eine Lösung geben muss. Wir wussten es ja seit jeher: Die Welt ist schlecht. Nun sieht es gar aus, als könnte sie obendrein noch böse sein."	(Noch einmal) intuitionistische P. zum moralischen Urteil:	
Nagel 1996, S. 84 f., 87, 108 f.	*Bitte beachten Sie, dass der Text gekürzt ist, dass er aus dem Englischen übersetzt wurde und dass man einen philosophischen Text auf verschiedene Weise rekonstruieren kann.*	

Tipp

Zu 2.7.9: Von einem ‚kontraintuitiven moralischen Urteil' spricht man, wenn ein moralisches Urteil den gängigen moralischen Intuitionen widerspricht.

Zu 2.7.11: Am 16. März 1968 begingen amerikanische Soldaten im südvietnamesischen Ort MyLai Vergewaltigungen. Anschließend metzelten sie 504 Zivilisten (darunter Frauen, Greise, Kinder) nieder. Die Verbrechen wurden zunächst vertuscht, trugen dann aber zur Ablehnung des Vietnam-Kriegs in der amerikanischen Öffentlichkeit bei.

> **Zu 2.7.10: Intuitionistisches Argument zu der These, dass man ein Versprechen (zur Bootsfahrt mit den Kindern) brechen darf, wenn ein unvorhergesehenes Ereignis (wie der Besuch eines Freundes aus Australien) Vorrang zu haben scheint**
>
> Gegen Pd1 und Pd2: Ist die Situation adäquat beschrieben?
> Gegen Pn1 und Pn2: Gehen aus den Situationsmerkmalen M1 bzw. M2 Prima-facie-Pflichten hervor?
> Gegen Pn3: Wie stark sind die vorbewussten Gründe, einer der konfligierenden Prima-facie-Pflichten höheres Gewicht beizumessen?

Pd1: Es wurde das Versprechen gegeben, mit den Kindern heute eine Bootsfahrt zu machen.	E1: Wurde tatsächlich ein Versprechen gegeben oder wurde die Bootsfahrt nur vage in Aussicht gestellt? E2: Wie konkret war das Versprechen datiert?
Pn1: Das Versprechen muss gehalten werden.	E1: Könnte das Versprechen auch eingehalten werden, wenn die Bootsfahrt an einem anderen Tag stattfinden würde? E2: Ist das Versprechen vielleicht ungültig, weil es unter Zwang gegeben wurde?
Pd2: Ein alter Freund ist nur heute in der Stadt.	E1: Kann man den Freund nicht doch an einem anderen Tag treffen? E2: Handelt es sich wirklich um einen guten Freund – oder nur um einen Bekannten oder Kollegen? Besteht tatsächlich eine enge (Verantwortungs-)Beziehung, die im Vergleich mit der (Verantwortungs-)Beziehung gegenüber den Kindern ins Gewicht fallen könnte?
Pn2: Der Freund erwartet, dass ihm die Stadt gezeigt wird.	E1: Entstehen aus Freundschaft Pflichten oder sind sogenannte ‚Freundschaftsdienste' nur Gefälligkeiten, die man auch verweigern kann? E2: Kann sich der Freund nicht selbst beschäftigen?
Pn3: Die Prima-facie-Pflicht gegenüber dem Freund ist gewichtiger, weil ich die Bootsfahrt mit den Kindern verschieben könnte, aber das Treffen mit dem Freund nicht.	E1: Wie sicher fühle ich mich mit meiner Entscheidung? Wie stark sind meine Gewissensbisse gegenüber meinen Kindern und mein Drang, mich zu entschuldigen? Wenn ich mir vorstelle, ich hätte anders entschieden – hätte ich dann vergleichbar starke Gewissensbisse und einen vergleichbar starken Drang zur Entschuldigung?
K zur tatsächlichen Pflicht: Ich sollte mich mit dem Freund treffen.	**Ist die Konklusion noch haltbar?**

> Bitte beachten Sie, 1) dass es mehrere Möglichkeiten gibt, das Argument zu formulieren und 2) dass hier nicht alle möglichen Einwände genannt werden können. Wenn Sie einen anderen Syllogismus geschrieben oder andere Einwände formuliert haben, liegen Sie vermutlich ebenfalls richtig! Vielleicht befragen Sie Ihren Freundeskreis? Und bitte beachten Sie vor allem, dass sich die These (K) auch anders begründen ließe.

▶ Zum Weiterlesen

Ross, William David: *Das Richtige und das Gute.* Hg. und übers. von Bernd Goebel, Philipp Schwind. Hamburg 2020.

2.8 Das pragmatistische Argument (Ausblick: Klassischer Pragmatismus frühes 20. Jahrhundert)

Eine erste Prämisse der pragmatistischen Moralphilosophie stammt von Charles Darwin und lautet, dass sich Umwelt und Menschen durch wechselseitige Anpassungsprozesse ständig verändern (Dewey 1995, insb. Kap. 2). Eine zweite Prämisse besagt im Wortlaut von William James, dass „die Regeln" der Moral „für den Menschen da" sind, aber „nicht der Mensch für die Regeln" (James 1948, S. 187). Gemeint ist, dass die Moral kein Selbstzweck sein, sondern Menschen helfen sollte, ihr Leben für sich und andere möglichst gut gestalten zu können. Aus beiden Prämissen folgt, dass eine Moral in ihre jeweilige Zeit passen muss. Deshalb wundert sich die pragmatistische Moralphilosophin nicht, wenn sich moralische Überzeugungen ändern, sobald sich die Lebenswirklichkeiten der Menschen durch technische Errungenschaften oder soziale Umwälzungen ändern. Das heißt aber nicht, dass sie ihre Überzeugungen ständig über Bord werfen müsste. Im Gegenteil setzt die pragmatistische Moralphilosophie besonders auf diejenigen moralischen Überzeugungen, die sich in einer Gesellschaft über einen langen Zeitraum hinweg durchgehalten: Aus ihrer Stabilität schließt sie nämlich, dass sich die Überzeugungen in der Praxis bewährt haben. Ein solcher Praxistest ist für diese Moralphilosophie letztendlich wichtiger als die Prüfung durch moralphilosophische Prinzipien (s. ▶ Kapitel 1.3), weil die Moral ja für die Menschen da sein soll.

1. Wann sagen wir „das machen wir so, weil es sich bewährt hat, das so zu machen"? Was könnte ein anderer einwenden?

Ihr Beispiel:

_____

_____

Mögliche Einwände:

_____

_____

2. Finden Sie ein Beispiel für eine kollektive moralische Überzeugungen, die in unserer Kultur lange Konsens war, die aber mittlerweile kaum noch verteidigt wird. Überlegen Sie, ob (bzw. warum) die moralische Überzeugung zu ihrer Zeit vernünftig war und ob (bzw. warum) sie heute nicht mehr in unsere Zeit passt. Durch welche Überzeugung ist sie ersetzt worden? Diskutieren Sie, ob die Überzeugung vorschnell oder zurecht aufgegeben wurde.

Früher galt die moralische Überzeugung, dass:	Sie galt, weil:	Sie gilt heute nicht mehr, weil:	Stattdessen gilt heute die Überzeugung, dass:	Diskussion

3. Stellen Sie dieselben Überlegungen für eine persönliche moralische Überzeugungen an, die sie früher hatten, aber heute nicht mehr verteidigen würden.

Früher hatten Sie die moralische Überzeugung, dass:	Sie haben das für richtig gehalten, weil:	Sie haben die Überzeugung aufgegeben, weil:	Heute sind Sie überzeugt, dass:	Diskussion

4. Für John Dewey sollte Philosophie als ‚Kritik der Kritik' verstanden werden. Für die Ethik bedeutet das, dass sie Strategien entwickeln soll, mit denen sich prüfen lässt, ob sich eine moralische Überzeugung in der Praxis bewährt hat. Rekonstruieren Sie folgende Passage dazu.

Text	Rekonstruktion	Diskussion
„Auf den Wert als solchen, selbst auf Dinge, die Wert haben, in ihrer unmittelbaren Existenz, kann nicht reflektiert werden; sie werden genossen oder nicht.	P1:	
Sobald man über das direkte Vorkommen hinausgeht, setzt man einen Prozess der Unterscheidung in Gang, der ein reflexives Kriterium in sich eingreift. [...]	P2:	
Diese Bemerkungen dienen als Vorbereitung, um eine bestimmte Auffassung von Philosophie zu präsentieren, die Auffassung nämlich, dass Philosophie inhärente Kritik ist. [...]	Def.:	
Ein Genuss hört auf, etwas Gegebenes zu sein, und wird zum Problem. Als Problem hat er die intelligente Untersuchung der Bedingung und Konsequenzen der Wertobjekte zur Folge;	Noch einmal P2:	
das heißt, Kritik. [...]	Noch einmal Def.:	
In dem Augenblick, wo wir anfangen, über Werte zu reden, sie zu definieren, gehen wir über Wertobjekte selbst hinaus; wir beginnen [...] mit einer Erforschung der kausalen Antezedenzien und der verursachten Folgen,	Noch einmal P2:	
mit dem Ziel, das ‚wirkliche', das heißt das endgültige Gutsein des fraglichen Dinges einzuschätzen.	P3:	
Wir kritisieren nicht um der Kritik willen, sondern um dauerhaftere und umfassendere Werte zu erreichen und zu fixieren".	K (T):	
Dewey 1995, S. 372 f., 377	*Bitte beachten Sie, dass der Text gekürzt ist, dass er aus dem Englischen übersetzt wurde, und dass man einen philosophischen Text auf verschiedene Weise rekonstruieren kann.*	

2.8 • Das pragmatistische Argument (Ausblick: Klassischer Pragmatismus frühes 20. Jahrhundert)

5. Erläutern Sie noch einmal im Detail, was John Dewey unter ‚Philosophie als Kritik der Kritik' versteht. Überlegen Sie: Welche Gründe könnte es haben, dass er als ‚Philosoph der Demokratie' bezeichnet wurde? Was müssen Bürger nach Dewey können, damit eine Demokratie funktionieren kann?

Frage	Antwort	Diskussion
Das vorkritische Stadium (P1) besteht im:		
Kritik (P2) setzt ein, wenn:		
Das Ziel (P3) von Philosophie als Kritik ist:		
Ihr Beispiel, als Sie in Deweys Sinne ‚Philosophin' waren:		
Man nennt Dewey den ‚Philosophen der Demokratie', weil:		
Die Bürger einer Demokratie müssen sich nach Dewey vor allem zutrauen, dass sie:		

6. Die wichtigste Instanz der kritischen Überprüfung von moralischen Überzeugungen ist die moralische Praxis. Damit sind die Begriffe und Prinzipien der moralphilosophischen Tradition aber keinesfalls überflüssig: Sie können als zusätzliche ‚Werkzeuge' zur Überprüfung der Praxistauglichkeit von moralischen Überzeugungen dienen. So kann ein pragmatistischer Moralphilosoph eine moralische Überzeugung beispielsweise utilitaristisch dahingehend überprüfen, ob es für alle gute Folgen hätte, wenn viele Menschen aufgrund der Überzeugung handeln würden. Vielleicht wird er aber auch im tugendethischen Sinne prüfen, welche Rückschlüsse bestimmte moralische Überzeugungen auf unseren Charakter haben. Je besser sein Werkzeugkoffer gefüllt ist, umso komplexer wird seine kritische Prüfung sein. Prüfen Sie eine etablierte moralische Überzeugung unserer Zeit, indem sie verschiedene moralphilosophische ‚Werkzeuge' anwenden.

Ihr Beispiel für eine etablierte moralische Überzeugung unserer Zeit:	
Diese Überzeugung hat sich ‚im Handeln bewährt' bzw. den Praxistext bestanden, weil:	
Wenn viele Menschen der Überzeugung anhängen würden, hätte das zur Folge, dass:	
Dass ein Mensch der Überzeugung anhängt, sagt über seinen Charakter, dass:	
Sie würden außerdem folgendes moralphilosophische Prüfungskriterium verwenden:	
Kritisch einwenden würden Sie:	
Insgesamt halten Sie die Überzeugung für gut (für nicht gut), weil:	

7. Ein pragmatistisches moralisches Argument kann in etwa folgende Form haben:

> Pd1: Es hat sich in der Praxis bewährt, wenn Handlungen des Typs H getan werden.
> Pd2: Es hat sich auch auf dem Prüfstand der philosophischen Reflexion bewährt, Handlungen des Typs H zu tun.
> Pn: Man sollte das tun, was sich in der Praxis und der philosophischen Reflexion bewährt hat.
> → K: Handlungen des Typs H sollten getan werden.

Stellen Sie ein pragmatistisches Argument zu der These als Syllogismus dar, dass man aufgrund von religiösen Überzeugungen leben und handeln sollte.

Syllogismus	Mögliche Einwände?
Pd1:	
Pd2:	
Pn:	
→ K:	

8. Der Pragmatist William James hat sich Zeit seines Lebens mit der Frage befasst, ob es vernünftig sein kann, eine religiöse Überzeugung zu haben, obwohl sich religiöse Überzeugungen ja bekanntlich nicht als wahr beweisen lassen. Persönlich hätte er sich einen solchen Glauben sehr gewünscht, weil er durch seine psychologischen Forschungen davon überzeugt war, dass religiöse Überzeugungen „leicht und glücklich" machen können (James 1997, S. 84). In dem Essay *The Will to Believe* von 1896 entwickelt er ein pragmatistisches Argument dafür, warum es trotz seiner Unbeweisbarkeit klug sein kann, sich einem Glauben anzuvertrauen, insofern das eine „unvermeidliche Option" (d. i. eine Entscheidung, der man nicht ausweichen kann) ist. Rekonstruieren Sie das Argument und beachten Sie, dass sich eine Überzeugung auf zwei Arten bewähren kann: Sie kann sich bewähren, weil sie sich bei entsprechender Überprüfung als wahr erweist oder weil sie die Lebensprozesse erleichtert.

Text	Rekonstruktion	Diskussion
Man könnte Folgendes sagen: „Lieber bleibt für immer ganz ohne Glauben, als dass ihr eine Lüge glaubt." […]	E1:	
Wer so etwas sagt, der zeigt allerdings „lediglich, dass bei ihm persönlich die Angst, angeführt zu werden, vorwiegt. Er mag sich vielen seiner Hoffnungen und Befürchtungen gegenüber kritisch verhalten, aber dieser Furcht gehorcht er sklavisch." […]	A1E1:	

2.8 • Das pragmatistische Argument (Ausblick: Klassischer Pragmatismus frühes 20. Jahrhundert)

Text	Rekonstruktion	Diskussion
Unsere Irrtümer sind am Ende nicht so hochgewichtige Dinge. In einer Welt, wo wir ihnen trotz aller Vorsicht doch einmal nicht aus dem Weg gehen können, erscheint ein gewisses Maß sorglosen Leichtsinns gesünder als diese übertriebene nervöse Angst. […]	A2E1:	
Angenommen, die Religion sei wahr und doch gebe es keinen zureichenden Beweis dafür. […]	E2:	
Fragen der Moral stellen sich unmittelbar als solche dar, deren Lösung nicht auf sinnfälligen Beweis warten kann. […] Die Wissenschaft kann uns sagen, was existiert; aber um die Werte miteinander zu vergleichen, […] müssen wir nicht die Wissenschaft befragen, sondern das, was Pascal unser Herz nennt. […]	A1E2:	
Haben Sie mich gern oder nicht? […] Der von mir im vorweg mitgebrachte Glaube an das Vorhandensein Ihrer Zuneigung ist es, was in solchen Fällen Ihre Zuneigung hervorruft. […] Wie viele Mädchenherzen werden allein dadurch besiegt, dass ein Mann mit Leidenschaft darauf besteht, dass sie ihn lieben *müssen*. […]	A2E2:	
Der Wunsch nach einer bestimmten Art Wahrheit bringt hier die Existenz dieser besonderen Wahrheit zuwege; so ist es in unzähligen Fällen anderer Art. […]	A3E2:	
Es wird angenommen, dass wir ein gewisses wichtiges Gut durch unseren Glauben gewinnen und durch unseren Nichtglauben verlieren.	P1:	
Zweitens ist die Religion eine unvermeidliche Option, soweit dieses Gut in Betracht kommt. Wir können uns dem Streit nicht entziehen, indem wir skeptisch bleiben und auf bessere Erleuchtung warten, weil wir, obgleich wir auf diese Weise den Irrtum vermeiden, falls die Religion nicht der Wahrheit entspricht, doch das Gut, wenn sie der Wahrheit entspricht, ebenso sicher verlieren, als wenn wir uns entschieden zum Nichtglauben entschließen.	P2:	
Es ist, als wenn ein Mann endlos zaudert, einem bestimmten Mädchen einen Antrag zu machen, weil er sich nicht ganz sicher ist, dass er wirklich einen Engel in ihr finden würde, wenn er sie heimgeführt hätte. Würde er sich nicht dadurch selbst diese besondere Engel-Möglichkeit ebenso endgültig versperren, als wenn er hinginge und eine andere heiratete? […]	z. B. zu P2:	
Angenommen, die Religion sei wahr und doch gebe es keinen zureichenden Beweis dafür, so habe ich keine Lust, mir über ein persönliches Wesen, welches meinem Gefühl nach in dieser Sache doch schließlich ein Wort mitzureden hat, Ihren Lichtauslöscher stülpen zu lassen und mir so die einzige Aussicht im Leben zu verscherzen, mich auf die Seite zu schlagen, welche gewinnt."	K (T):	
James 1975, S. 145 f., 149 f., 153 f.	*Bitte beachten Sie, dass der Text gekürzt ist, dass er aus dem Englischen übersetzt wurde und dass man einen philosophischen Text auf verschiedene Weise rekonstruieren kann.*	

> **Zu 2.8.7: Pragmatistisches Argument zur These, dass man aufgrund von religiösen Überzeugungen leben und handeln sollte**
>
> Gegen Pd1: Ist das in der Praxis vorgeblich Bewährte vielleicht schlicht das Bequemste?
> Gegen Pd2: Auch die philosophische Reflexion kann parteiisch sein.
> Gegen Pn: Ggfs. Einwand der Unflexibilität sowie der Relativismus-Einwand, dass nicht alle normativen Überzeugungen von historischen Umständen abhängig gemacht werden dürfen.

Pd1: Das Haben von religiösen Erfahrungen hat sich in der Praxis bewährt, weil religiöse Menschen erfahrungsgemäß moralisch besser handeln und leichter und glücklicher leben als nichtreligiöse Menschen.	E1: Im Namen einer Religion ist auch moralisch Schlimmes geschehen. E2: Es gibt auch religiös bedingte Depressionen und Ängste.
Pd2: Religiöse Überzeugungen halten philosophischer Reflexion zumindest insofern stand, dass sich nicht beweisen lässt, dass sie falsch sind.	E: Die Wahrheit von religiösen Überzeugungen lässt sich nicht beweisen, so dass die gute Wirkung (vgl. Pd1) auf einer Illusion beruhen könnte
Pn: Man sollte an Überzeugungen festhalten, die sich in der Praxis und der philosophischen Reflexion bewährt haben.	E1: Wer sich auf Bewährtes verlässt, versperrt sich die Möglichkeit, kreativ neue (bessere?) Möglichkeiten zu entwickeln. E2: Die sogenannte philosophische Prüfung könnte interessegeleitet und/oder ideologisch einseitig verlaufen sein.
→ K: Man sollte aufgrund von religiösen Überzeugungen leben und handeln.	**Ist die Konklusion noch haltbar?**

> Bitte beachten Sie, 1) dass es mehrere Möglichkeiten gibt, das Argument zu formulieren und 2) dass hier nicht alle möglichen Einwände genannt werden können. Wenn Sie einen anderen Syllogismus geschrieben oder andere Einwände formuliert haben, liegen Sie vermutlich ebenfalls richtig! Vielleicht befragen Sie Ihren Freundeskreis? Und bitte beachten Sie vor allem, dass sich die These (K) auch anders begründen ließe.

> **Zum Weiterlesen**
> Dewey, John: *Erfahrung und Natur.* Übers. von Martin Suhr. Frankfurt a. M. 1995.

2.9 Das Authentizitätsargument (Ausblick: Existentialistische Philosophie Mitte 20. Jahrhundert)

Ein Existentialist will sich nicht auf ausgetretenen Pfaden in die Irre führen lassen. Deshalb übernimmt er nicht ungeprüft irgendwelche Vorannahmen der Geschichte der Philosophie über das Sein des Menschen. Stattdessen konzentriert es sich darauf, was Menschen aus eigenen existentiellen Erfahrungen darüber sagen können, was es heißt, als Mensch in dieser Welt zu leben und anderen Menschen zu begegnen. Für die Moral bedeutet das, dass ein Existentialist die Maßstäbe für moralisch richtiges und falsches Handeln weder in moralphilosophischen Büchern noch bei moralischen Autoritäten finden kann, sondern nur in sich selbst. Das heißt, dass er tun muss, wovon er im tiefsten Innern überzeugt ist, auch wenn andere das falsch finden mögen. Der Existentialist würde falsch handeln, wenn er aus Feigheit oder Anpassungsdruck nicht ‚authentisch' entscheiden würde. Den missbilligenden Blick von anderen als Spiegel seines Selbst und seines Handelns muss er gegebenenfalls aushalten. Die Kehrseite dieser radikalen Freiheit gegenüber allen moralischen Autoritäten ist allerdings, dass der Existentialist die Verantwortung für sein Handeln an nichts und niemanden abwälzen kann. Wenn ein Existentialist falsch handelt, kann er keinem Gott, keiner

2.9 · Das Authentizitätsargument (Ausblick: Existentialistische Philosophie Mitte 20. Jahrhundert)

Respektsperson und keiner Gesellschaft die Schuld dafür in die Schuhe schieben. Die Verantwortung für sein Handeln ruht auf seinen Schultern – und nur dort!

1. Überlegen Sie: Was meinen Sie, wenn Sie sagen „das muss ich jetzt genauso machen, ohne jeden Kompromiss, weil ich sonst nicht mehr in den Spiegel schauen kann"? Finden Sie ein Beispiel für eine Situationen, in der Sie nach dieser Maßgabe entschieden haben. Überlegen Sie, welche Gründe Sie hatten.

Ihr Beispiel:

_____

_____

Andere hätten/haben abgeraten, weil:

_____

_____

Sie haben trotzdem so gehandelt, weil:

_____

_____

2. Der französische Existentialismus von Jean Paul Sartre, Albert Camus und Simone de Beauvoir beispielsweise ist politisch vom Marxismus und philosophisch von Friedrich Nietzsches Nihilismus sowie von Martin Heideggers Existenzphilosophie geprägt. Schlagen Sie nach, was die Etikette ‚Nihilismus' und ‚Existenzphilosophie' bedeuten. Lassen Sie folgende Sätze auf sich wirken und überlegen Sie, was sie für die Moralphilosophie bedeuten könnten.

Diktum	Bedeutung für die Moralphilosophie:
„Man sagt nicht ‚Nichts!', man sagt dafür ‚Jenseits' oder ‚Gott'" (Nietzsche 1999b, S. 173)	
Der Mensch lebt zeitlebens mit dem Wissen, dass er irgendwann sterben muss: „Das mit dem Tod gemeinte Enden bedeutet kein Zu-Ende-Sein des Daseins [der menschlichen Existenz], sondern ein *Sein zum Ende* dieses Seienden." (Heidegger 1979, S. 245)	
Beide Sätze zusammengenommen besagen, dass der Mensch in dem Wissen lebt, dass am Ende seiner Existenz der Tod wartet, welcher das absolute Nichts bedeutet.	

3. Nach Sartre sucht man sich seine Ratgeber danach aus, welchen Ratschlag man (eigentlich) hören will. Sie kennen Ihre Freunde und wissen, was wer in welcher Situation raten würde. Überlegen Sie: Wen würden Sie in welchen Fällen um Rat fragen? Nach welchen Kriterien suchen Sie Ratgeber aus? Was sagt die Wahl Ihres Ratgebers darüber aus, welchen Rat Sie ‚eigentlich' bekommen

wollen? In welchen Fällen sollten sie lieber einen fremden Menschen um Rat fragen, von dem Sie nichts wissen und der von Ihnen nichts weiß?

	Sie fragen:	Die Person würde vermutlich raten:	Sie würden Sie den Rat (nicht) befolgen, weil:	Ein neutraler Ratgeber wäre (nicht) besser, weil:
Sie haben Geld gestohlen.				
Sie wissen nicht, ob Ihr/e Partner/in Sie wirklich liebt.				
Sie sind unsicher wegen Ihrer Berufswahl.				
Ihr Problem:				

> **Tipp**
>
> **Zu 2.9.2:** Ein Nihilist ist überzeugt, dass es jenseits der empirischen Wirklichkeit nichts (lat. *nihil*) gibt, insbesondere keine Götter, keine Werte, keine Wahrheit(en) und keine Seele(n).
>
> Ein Existenzphilosoph blendet traditionelle metaphysische Doktrinen aus, um die großen Fragen der Philosophie radikal aus der unverstellten Perspektive des existentiellen Erfahrens (d. i. die Art und Weise, wie der Mensch seine Existenz erlebt) beleuchten zu können.

4. Analysieren sie folgenden Text von Jean Paul Sartre, indem Sie sich überlegen, was über die Rahmenbedingungen des moralischen Entscheidens und Handelns gesagt wird.

Text	Erläutern Sie die Sätze oder definieren Sie die Begriffe	Diskussion
„Wenn der Mensch, so wie ihn der Existentialist begreift, nicht definierbar ist, so darum, weil er anfangs überhaupt nichts ist. Er wird erst in der weiteren Folge sein, und er wird so sein, wie er sich geschaffen haben wird. Also gibt es keine menschliche Natur, da es keinen Gott gibt, um sie zu entwerfen. Der Mensch ist lediglich so, wie er sich konzipiert […] *Der Mensch ist, wozu er sich macht.* […]	*Der Mensch ist, wozu er sich macht.* Das bedeutet:	
Aber was wollen wir denn damit anderes sagen, als dass der Mensch eine größere Würde hat als der Stein oder der Tisch? Denn wir wollen sagen, dass der Mensch zuerst existiert, das heißt, dass er zuerst ist, was sich in eine Zukunft hinwirft und was sich bewusst ist, sich in der Zukunft zu planen.	*Der Mensch entwirft sich in eine Zukunft hinein.* Das bedeutet:	
Aber wenn wirklich die Existenz der Essenz vorausgeht,	*Die Existenz geht der Essenz voraus.* Das bedeutet:	

2.9 • Das Authentizitätsargument (Ausblick: Existentialistische Philosophie Mitte 20. Jahrhundert)

Text	Erläutern Sie die Sätze oder definieren Sie die Begriffe	Diskussion
so ist der Mensch verantwortlich für das, was er ist. Somit ist der erste Schritt des Existentialismus, jeden Menschen in Besitz dessen, was er ist, zu bringen und auf ihm die gänzliche Verantwortung für seine Existenz ruhen zu lassen Und wenn wir sagen, dass der Mensch für sich selbst verantwortlich ist, so wollen wir nicht sagen, dass der Mensch gerade eben nur für seine Individualität verantwortlich ist, sondern dass er verantwortlich ist für alle Menschen." […]	*Der Mensch ist für sich selbst verantwortlich.* Das bedeutet:	
„*Der Mensch ist Freiheit.* Wenn wiederum Gott nicht existiert, so finden wir uns keinen Werten, keinen Geboten gegenüber, die unser Betragen rechtfertigen. So haben wir weder hinter uns noch vor uns, im Lichtreich der Werte, Rechtfertigungen oder Entschuldigungen. Wir sind allein, ohne Entschuldigungen. Das ist es, was ich durch die Worte ausdrücken will: Der Mensch ist verurteilt, frei zu sein. Verurteilt, weil er sich nicht selbst erschaffen hat; andererweit aber dennoch frei, da er, einmal in die Welt geworfen, für alles verantwortlich ist, was er tut." […]	*Der Mensch ist verurteilt, frei zu sein.* Das bedeutet:	
„*Angst.* Das bedeutet folgendes: Der Mensch, der sich bindet und der sich Rechenschaft gibt, dass er nicht nur der ist, den er wählt, sondern außerdem ein Gesetzgeber, der gleichzeitig mit sich die ganze Menschheit wählt, kann dem Gefühl seiner vollen und tiefen Verantwortlichkeit schwerlich entrinnen." […]	*Eine existentielle Erfahrung des Menschen ist Angst.* Das bedeutet:	
„Wenn wir von Verlassenheit […] sprechen, so wollen wir nur sagen, dass Gott nicht existiert und man daraus die Folgerungen ziehen muss bis zum Ende." […]	*Eine existentielle Erfahrung des Menschen ist Verlassenheit.* Das bedeutet:	
„Was die Verzweiflung anbetrifft, so hat dieser Ausdruck einen äußerst einfachen Sinn. Er bedeutet, dass wir uns darauf beschränken, auf das zu zählen, was von unserem Willen abhängt oder auf die Gesamtheit der Wahrscheinlichkeiten, die unsere Handlungen möglich machen. Wenn man etwas will, so sind immer wahrscheinliche Elemente vorhanden. Ich kann auf die Ankunft eines Freundes rechnen. Dieser Freund kommt mit der Eisenbahn oder mit der Straßenbahn; das setzt voraus, dass die Eisenbahn zur angesagten Stunde eintrifft und die Straßenbahn nicht entgleist."	*Eine existentielle Erfahrung des Menschen ist Verzweiflung.* Das bedeutet:	
Sartre 1973, S. 11–16, 20	*Bitte beachten Sie, dass der Text gekürzt ist, dass er aus dem Französischen übersetzt wurde und dass man einen philosophischen Text auf verschiedene Weise rekonstruieren kann.*	

5. Die existentialistische Philosophin Simone de Beauvoir vertritt in ihrem Buch *L'autre Sex* die These „Man kommt nicht als Frau zur Welt, man wird es" (Beauvoir 1951, S. 265). Gemeint ist in etwa, dass Frauen sich seit Jahrhunderten damit abgefunden (oder bequem damit eingerichtet) haben, dass sie auf bestimmte ‚Frauen-Rollen' festgelegt werden. Nach de Beauvoir würden Männer und Frauen gewinnen, wenn Frauen aus ihrem ‚Dornröschen-Schlaf' erwachen und die (nach Sartre) spezifisch menschliche Möglichkeit nutzen würden, einen Entwurf vom ihrem zukünftigen Selbst zu machen und durch entsprechendes Handeln zu realisieren. Stellen Sie sich bitte aus heutiger Sicht und unabhängig von ihrem Geschlecht einige Fragen zu einem Entwurf eines zukünftigen Selbst:

Haben Sie einen Entwurf von Ihrem zukünftigen Selbst? Skizzieren Sie ihn im Umriss.	
Wie sieht Ihr ideales moralisches Selbst aus? In welche Richtung wollen Sie sich in moralischer Hinsicht entwickeln?	
Haben Frauen in unserer Gesellschaft die Möglichkeit, ihr zukünftiges Selbst zu entwerfen und im Handeln zu realisieren?	
Gibt es heute noch Rollenmuster, durch die Frauen in unserer Gesellschaft gehindert werden, einen eigenen Entwurf vom zukünftigen Selbst zu machen? Falls ja, skizzieren Sie sie im Umriss.	
Hat das skizzierte weibliche Rollenmuster eine moralische Dimension? Wenn ja, welche?	
Gibt es in unserer Gesellschaft Rollenmuster, durch die Männer gehindert werden, einen eigenen Entwurf vom zukünftigen Selbst zu machen? Falls ja, skizzieren Sie diese im Umriss.	
Haben die männlichen Rollenmuster eine moralische Dimension? Falls ja, welche?	
Gibt es Rollenmuster für Menschen, die sich jenseits des etablierten Dualismus der Geschlechter verorten (*queer*)? Falls das der Fall ist: Halten Sie die Muster für eine Beschränkung oder eine Befreiung?	
Haben diese Rollenmuster eine moralische Dimension?	

6. Haben Sie schon einmal etwas Übles getan, weil Sie glaubten, dass Sie es in der Situation tun mussten? Dann schreiben Sie bitte einen fiktiven Brief an die Person, die Sie damals waren, in dem Sie Ihre heutige Sicht auf Ihre damalige Entscheidung darlegen. Sind Sie heute mit sich im Reinen? Begründen Sie, warum (nicht).

2.9 • Das Authentizitätsargument (Ausblick: Existentialistische Philosophie Mitte 20. Jahrhundert)

> *Liebes früheres Ich,*
>
> ich nehme mit diesem Brief Bezug auf folgendes Ereignis:
>
> Damals hatte ich für mein Handeln folgende Gründe:
>
> Ich möchte Dir heute dazu Folgendes sagen:
>
> Wenn ich es noch einmal entscheiden könnte, würde meine Entscheidung heute so ausfallen:
>
> *Mit herzlichen Grüßen aus Deiner Zukunft, Dein zukünftiges Ich*

7. Das einzige Kriterium einer moralischen Entscheidung ist nach Sartre die Authentizität: Tue das, wovon Du überzeugt bist, und lasse Dich weder von der Missbilligung anderer noch von Deinen Ängsten davon abhalten. Im Theaterstück *Die Fliegen* (frz. *Les Mouches*) von 1943 sagt Orest dazu: „Eine Tat kann schrecklich sein, aber trotzdem richtig". Stöbern Sie: Was passiert in der *Orestie*? Wer sind Orest, Elektra, Ägist und Klytämnestra in der antiken Mythologie? Analysieren Sie die folgenden Passagen und unterscheiden Sie verschiedene Auffassungen von Verantwortung und Schuld. Durch welche Figur spricht Sartre?

Text	Beschreiben Sie die Auffassungen zu Verantwortung und Schuld	Diskussion und Beispiele
Klytämnestra: „Du bist jung, Elektra. Wer jung ist und noch keine Zeit hatte, Böses zu tun, hat leicht richten. Aber gedulde dich. Eines Tages wirst du ein nicht wiedergutzumachendes Verbrechen hinter dir herschleppen. Bei jedem Schritt wirst du glauben, von ihm wegzukommen, und doch wird es immer gleich schwer an dir hängen. Du wirst dich umwenden, und du wirst es hinter dir sehen, außer Reichweite, dunkel und klar wie ein schwarzer Kristall. Und du wirst es nicht einmal begreifen und sagen: ‚Nicht ich habe es getan'. Aber es wird da sein, hundertmal verleugnet, unabänderlich da, um dich rückwärts zu ziehen. Und so wirst du endlich wissen, daß du dein Leben auf einen einzigen Wurf gesetzt hast, ein für allemal, und daß dir nichts anderes übrigbleibt, als dein Verbrechen, das gerechte und ungerechte – der Reue. Dann wird man sehen, was aus deinem Hochmut wird."	Def.1:	
Klytämnestras Prophezeiung geht in Erfüllung: Nach dem Mord wird Elektra ebenfalls gequält von den „Erinnyen", den „Göttinnen der Reue". Der Zustand wird so beschrieben: „Sie hängen wie schwarze Trauben von der Decke und schwarz kleben sie an den Mauern; sie schieben sich zwischen die Lichter und meine Augen, und ihre Schatten verbergen mir dein Gesicht".	Noch einmal Def.1:	

Text	Beschreiben Sie die Auffassungen zu Verantwortung und Schuld	Diskussion und Beispiele
Orest (zu Elektra nach dem Mord): „Ich habe meine Tat getan, Elektra, und diese Tat war gut. Ich werde sie auf meinen Schultern tragen, wie ein Fährmann die Reisenden durchs Wasser trägt, ich werde sie ans andere Ufer bringen und darüber Rechenschaft abgeben. Und je schwerer sie zu tragen ist, um so mehr werde ich mich freuen, denn meine Freiheit, das ist diese Tat. Gestern ging ich noch aufs Geratewohl über die Erde, und tausende von Wegen flohen unter meinem Schritt, denn sie gehörten anderen. Ich bin sie alle gegangen […], aber kein einziger gehörte mir. Heute gibt es einen, und Gott weiß, wohin er führt; aber es ist mein Weg."	Def.2:	
Am Schluss spricht Orest zu dem Volk von Argos, das ihn wegen Königsmord lynchen will: „Leute von Argos, ihr habt verstanden, dass mein Verbrechen mir gehört; ich nehme es für mich in Anspruch vor dem Stolz der Sonne, es ist der Grund meines Lebens und mein Stolz; ihr könnt mich weder züchtigen noch strafen, und drum jage ich euch Angst ein. Und dennoch, oh meine Leute, liebe ich euch, und um euretwillen habe ich getötet. Für euch. Ich war gekommen, um mein Königreich zurückzuverlangen, und ihr habt mich zurückgestoßen, weil ich keiner der Eurigen war. Jetzt bin ich einer von euch, oh meine Untertanen, wir sind durch das Blut gebunden, und ich verdiene, euer König zu sein. Eure Schuld und eure Reue, eure nächtlichen Ängste, das Verbrechen des Ägist […] ich nehme es auf mich. […] Schaut, Eure treuen Fliegen haben Euch verlassen und sind bei mir. Aber fürchtet euch nicht, Leute von Argos, ich werde mich nicht auf den Thron meines Opfers setzen; ein Gott hat ihn mir angeboten, und ich habe nein gesagt. Ich will ein König ohne Land und ohne Untertanen sein." Dann verlässt Orest Flöte spielend die Stadt – und alle Fliegen „stürzen sich heulend hinter ihm her", bis „der Vorhang fällt".	Noch einmal Def.2:	
Sartre 1961, S. 26, 59, 75 f.	*Bitte beachten Sie, dass der Text gekürzt ist, dass er aus dem Französischen übersetzt wurde und dass man einen philosophischen Text auf verschiedene Weise rekonstruieren kann.*	

> **Tipp**
>
> **Zu 2.9.7:** Die Orestie ist eine Tragödien-Trilogie des griechischen Dichters Aischylos.
> Orestes tötet seine Mutter Klytämnestra und deren Geliebten Ägist, weil Klytämnestra seinen Vater Agamemnon (s. ▶ Abschn. 3.15.11) nach dessen Rückkehr aus dem trojanischen Krieg ermordet hat. Das hat sie getan, weil sie ihm die Opferung der gemeinsamen Tochter Iphigenie an die Jagdgöttin Artemis nicht verzeihen konnte. Das wiederum dachte Agamemnon tun zu müssen, damit Artemis die griechischen Schiffe (die zum Krieg gegen Troja segeln sollten) nicht länger im Hafen festhält. Sprich: Jeder machte sich schuldig, weil er dachte, nicht anders handeln zu können.

2.9 • Das Authentizitätsargument (Ausblick: Existentialistische Philosophie Mitte 20. Jahrhundert)

8. Sartre lässt Orest etwas sagen, was er den Franzosen sagen wollte, die sich (aus Angst, aus Anbiederung oder aus Abscheu vor jeder Form von Gewalt) nicht der französischen Widerstandsbewegung *Résistance* gegen die Nazi-Verbrecher anschießen wollten: Er verachtet Unaufrichtigkeit (frz. *mauvaise foi*), aber er billigt gegebenenfalls die Gewalt, mit der Widerstand in der Regel einhergeht. Das Problem des politisch begründeten Tötens bearbeitet Sartre immer wieder, so beispielsweise auch in seinem Theaterstück *Die schmutzigen Hände* (frz. *Les Mains Sales*) von 1948. Stöbern Sie: Welches Problem wird in der Moralphilosophie als ‚Problem der schmutzigen Hände' bezeichnet? Überlegen Sie: Sollte man einen Tyrannen ermorden?

Für politisch motivierte Gewalt gegenüber einem Tyrannen spricht:

_____

_____

Dagegen spricht:

_____

_____

Ihre Position:

_____

_____

Begründung:

_____

_____

_____

9. Ein existentialistisches Authentizitätsargument kann in etwa folgende Form haben:

> Pd1: In der Situation S gibt es das Problem P.
> Pd2: Es ließe sich mit der Handlung H lösen.
> Pn1: Wenn ich kompromisslos nach meinem Entwurf von meinem zukünftigen moralischen Selbst handeln würde, würde ich in der vorliegenden Situation die Handlung H tun.
> Pn2: Man sollte das tun, was dem Entwurf des moralischen Selbst entspricht, weil man selbst die einzige normative Instanz ist, vor der man moralische Entscheidungen rechtfertigen muss.
> → K: Ich sollte H tun.

Stellen Sie ein existentialistisches Authentizitätsargument für die Auffassung als Syllogismus dar, dass Sie gegebenenfalls vor Tyrannenmord nicht zurückschrecken sollten.

10. Informieren Sie sich über die Situation in Frankreich während des Zweiten Weltkriegs und diskutieren Sie folgendes Dilemma (s. ▶ Kapitel 3.15). Überlegen Sie, was Sartre vermutlich geantwortet hat.

> » Um ihnen ein Beispiel zu geben, […] führe ich den Fall eines meiner Schüler an, der mich unter folgenden Umständen aufgesucht hat: Sein Vater lebte in Zwiespalt mit seiner Mutter und neigte übrigens zur Kollaboration, sein ältester Bruder war bei der deutschen Offensive von 1940 getötet worden, und jener junge Mann wünschte in einem etwas primitiven, aber hochherzigen Gefühl, ihn zu rächen. Seine Mutter lebte allein mit ihm, sehr betrübt durch den halben Verrat seines Vaters und durch den Tod ihres ältesten Sohnes, und fand nur Trost an ihm. […] Dieser junge Mann hatte in dem gegebenen Augenblick die Wahl, entweder nach England zu gehen und sich in die Freien Französischen Streitkräfte einzureihen – das heißt seine Mutter zu verlassen – oder bei seiner Mutter zu bleiben und ihr leben zu helfen. (Sartre 1973, S. 17)

1. Handlungsoption:	Pro:	Contra:
2. Handlungsoption:	Pro:	Contra:
Sartre hat vermutlich geantwortet:		
Ihre Entscheidung:		
Begründung:		

Tipp

Zu 2.9.8: Vom ‚Problem der schmutzigen Hände' spricht man, wenn sich ein politischer Verantwortungsträger zu einer Handlung gezwungen sieht, mit der er sowohl seinen eigenen als auch den in seinem politischen Kontext etablierten Moralvorstellungen massiv zuwider handeln muss.

Zu 2.9.10: Es würde seiner Authentizitäts-Forderung widersprechen, wenn Sartre einen Rat gegeben hätte. Tatsächlich schreibt er nichts davon. Stattdessen schreibt er im Nachhinein, dass sich der Student genauso entschieden habe, wie er es erwartet habe, nachdem gerade er um Rat gefragt worden sei.

Zu 2.9.9: Existentialistisches Argument zur These, dass Sie den Tyrannen X ermorden sollten

Gegen Pd: Ist die Situation adäquat beschrieben?
Gegen Pn1: Ist man vielleicht unaufrichtig gegenüber sich selbst, weil man z. B. feige ist?
Gegen Pn2: Moralische Entscheidungen müssen auch von anderen akzeptiert werden können.

Pd1: Weil X ein Tyrann ist, begeht er systematisch großes moralisches Unrecht und erzeugt großes Leid.	E1: Ist X wirklich ein Tyrann? Oder nur ein politischer Gegner? E2: Erzeugt X tatsächlich großes Leid? Oder überwiegen seine Wohltaten?
Pd2: Ich könnte X töten.	E1: Ist es realistisch? E2: Könnte ein missglücktes Attentat zu Propaganda-Zwecken missbraucht werden? E3: Würde ein neuer Tyrann folgen?

Pn1: Meinem Entwurf von meinem zukünftigen moralischen Selbst zufolge bin ich ein Mensch, der gegen systematisches Unrecht auch dann ankämpft, wenn er etwas tun muss, was etablierte moralische Normen(systeme) verbieten.	E1: Folge ich falschen Vorbildern? E2: Bin ich aufrichtig gegenüber mir selbst? E3: Sollten die etablierten Normen (wie z. B. die Norm ‚Du sollst nicht töten') nicht unter allen Umständen gewahrt werden?
Pn2: Weil ich mich nur vor mir selbst verantworten muss, sollte ich tun, was meinem Entwurf von meinem moralischen Selbst entspricht.	E1: Muss ich mich nicht doch vor bestimmten normativen Instanzen (Gerichten) und vor anderen Menschen (insb. den Betroffenen) verantworten? Könnte ich mich z. B. vor der Familie von X rechtfertigen oder müsste ich mich entschuldigen? E2: Kann ich die moralische Missbilligung (gegebenenfalls die Strafen) aushalten, mit denen ich rechnen müssen?
→ K: Der Akteur, der SIE sind, sollte den Tyrannen X töten.	**Ist die Konklusion noch haltbar?**

Bitte beachten Sie, 1) dass es mehrere Möglichkeiten gibt, das Argument zu formulieren und 2) dass hier nicht alle möglichen Einwände genannt werden können. Wenn Sie einen anderen Syllogismus geschrieben oder andere Einwände formuliert haben, liegen Sie vermutlich ebenfalls richtig! Vielleicht befragen Sie Ihren Freundeskreis? Und bitte beachten Sie vor allem, dass sich die These (K) auch anders begründen ließe.

Zum Weiterlesen

Sartre, Jean Paul: Ist der Existentialismus ein Humanismus? In: Ders.: *Drei Essays*. Übers. und hg. von Walter Schmiele. Zürich 1973, S. 7–51.

2.10 Das präferenzutilitaristische Argument (Ausblick: Präferenzutilitarismus spätes 20. Jahrhundert)

Ein Problem des Klassischen Utilitarismus (s. ▶ Kapitel 2.5) besteht darin, dass die Vorstellungen von ‚Glück' bei verschiedenen glücksfähigen Wesen erfahrungsgemäß unterschiedlich sind. Deshalb modifiziert der Präferenzutilitarismus das utilitaristische Prinzip dahingehend, dass mit einer moralisch guten Handlung die berechtigten Interessen (Präferenzen) aller von der Handlung Betroffenen in gleicher Weise berücksichtigt sein sollen. Wie weit aber soll der Kreis der Betroffenen gezogen werden? Wenn es um die Frage geht, ob man Schweine essen darf – sollen dann auch die Interessen der Schweine berücksichtigt werden oder die Interessen derer, die am anderen Ende der Welt Soja anbauen und es gern sehen würden, wenn weltweit Tofu statt Schweinefleisch gegessen würde? Und wie soll man entscheiden, welche Interessen berechtigt sind und welche nicht? Das ist schon deshalb schwer zu entscheiden, weil wir die Interessen anderer eigentlich nicht kennen können. Schließlich können wir in andere nicht hineinsehen. Müssen wir raten, wenn es nicht gerade um basale Interessen wie das Interesse an der Abwesenheit von Schmerz geht? Der Präferenzutilitarismus setzt große Hoffnungen auf den unparteilichen Standpunkt eines idealen Entscheiders, den Richard M. Hare (1919–2002) auch als ‚Erzengel' bezeichnet. Die Erzengel kennen keinen Egoismus und sind umfassend klug (rational). Deshalb wissen sie, wer von einer moralischen Entscheidung betroffen ist, welche Interessen die Betroffenen haben und wie die Interessen zu gewichten sind. Erzengel sind allerdings nur ein theoretisches Konstrukt: Wir alle sind offensichtlich keine idealen Entscheider. Aber nach Hare können wir uns ihrem Standpunkt wenigstens annähern.

1. In welchen Situationen sagen Sie, „damit sollten wohl alle zufrieden sein, die das irgendwie etwas angeht"? Was behaupten Sie damit? Wie legen Sie fest, wen Ihre Entscheidung ‚etwas angeht'? Bitte begründen Sie.

Ihr Beispiel:	Betroffen wären:	Nicht betroffen wären:	Nicht sicher sind Sie bei:
	1.	1.	1.
	2.	2.	2.
	3.–x.	3.–x.	3.–x.

2. Stöbern Sie: Was sind ‚Präferenzen'?

3. Der ‚Erzengel' steht bei Richard M. Hare für einen idealen Entscheider, der erstens frei von Egoismus ist und der zweitens alle moralisch relevanten Tatsachen kennt, aus denen gegebenenfalls (im Sinne des Intuitionismus; s. ▶ Kapitel 2.7) Verbote oder Pflichten hervorgehen können. In besonderem Maße ‚moralisch relevant' sind für einen Präferenzutilitaristen die Präferenzen aller Betroffenen und Beteiligten. Stellen Sie sich vor, dass Sie Küchenchef eines großen Betriebs sind. Sie sollen entscheiden, ob ein ‚fleischfreier Tag' eingeführt wird. Welche ‚moralisch relevanten Fakten' müssten Sie berücksichtigen? Auf welche Schwierigkeiten könnten Sie stoßen? Würden Sie selbst zu den Betroffenen gehören?

Betroffene:	Deren Präferenzen sind vermutlich:	Schwierigkeiten:
1.		
2.		
3.–x.		

4. Überlegen Sie: Sind alle möglichen Präferenzen, die moralische Akteure haben können, grundsätzlich gleich zu gewichten? Manche Akteure haben dumme oder sogar böse Präferenzen. Muss man überhaupt ausnahmslos alle Präferenzen als berechtigte Präferenzen in moralischen Entscheidungen berücksichtigen? Hare unterscheidet zwischen gewichtigen und weniger gewichtigen Präferenzen einerseits und zwischen berechtigten und unberechtigten Präferenzen (die man nicht berücksichtigen muss) andererseits. Finden Sie Beispiele.

Beispiele für mögliche Präferenzen	Begründung
Präferenz von (relativ) hohem Gewicht:	
Präferenz von (relativ) niedrigem Gewicht:	
Unberechtigte, weil dumme Präferenz:	
Unberechtigte, weil böse Präferenz:	

Tipp

Zu 2.10.2. Eine ‚Präferenz' ist ein Interesse, das jemand einem anderen Interesse vorziehen würde.

2.10 • Das präferenzutilitaristische Argument (Ausblick: Präferenzutilitarismus spätes 20. Jahrhundert)

5. Nach Hare urteilt die Kunstfigur des ‚Proleten' ausschließlich aufgrund von ‚intuitiven moralischen Prinzipien', die einfach formuliert sind und durch Erziehung erworben werden. Mit diesen Prinzipien kommt man im Alltag in aller Regel gut zurecht. Ein Beispiel wäre die Regel ‚Du sollst nicht töten'. Sobald es aber zu Konflikten bzw. Dilemmata (s. ▶ Kapitel 3.15) zwischen diesen Prinzipien kommt, muss das höherstufige präferenzutilitaristische Prinzip angewandt werden, welche das moralische Urteilen von ‚Erzengeln' bestimmt. Es besagt in etwa: ‚Entscheide den Konflikt so, dass die berechtigten Präferenzen aller von der Entscheidung betroffenen und an der Entscheidung beteiligten präferenzfähigen Wesen angemessen berücksichtigt werden'. Betrachten Sie das Boots-Dilemma von Hare zuerst aus der intuitiven Perspektive des ‚Proleten' und dann aus der präferenzutilitaristischen Perspektive des ‚Erzengels'. Überlegen Sie dann, ob Sie den Konflikt genauso wie der ‚Erzengel' gelöst hätten.

» Ich habe meinen Kindern für heute Nachmittag eine Bootsfahrt mit Picknick auf dem Fluss bei Oxford versprochen; und jetzt taucht ein alter Freund von mir aus Australien auf, der nur noch heute hier ist, und möchte, dass ich ihm und seiner Frau die hiesigen Colleges zeige. (Hare 1992a, S. 71)

Prima-facie-Pflichten	Intuitives moralisches Denken
Erste Prima-facie-Pflicht:	Begründung:
Zweite Prima-facie-Pflicht:	Begründung
Tatsächliche Pflicht	**Utilitaristisches Prinzip**
Erste Präferenz:	Gewicht:
Zweite Präferenz:	Gewicht:
Dritte Präferenz:	Gewicht:
Präferenz 4–x:	Gewicht:
Ihr Urteil:	Begründung:

6. Diskutieren Sie das ‚Geschwisterargument' von R. M. Hare. Es geht um die Frage, ob ein Embryo abgetrieben werden sollte, der mit einer schweren Behinderung zur Welt kommen würde. Analysieren Sie das Argument.

Text	Rekonstruktion	Diskussion
„Wen wir jetzt vor uns haben, ist nicht dieses Kind, sondern der junge Andreas, der zwei Jahre später geboren wird, vollkommen normal, und der im nächsten Sommer die Schule verlassen wird. Obwohl nicht überragend an Begabung, wird er wahrscheinlich ein annehmbar glückliches Leben haben und einen durchschnittlich brauchbaren Beitrag zum Glück anderer beisteuern. […]	Von der Entscheidung betroffen wären (P1):	Tatsächlich sind von der Entscheidung ebenfalls betroffen:

Text	Rekonstruktion	Diskussion
Wenn wir uns unseren möglichen Andreas und seinen möglichen Bruder vorstellen, […] möchte ich vorschlagen, in der Vorstellung einen pränatalen Dialog in einer noumenalen Welt ausführen zu lassen. […] Dann könnte der Dialog etwa so verlaufen.	Gedankenexperiment zur präferenzutilitaristischen Methode:	
Andreas weist darauf hin, dass, wenn der Fötus nicht geboren wird, eine hohe Wahrscheinlichkeit besteht, dass er, Andreas, geboren werden und ein normales und hinlänglich glückliches Leben haben wird.	P2:	
Es besteht natürlich die Möglichkeit, dass die Eltern ihre Meinung ändern, ob sie weitere Kinder haben wollen oder dass ein Elternteil stirbt.	E1 (zu P2):	
Aber nehmen wir an, dass die ziemlich unwahrscheinlich ist und dass keine außergewöhnliche Befürchtung besteht, das nächste Kind werde fehlgebildet sein.	AE1:	
Hierauf könnte der Fötus antworten: ‚Ich bin immerhin so weit gekommen, warum sollte man nicht mir die Chance geben?'	E2:	
Aber die Chance wozu? […] Es zeigt sich, dass eine geringe, aber eben nur eine geringe Chance besteht, dass sich der Fötus, wenn geboren und operiert, in ein normales und, wie zu hoffen, glückliches Kind entwickeln wird; das andererseits eine beträchtliche Wahrscheinlichkeit besteht, dass er trotz der Operation sterben wird; und dass eine nicht geringe Chance besteht, dass er stark behindert überleben wird. […]	AE2:	
Ich [Hare] glaube also nicht, dass das dem Fötus oder erfolglos operierten Neugeborenen durch Töten zugefügte Übel größer ist als das Andreas zugefügte, wenn man ihn daran hindert, gezeugt und geboren zu werden. Tatsächlich ist meiner Meinung nach das Übel viel geringer, denn, im Unterschied zu ihm, hat Andreas eine gute Aussicht auf ein normales und glückliches Leben."	P3:	
	(unausgesprochen) K (T):	
Hare 1992b, S. 378–382	*Bitte beachten Sie, dass der Text gekürzt ist, dass er aus dem Englischen übersetzt wurde und dass man einen philosophischen Text auf verschiedene Weise rekonstruieren kann.*	

2.10 · Das präferenzutilitaristische Argument (Ausblick: Präferenzutilitarismus spätes 20. Jahrhundert)

7. Ein präferenzutilitaristisches moralisches Urteil kann in etwa folgende Form haben:

> Pd1: In der Situation S wären die Wesen W1–x von einer Handlung betroffen.
> Pd2: Die Wesen W1–x haben in der Situation S die Präferenzen Präf1–x.
> Pn1: Mit der Handlung H werden die berechtigten Präferenzen aller Betroffenen und Beteiligten angemessen berücksichtigt.
> Pn2: Man sollte die Handlung tun, welche die berechtigten Interessen aller Betroffenen und Beteiligten angemessen berücksichtigt.
> → T: Man sollte H tun.

Formulieren Sie ein präferenzutilitaristisches Argument als Syllogismus dafür, dass man kein Schweinefleisch essen darf, und antizipieren Sie mögliche Einwände.

Das präferenzutilitaristische moralische Urteil	Mögliche Einwände?
Pd1:	
Pd2:	
Pn1:	
Pn2:	
→ K:	

8. Der Präferenzutilitarist Peter Singer (geb. 1946) gilt als Begründer der modernen Tierethik, weil er für die Berücksichtigung der berechtigten Präferenzen auch von Tieren plädiert. Wer nur menschliche Interessen berücksichtigt, wird von Singer (in Anlehnung an Bezeichnungen wie ‚Rassist' und ‚Sexist') als ‚Speziesist' bezeichnet. Grundsätzlich unterscheidet er drei Arten von Lebewesen: Personales Leben hat Ichbewusstsein und Zeitempfindungen und deshalb die Präferenz, persönlich weiterleben zu wollen, so dass man personales Leben (gesunde erwachsene Menschen, aber auch hochentwickelte Affen und Delphine beispielsweise) nicht töten darf. Bewusste Lebewesen (wie Fische oder Embryonen oder geistig behinderte Menschen oder Embryonen im späten Stadium der Schwangerschaft) darf man nicht quälen, weil sie die Präferenz haben, keine Schmerzen empfinden zu müssen. Mit unbewusstem Leben darf man alles tun, weil es nichts über sich selbst weiß und (angeblich) keine Schmerzen empfindet. Als Beispiele führt Singer Pflanzen und Garnelen an, aber auch komatöse Menschen: Die erste Ausgabe seiner *Practical Ethics* von 1971 hat u. a. deshalb große Proteste hervorgerufen, weil Singer hier von ‚human vegetable' (wörtl. ‚menschliches Gemüse') spricht. Diskutieren Sie folgende Passage und überlegen Sie, wie weit sie sich Singers Position anschließen würden.

Text	Rekonstruktion	Diskussion
„Das Wesentliche am Prinzip gleicher Interessenabwägung besteht darin, dass wir in unseren moralischen Überlegungen den ähnlichen Interessen derer, die von unseren Handlungen betroffen sind, gleiches Gewicht geben. […]	Def. präferenzutilitaristisches Prinzip:	
[Nehmen wir] zum Beispiel unser Interesse an der Linderung von Schmerz. […] Von diesem Standpunkt ist die Rasse unerheblich für die Interessenabwägung; denn das einzige, was zählt, sind die Interessen selbst.	P1:	
Einer spezifizierten Menge an Schmerz deshalb weniger Beachtung zu schenken, weil es sich um Schmerz handelt, der von dem Mitglied einer bestimmten Rasse erfahren wird, würde bedeuten, eine willkürliche Unterscheidung zu treffen. Weshalb die Rasse herausgreifen? Weshalb nicht nach dem Kriterium auswählen, ob jemand in einem Schaltjahr geboren wurde?"	K1 (T1):	
„Einige nichtmenschliche Tiere [Affen, Delphine, Hunde etc.] scheinen sich selbst als distinkte Wesen mit einer Vergangenheit und Zukunft zu betrachten.	P2:	
Das liefert ein unmittelbares Argument gegen ihre Tötung, dessen Triftigkeit mit der Fähigkeit, in die Zukunft gerichtet Wünsche zu haben, korreliert. […]	K2 (T2):	
Haben wir es mit Tieren zu tun, die, soweit wir es beurteilen können, nicht über ein Bewusstsein ihrer selbst verfügen, […] kann man der Ansicht sein, dass […] bewusste, aber nicht selbstbewusste Wesen als untereinander austauschbar betrachtet werden können. […]	P3:	
Das bedeutet, dass es unter einem gewissen Umstand – nämlich dann, wenn Tiere ein angenehmes Leben haben, schmerzlos getötet werden, ihr Tod kein Leid für andere Tiere bedeutet und das Töten des einen Tieres Ersetzung durch ein anderes ermöglicht, das sonst nicht leben würde – kein Unrecht sein mag, Tiere zu töten, die über kein Bewusstsein ihrer selbst verfügen."	K3 (T3):	
„Diejenigen, die gegen Abtreibung protestieren, jedoch regelmäßig das Fleisch von Hühnern, Schweinen und Kälbern verspeisen, können kaum für sich in Anspruch nehmen, Interesse für ‚das Leben' zu haben.	E1:	
Ihr Interesse für Embryonen und Föten lässt lediglich eine Voreingenommenheit bezüglich des Lebens von Mitgliedern unserer eigenen Spezies erkennen. Denn bei jedem fairen Vergleich moralisch relevanter Eigenschaften wie Rationalität, Selbstbewusstsein […] Schmerzempfindung haben das Kalb, das Schwein und das vielverspottete Huhn einen guten Vorsprung vor dem Fötus in jedem Stadium der Schwangerschaft […].	AE1 (bzw. P4):	

2.10 • Das präferenzutilitaristische Argument (Ausblick: Präferenzutilitarismus spätes 20. Jahrhundert)

Text	Rekonstruktion	Diskussion
Ich schlage daher vor, dem Leben eines Fötus keinen größeren Wert zuzubilligen als dem Leben eines nichtmenschlichen Lebewesens auf einer ähnlichen Stufe der Rationalität [...]. Bis ein Fötus eine gewisse Fähigkeit zu bewusstem Erleben besitzt, beendet ein Schwangerschaftsabbruch eine Form der Existenz, die [...] der einer Pflanze [...] vergleichbar ist."	K4 (T4):	
Singer 2013, 52 f., 218 f. 246	*Bitte beachten Sie, dass der Text gekürzt ist, dass er aus dem Englischen übersetzt wurde und dass man einen philosophischen Text auf verschiedene Weise rekonstruieren kann.*	

Zu 2.10.7: Präferenzutilitaristisches moralisches Argument zu der These, dass man kein Schweinefleisch essen darf

Gegen Pd1: Ist die Liste der Betroffenen und Beteiligten unvollständig oder überkomplex?
Gegen Pd2: Manche Betroffene und Beteiligte können zusätzliche oder andere Präferenzen haben.
Gegen Pn1: Wurde eine angemessene Gewichtung der Präferenzen vorgenommen und wurden tatsächlich alle Präferenzen berücksichtigt?
Gegen Pn2: Manche Handlungen sind moralisch verboten, obwohl die Präferenzen von vielen Betroffenen und Beteiligten berücksichtigen würden (z. B. Ausschlachtung eines Menschen zur Organgewinnung).

Pd1: Von der Frage, ob man Schweinefleisch essen darf, sind nicht nur die Konsumenten, die Schlachthöfe und die Schweinezüchter betroffen, sondern auch die Schweine.	E: Betroffen sind auch die Kühe und alle nicht-menschlichen Lebewesen, die nicht geschlachtet werden, wenn statt ihrer Schweine geschlachtet werden.
Pd2: Das Verhalten der Schweine vor der Schlachtung zeigt, dass sie die gewichtige Präferenz haben, nicht geschlachtet zu werden.	E1: Das Panik-Verhalten lässt sich auch durch die räumliche Enge in der sogenannten ‚Schlachtstraße' erklären. E2; Man kann die Präferenzen von Schweinen nicht kennen, weil Schweine nicht reden können.
Pn1: Schweine leiden so extrem, wenn sie gezüchtet und geschlachtet werden, dass das den Genuss der Schweinefleischesser bei weitem überwiegt.	E1: Die Präferenzen von Schweinen fallen gegenüber den Präferenzen von Menschen moralisch nicht ins Gewicht. E2: Man kann auch so schlachten, dass die Schweine vorher nicht in Panik geraten. E3: Schlachthöfe und Schweinezuchtbetriebe müssten Konkurs anmelden.
Pn2: Man sollte die Handlung tun, welche die berechtigten Interessen aller Betroffenen und Beteiligten berücksichtigt.	E1: Es könnte Kulturen geben, in denen das Verzehren von Schweinefleisch zur Religion gehört.
→ K: Man darf keine Schweine schlachten.	**Ist die Konklusion noch haltbar?**

Bitte beachten Sie, 1) dass es mehrere Möglichkeiten gibt, das Argument zu formulieren und 2) dass hier nicht alle möglichen Einwände genannt werden können. Wenn Sie einen anderen Syllogismus geschrieben oder andere Einwände formuliert haben, liegen Sie vermutlich ebenfalls richtig! Vielleicht befragen Sie Ihren Freundeskreis? Und bitte beachten Sie vor allem, dass sich die These (K) auch anders begründen ließe.

Zum Weiterlesen

Hare, Richard M: *Moralisches Denken.* Frankfurt a. M. 1992a.

2.11 Das kontraktualistische Argument (Ausblick: Liberalismus spätes 20. Jahrhundert)

Der Kontraktualismus will eine gerechte Gesellschaft. Wie lässt sich das schaffen? Wenn alle dasselbe zugeteilt bekämen, würden sich diejenigen benachteiligt fühlen, die mehr leisten oder mehr brauchen. Wenn es nur um Leistung ginge, hätte man aber eine ‚kalte' Gesellschaft, die alle abgehängt, die nicht viel leisten können. Nach John Rawls (1921–2002) sollen sich diejenigen, die die Gesellschaft planen, in einen fiktiven Urzustand versetzen, in dem sie nicht wissen, zu welcher gesellschaftlichen Gruppe sie gehören. Hinter diesem ‚Schleier des Nichtwissens' sollen sie die Prinzipien entwickeln, nach denen die Institutionen der Gesellschaft organisiert sein sollen. Vernünftigerweise würden sie sich auf drei Prinzipien einigen. Erstens und vor allem sollten alle dieselben Grundfreiheiten und Grundrechte haben, die niemals außer Kraft gesetzt werden dürfen. Zweitens sollten alle dieselben Chancen haben, sich für gut bezahlte und einflussreiche Jobs zu qualifizieren. Und drittens sollten Vermögenssteigerungen nur gerechtfertigt sein, wenn alle (sprich: auch die ganz Armen) davon profitieren. Nach Rawls sollen solche Prinzipien gewährleisten, dass alle fair behandelt werden. Und das ist wichtig – denn schließlich könnten diejenigen, welche die Prinzipien entwickeln, ja auch zu den ganz Benachteiligten und Bedürftigen der Gesellschaft gehören!

1. Wann sagen Sie „Wir haben uns darauf geeinigt, und deshalb sollten wir es jetzt auch tun!" Finden Sie Beispiele und antizipieren Sie mögliche Einwände.

Ihr Beispiel:

_____

_____

Mögliche Einwände:

_____

_____

2. Sie sollen als Lehrperson einen Regel-Katalog für die Schule entwerfen. Welche Art von Überlegungen müssen Sie anstellen? Wie machen Sie das am besten, damit hinterher möglichst viele bereit sind, sich an die Regeln zu halten? Was würde sich ändern, wenn es sich um eine sehr große Schule mit 800 Schülern handelt? Gibt es Interessengruppen, deren Interessen Sie mehr berücksichtigen würden als die von anderen?

Die Regeln	Betroffene Gruppen	Wären die Gruppen zufrieden?
	1.	
	2.	
	3.	

2.11 · Das kontraktualistische Argument (Ausblick: Liberalismus spätes 20. Jahrhundert)

Die Regeln	Betroffene Gruppen	Wären die Gruppen zufrieden?
	1. 2. 3.	
	1. 2. 3.	
	1. 2. 3.	

3. Für Rawls ist Gerechtigkeit Fairness. Was bedeutet für sie ‚Fairness'? Wann sagen Sie „das ist aber unfair" oder „ich fühle mich unfair behandelt"? Was wird behauptet, wenn mit ‚Fair Trade' geworben wird?

Bedeutung	Ihr Beispiel	Diskussion
‚Fairness' bedeutet:		
Verwandte Begriffe sind:		
Es ist fair, wenn:		
Es ist unfair, wenn:		
‚Fair Trade' bedeutet:		

4. Informieren Sie sich: Was ist (juristisch) ein ‚Vertrag'? Welche Bedingungen müssen erfüllt sein, damit Verträge geschlossen werden können? Wenn ein Vertrag sittenwidrig ist, ist der ungültig. Was bedeutet es, wenn ein Vertrag ‚sittenwidrig' ist? Finden Sie ein Beispiel für einen sittenwidrigen Vertrag.

Ihr Beispiel:

_____

_____

Der Vertrag wäre sittenwidrig, weil:

_____

_____

5. Analysieren Sie den folgenden Textabschnitt aus der *Theory of Justice* von John Rawls aus dem Jahr 1971.

Text	Rekonstruktion	Diskussion
„Die Gerechtigkeit ist die erste Tugend sozialer Institutionen. Noch so gut funktionierende und wohlbestimmte Gesetze und Institutionen [müssen] abgeändert oder abgeschafft werden, wenn sie ungerecht sind.	P1:	
Jeder Mensch besitzt eine aus der Gerechtigkeit entspringende Unverletzlichkeit, die auch im Namen des Wohles der ganzen Gesellschaft nicht aufgehoben werden kann.	P2:	
Daher lässt es die Gerechtigkeit nicht zu, [...] dass Opfer, die einigen wenigen auferlegt werden, durch den größeren Vorteil für andere wettgemacht werden.	K1 (T1):	
Daher gelten in einer gerechten Gesellschaft gleiche Bürgerrechte für alle [...]; die auf der Gerechtigkeit beruhenden Rechte sind kein Gegenstand politischer Verhandlungen oder sozialer Interessenabwägungen. [...]	K2 (T2):	
Der Leitgedanke ist [...], dass sich die ursprüngliche Übereinkunft auf die Gerechtigkeitsgrundsätze für die gesellschaftliche Grundstruktur bezieht. Es sind diejenigen Grundsätze, die freie und vernünftige Menschen in ihrem eigenen Interesse in einer anfänglichen Situation der Gleichheit zur Bestimmung der Grundverhältnisse ihrer Verbindung annehmen würden. Ihnen haben sich alle weiteren Vereinbarungen anzupassen [...]. Die Menschen sollen im voraus entscheiden, wie sie ihre Ansprüche gegeneinander regeln wollen und wie die Gründungsurkunde ihrer Gesellschaft aussehen soll.	Methodische Grundidee:	
Dieser Urzustand wird natürlich nicht als ein wirklicher geschichtlicher Zustand vorgestellt [...]. Er wird als rein theoretische Situation aufgefasst. [...]	Def. Urzustand:	
Zu den wesentlichen Eigenschaften dieser Situation gehört, dass niemand seine Stellung in der Gesellschaft kennt, seine Klasse oder seinen Status, ebenso wenig sein Los bei der Verteilung natürlicher Gaben wie Intelligenz oder Körperkraft.	1. Eigenschaft Urzustand:	
Ich nehme sogar an, dass die Beteiligten ihre Vorstellung vom Guten und ihre besonderen psychologischen Neigungen nicht kennen.	2. Eigenschaft Urzustand:	
Die Grundsätze der Gerechtigkeit werden hinter einem Schleier des Nichtwissens festgelegt. Dies gewährleistet, dass dabei niemand durch die Zufälligkeiten der Natur bevorzugt oder benachteiligt wird. Da sich alle in der gleichen Lage befinden und niemand Grundsätze ausdenken kann, die ihn aufgrund seiner besonderen Verhältnisse bevorzugen, sind die Grundsätze der Gerechtigkeit das Ergebnis einer fairen Übereinkunft oder Verhandlung. [...]".	Funktion Urzustand:	

2.11 · Das kontraktualistische Argument (Ausblick: Liberalismus spätes 20. Jahrhundert)

Text	Rekonstruktion	Diskussion
„*Erster Grundsatz.* Jedermann hat gleiches Recht auf das umfangreiche System gleicher Grundfreiheiten, das mit dem gleichen System für alle anderen verträglich ist.	1. Prinzip:	
Zweiter Grundsatz. Soziale und wirtschaftliche Ungleichheiten sind so zu gestalten, dass a) vernünftigerweise zu erwarten ist, dass sie zu jedermanns Vorteil dienen und b) sie mit Positionen und Ämtern verbunden sind, die jedem offenstehen".	2. Prinzip: (a) (b)	
„*Erste Vorrangregel* (Vorrang der Freiheit). Die Gerechtigkeitsgrundsätze stehen in lexikalischer Ordnung; demgemäß können die Grundfreiheiten nur um der Freiheit willen eingeschränkt werden, und zwar in folgenden Fällen: a) eine weniger umfangreiche Freiheit muss das Gesamtsystem der Freiheiten für alle stärken; b) eine geringere als gleiche Freiheit muss für die davon Betroffenen annehmbar sein.	1. Vorrangregel:	
Zweite Vorrangregel (Vorrang der Gerechtigkeit). Der zweite Gerechtigkeitsgrundsatz ist dem Grundsatz der Leistungsfähigkeit und Nutzenmaximierung lexikalisch vorgeordnet; die faire Chancengleichheit ist dem Unterschiedsprinzip vorgeordnet, und zwar in folgenden Fällen: a) eine Chancen-Ungleichheit muss die Chancen der Benachteiligten verbessern; b) eine besonders hohe Sparrate muss insgesamt die Last der von ihr Betroffenen mildern."	2. Vorrangregel:	
Rawls 1975, S. 20 f., 28 f., 336 f.	*Bitte beachten Sie, dass der Text gekürzt ist, dass er aus dem Englischen übersetzt wurde und dass man einen philosophischen Text auf verschiedene Weise rekonstruieren kann.*	

> **Tipp**
>
> **Zu 2.11.3:** Fairtrade ist ein Siegel, mit dem Waren etikettiert werden, für welche die Hersteller einen Mindestpreis erhalten haben. Der Mindestpreis wird von einer Fair-Trade-Organisation festgelegt, um die globale Ausbeutung von Menschen und Ressourcen einzudämmen.
> **Zu 2.11.4:** Ein Vertrag ist sittenwidrig (und damit ungültig), wenn er etwas festlegt, was mit den gängigen Moralvorstellungen absolut unvereinbar ist. Ein Beispiel wäre ein Vertrag, mit dem man sich selbst in die Sklaverei verkauft.

6. Konstruieren Sie Beispiele für Situationen, in denen sich mit Hilfe der Grundsätze und Vorrangregeln für mehr Gerechtigkeit in einer Gesellschaft sorgen ließe. Überlegen Sie, wer bzw. was geschützt und wer bzw. was eingeschränkt würde. Diskutieren Sie kritisch, ob sie an den Prinzipien und Vorrangregeln festhalten würden.

	Ihr Beispiel:	Geschützt würde:	Eingeschränkt würde:	Diskussion:
Erster Grundsatz: Prinzip der gleichen Grundfreiheiten:				
Zweiter Grundsatz (a) Differenzprinzip				
Zweiter Grundsatz (b) Prinzip der Chancengleichheit				
Vorrang Freiheit:				
Vorrang Gerechtigkeit:				

7. Nach Rawls basiert die Fähigkeit zur Fairness auf bestimmten Fähigkeiten. Sind alle Fähigkeiten erfasst, die Ihrer Ansicht nach vorausgesetzt werden müssen? Kann man diese Fähigkeiten tatsächlich bei allen Menschen voraussetzen? Haben Sie selbst die Fähigkeit?

Die Fähigkeit bzw. der Fokus nach Rawls	Rekonstruktion	Diskussion
1) Die Entscheider hinter dem ‚Schleier des Nichtwissens' wissen, dass alle Menschen Interessen verfolgen wollen, obgleich sie die Interessen konkret nicht kennen.		
2) Die Entscheider sind typische Vertreter bestimmter Gruppen.		
3) Sie sind moralphilosophisch kompetent, weil sie über die Fähigkeiten a) der Intelligenz, b) des Einfühlungsvermögens sowie c) der Fähigkeit zur Selbstdistanz und des Perspektivenwechsels verfügen.		
4) Sie sammeln Urteile, welche die Entscheider zu anderen Fragen überzeugt gefällt haben.		
5) Sie bemühen sich um die Ableitung leitender Prinzipien von „größtmöglicher Einfachheit und Eleganz" aus den einzelnen Urteilen mit dem Ziel, ein kohärentes moralphilosophisches System zu konstruieren.		
6) Sie prüfen die Kohärenz und bemühen sich um die Herstellung eines ‚Überlegungsgleichgewichts' (= Stimmigkeit zwischen einzelnen Moralurteilen und Prinzipien).		
Zusammengefasst nach Rawls 1976, S. 124–138	*Bitte beachten Sie, dass es sich nicht um einen Textauszug, sondern nur um eine sehr geraffte Paraphrase handelt.*	
7) Wichtig wäre Ihnen zusätzlich die Fähigkeit:		

2.11 • Das kontraktualistische Argument (Ausblick: Liberalismus spätes 20. Jahrhundert)

8. Ein kontraktualistisches Argument kann in etwa folgende Form haben:

> Pd1: Weil der Akteur A ein vernünftiges Wesen ist, kann es sowohl Autor als auch Nutznießer eines Gesellschaftsvertrages sein.
> Pd2: Die Handlung H würde das Recht G oder die Chance C für Akteur A gewährleisten (zerstören).
> Pn1: Wenn vernünftige Akteurinnen ihre Stellung in der Gesellschaft nicht kennen, würden sie sich in einem Gesellschaftsvertrag vernünftigerweise darauf einigen, dass das Recht G und die Chance C für alle Mitglieder der Gesellschaft gewährleistet (geschützt) sein sollte.
> Pn2: Es sollte das getan werden, worauf sich vernünftige Akteure im Gesellschaftsvertrag einigen würden.
> → Man sollte H tun (nicht tun).

Entwickeln sie ein kontraktualistisches Argument als Syllogismus für die These, dass die erblindete Erna S. vom Staat ein computergestütztes Lesegerät bekommen sollte.

Das kontraktualistische moralische Urteil	Mögliche Einwände?
Pd1:	
Pd2:	
Pn1:	
PN2:	
→ K:	

8. Schwer geistig behinderte Menschen oder Säuglinge haben die (meisten der) Fähigkeiten nicht, die Rawls hinter dem ‚Schleier des Nichtwissens' voraussetzen muss, damit es zu einer Einigung auf vernünftige Gerechtigkeitsgrundsätze kommen kann. Überlegen Sie: Wie müsste argumentiert werden, damit im Rahmen einer kontraktualistischen Moralauffassung solchen Menschen (und vielleicht sogar Tieren?) Grundrechte eingeräumt werden können?

Betroffene Gruppe	Ihr Argument	Diskussion
Embryonen sollten (keine) Grundrechte haben, weil:		
Schwer geistig behinderte Menschen sollten (keine) Grundrechte haben, weil:		
Tiere sollten (keine) Grundrechte haben, weil:		

9. Analysieren Sie folgenden Text:

Text	Rekonstruktion	Diskussion
„Einer bestimmten Auffassung des Kontraktualismus zufolge sind moralische Regeln solche, auf die sich rationale Akteure hinter einem ‚Schleier des Nichtwissens' einigen würden. […]	P1:	
Es sieht so aus, als würden rationale Vertragschließende denjenigen Menschen, die *keine* rationalen Akteure sind (zum Beispiel Kleinkindern und dementen alten Menschen) nicht automatisch diejenige moralische Relevanz zusprechen, die sie sich untereinander zubilligen. […]	Gegenposition:	
Wenn überhaupt etwas zur menschlichen Natur zählt […] gehört die tiefe Bindung von Menschen zu ihren Kindern und zu ihren betagten Verwandten sicherlich dazu. […]	P2:	
Die, deren nahe Angehörigen in Gefahr wären, würden sich […] sicherlich mit Gewalt zur Wehr setzen.	(noch einmal) P2:	
Weil solche Entwicklungen vorhersehbar sind, sollten rationale VertragspartnerInnen darin übereinkommen, dass allen Menschen moralischer Status zugebilligt wird […], seien es Säuglinge, Kinder, Erwachsene, Alte oder Demente. […]	K1 (T1):	
Viele Menschen sorgen sich natürlich sehr um ihre Haustiere und man könnte von rationalen Vertragschließenden erwarten, dass sie das wissen. […]	E1:	
[Allerdings steht nicht fest], ob das Halten von und die Bindung an Haustiere etwas allgemein Menschliches ist (im Gegensatz zur Sorge um das Schicksal von Kleinkindern und betagten Verwandten). […]	A1E1:	
[Außerdem] ist die emotionale Bindung zu Haustieren kaum jemals so tief wie die zu einem Angehörigen. […]	A2E2:	
Rawls Schleier des Nichtwissens ist darauf angelegt, die Berücksichtigung von Faktoren auszuschließen, die moralisch irrelevant sind. […] Der moralische Status einer Person sollte nicht von solchen Größen wie ihrem Alter, Geschlecht oder ihrer Rasse abhängig sein […]. Im Gegensatz dazu halten wir (das heißt, die meisten von uns) die Spezieszugehörigkeit nicht für moralisch irrelevant.	A3E3:	
Ich ziehe daraus die Schlussfolgerung, dass ein solcher Status [moralischer Status] den Tieren verweigert werden sollte."	K2 (T2):	
Carruthers 2014, S. 219–233	*Bitte beachten Sie, dass der Text gekürzt ist, dass er aus dem Englischen übersetzt wurde und dass man einen philosophischen Text auf verschiedene Weise rekonstruieren kann.*	

Zu 2.11.7: Kontraktualistisches Argument dafür, dass alle blinden Menschen ein computergestütztes Lesegerät erhalten sollten

Gegen Pd1: Ist Akteur A tatsächlich ein Wesen des Typs W?
Gegen Pd2: Würde Handlung H das Recht G oder die Chance C tatsächlich gewährleisten?
Gegen Pn1: Könnte eine Gruppe von vernünftigen Akteurinnen andere Prioritäten setzen?
Gegen Pn2: Gibt es konkurrierende Rechte, die Vorrang vor dem Recht G oder der Chance C hätten?

Pd1: Erna ist ein vernünftiges Wesen.	E1: Ist Erna tatsächlich ein vernünftiges Wesen? Oder ist Erna ein Kanarienvogel beispielsweise?
Pd2: Weil Erna erblindet ist, kann sie nur mit einem computergestützten Lesegerät lesen.	E1: Gibt es die einschlägigen Texte in Blindenschrift? E2: Kann Erna tatsächlich nur mit einem Lesegerät lesen oder gäbe es andere (weniger kostenaufwändige) Hilfsmittel?
Pn1: Man sollte sich in einem Gesellschaftsvertrag vernünftigerweise darauf einigen, dass alle Menschen die Möglichkeit der Erschließung von Texten haben, weil das eine notwendige Voraussetzung für gesellschaftliche Teilhabe und berufliche Qualifizierung ist	E1: Sind Lesefähigkeiten wirklich so essentiell für gesellschaftliche Teilhabe und/oder berufliche Qualifizierung? E2: Könnte Erna sich über andere Medien ausreichend qualifizieren oder informieren?
Pn2: Es sollte getan werden, worauf sich vernünftige Akteure in einem Gesellschaftsvertrag vernünftigerweise einigen sollten.	E1: Sind wichtigere Rechte (von Erna oder anderen) gefährdet? E2: Gibt es Umstände (wie z. B. in Zeiten von Naturkatastrophen), unter denen andere Rechte gesellschaftlichen Vorrang haben sollten?
→ K: Der Staat sollte Erna ein computergestütztes Lesegerät zur Verfügung stellen.	Ist die Konklusion haltbar? Wenn nicht, prüfen Sie bitte noch einmal die Prämissen.

Bitte beachten Sie, 1) dass es mehrere Möglichkeiten gibt, das Argument zu formulieren und 2) dass hier nicht alle möglichen Einwände genannt werden können. Wenn Sie einen anderen Syllogismus geschrieben oder andere Einwände formuliert haben, liegen Sie vermutlich ebenfalls richtig! Vielleicht befragen Sie Ihren Freundeskreis? Und bitte beachten Sie vor allem, dass sich die These (K) auch anders begründen ließe.

> **Zum Weiterlesen**
> Rawls, John: *Eine Theorie der Gerechtigkeit*. Frankfurt a. M. 1975.

2.12 Das Argument der allgemeinen Anerkennung (Ausblick: Diskursethik spätes 20. Jahrhundert)

Die Diskursethik von Jürgen Habermas (die er zusammen mit Karl-Otto Apel entwickelt hat) unterscheidet zwischen objektiven Wahrheiten, subjektiven Werten und gültigen moralischen Normen. Normen sind gültig, wenn sie universalisierbar in dem Sinne sind, dass sich alle Betroffenen in einem Diskurs durch rationale Gründe von der Gültigkeit der Norm überzeugen lassen sollten. Im Diskurs gilt ausschließlich der ‚zwanglose Zwang des besten Arguments' und nichts anderes. Deshalb muss der Diskurs ein ‚herrschaftsfreier Diskurs' sein. Das heißt, dass alle Betroffenen unabhängig von ihrer sozialen Stellung oder ihrem Bildungsgrad mitreden dürfen; dass niemand manipulative Absichten haben darf; und dass alle Beteiligten ernst genommen werden müssen. Das sind anspruchsvolle Anforderungen, die aber ausdrücklich nicht nur in der Moralphilosophie, sondern auch im öffentlichen Diskurs über konkrete politische Entscheidungen befolgt werden sollen.

1. Überlegen Sie: In welchen Situationen sagen Sie, „Bei dieser Entscheidung muss jeder mitreden können! Und wenn jemand das Problem nicht versteht, müssen wir es eben erklären!"? Bitte begründen Sie.

Ihr Beispiel:

_____

_____

Begründung

_____

_____

Mögliche Einwände

_____

_____

2. Weil auf die Frage ‚Was soll ich tun' (s. ▶ Kapitel 1.1) nach Habermas drei verschiedene Antworten gegeben werden können, unterscheidet er drei Leistungen der Praktischen Vernunft. Finden Sie Beispiele und beachten Sie, dass es sich um die Leistungen der Praktischen Vernunft handeln soll.

Text	Rekonstruktion	Ihr Beispiel	Diskussion
„Praktische Probleme […] müssen bewältigt werden. […] Es geht um eine rationale Wahl der Mittel bei gegebenen Zwecken oder um die Abwägung der Ziele bei bestehenden Präferenzen. Unser Wille ist faktisch durch Wünsche und Werte schon festgelegt: Für weitere Bestimmungen offen ist er nur noch im Hinblick auf Alternativen der Mittelwahl bzw. der Zielsetzung."	Def. pragmatische Leistung:		
Bei anderen Entscheidungen „verbindet sich die Wahl […] mit der Frage nach den ‚Neigungen' oder danach, wofür man sich interessiert […]. Je radikaler sich diese Frage stellt, umso mehr spitzt sie sich auf das Problem zu, welches Leben man führen möchte […] und welche Person man ist und zugleich sein möchte." Es geht um „gravierende Wertentscheidungen", die sich letztlich „am höchsten Gut einer autarken, ihren Wert in sich tragenden Lebensführung" orientieren.	Def. ethische Leistung:		

2.12 · Das Argument der allgemeinen Anerkennung (Ausblick: Diskursethik spätes 20. Jahrhundert)

Text	Rekonstruktion	Ihr Beispiel	Diskussion
„Die Frage ‚Was soll ich tun?' verändert ein weiteres Mal ihren Sinn, sobald meine Handlungen die Interessen anderer berühren und zu Konflikten führen, die unparteilich, also unter moralischen Gesichtspunkten geregelt werden sollten."	Def. moralische Leistung:		
Fehlt Ihnen eine Leistung?			
Habermas 1991, S. 101–108	*Bitte beachten Sie, dass der Text gekürzt ist.*		

3. Stöbern Sie: Was sind ‚Normen' und was sind ‚Werte' nach Habermas?

4. Deskriptive Sätze sind wahr oder falsch; normative Sätze sind gültig bzw. unstrittig, wenn sie allgemeine Anerkennung verdienen, weil sie sich durch vernünftige Gründe ausreichend rechtfertigen lassen (s. ▶ Abschn. 1.5.2). Zur Gültigkeit von Normen heißt es bei Habermas: „Erst der Anspruch auf allgemeine Geltung verleiht einem Interesse, einem Willen oder einer Norm die Würde moralischer Autorität." (Habermas 1983, S. 58). Habermas spricht auch vom ‚wahrheitsanalogen' Anspruch von Normen. Was könnte das bedeuten?

Im Gegensatz zu Aussagen über Fakten können Normen nach Habermas lediglich einen wahrheitsanalogen Anspruch auf allgemeine Geltung erheben, weil:

_____

_____

5. Weil es um konkrete Menschen mit individuellen Lebensentwürfen und Werten geht (und nicht um abstrakte Kunstfiguren, die auf ihre Vernünftigkeit reduziert werden könnten), plädiert Habermas gegen streng ‚universalistische Moralphilosophien' (s. ▶ Kapitel 2.4 und 2.11) für eine kontextualistische Berücksichtigung der in einer Gesellschaft vorherrschenden Werte als mögliche Rechtfertigungsgründe für moralische Normen. Überlegen Sie, welche Werte unserer Gesellschaft im Normendiskurs berücksichtigt werden sollten.

In unserer Gesellschaft sind folgende Werte den meisten besonders wichtig:	Betroffen wäre(n) die moralische(n) Norm(en):	Sie würden die Berücksichtigung des Werts (nicht) verteidigen, weil:
W1:		
W2:		
W3:		

6. Für Habermas muss die Verständigung über die Gültigkeit von Normen (bzw. ihre vernünftige Rechtfertigung) in ‚herrschaftsfreien Diskursen' stattfinden. In vielen Bereichen des Lebens werden die Diskurse jedoch durch Machtverhältnisse und Hierarchien gestört. Die von der Diskursethik aufgestellten Diskursregeln (s. ▶ Abschn. 2.12.8) dienen u. a. dazu, solche Machtverhältnisse

zu neutralisieren. Listen Sie Faktoren auf, durch die sich Diskurse unfair und ungleich gestalten. Überlegen Sie, welche Maßnahmen dagegen ergriffen werden könnten.

Faktor:	Ihre Gegenmaßnahme:

7. Stellen Sie sich vor, dass Sie sich in Ihrer Wohngemeinschaft auf Regeln des Zusammenlebens einigen möchten. Welche Regeln würden Sie (nicht für Ihr Zusammenleben selbst, sondern) für ein Gespräch dazu aufstellen? Begründen Sie.

Ihre Regeln:	Begründung:

> **Tipp**
>
> **Zu 2.12.3:** Ein ‚Wert' ist für Habermas etwas, das eine Person für sich selbst mit Blick auf ihre individuelle Vorstellung von einem geglückten Leben subjektiv für gut hält (s. ▶ Abschn. 1.3.5). Im Gegensatz dazu sind moralische Normen objektiv gültige Handlungsregeln, die in dem Sinne universalisierbar sind, dass sie „die Anerkennung von Seiten *aller* Betroffenen *verdienen*", weil sie sich mit vernünftigen Gründen rechtfertigen lassen. Festgestellt bzw. ausgehandelt wird das im realen ‚herrschaftsfreien Diskurs': „Ob eine strittige Norm für jeden Betroffenen gleichermaßen gut ist, ist eine Frage, die nach pragmatischen Regeln in der Form eines realen Diskurses entschieden werden muss" (Habermas 1983, S. 79).
> **Zu 2.12.4:** Anders als deskriptive Prämissen können Normen lediglich einen ‚wahrheitsanalogen' Anspruch erheben, weil man Normen lediglich mit vernünftigen Gründen rechtfertigen, aber ihre Wahrheit nicht beweisen kann.

8. Habermas unterscheidet Diskursregeln auf drei Ebenen. Überlegen Sie, was mit den Regeln bewirkt werden soll. Diskutieren Sie anschließend, ob der Regel-Katalog für eine ‚herrschaftsfreie' Beteiligung aller Betroffenen am öffentlichen Normendiskurs zielführend und vollständig ist.

2.12 • Das Argument der allgemeinen Anerkennung (Ausblick: Diskursethik spätes 20. Jahrhundert)

Ebene	Regel	Rekonstruktion	Diskussion
1. „Logische Ebene der Produkte"	„Vorausgesetzt werden auf dieser Ebene logische und semantische Regeln, die keinen ethischen Gehalt haben."	1.	
	„Kein Sprecher darf sich widersprechen"	1.1.	
	„Jeder Sprecher, der ein Prädikat F auf einen Gegenstand a anwendet, muss bereit sein, F auf jeden anderen Gegenstand, der a in allen relevanten Hinsichten gleicht, anzuwenden."	1.2.	
	„Verschiedene Sprecher dürfen den gleichen Ausdruck nicht mit verschiedenen Bedeutungen benutzen."	1.3.	
Fehlt Ihnen eine Regel?			
2. „Dialektische Ebene der Prozeduren"	Hier geht es um die gemeinsame Prüfung von Geltungsansprüchen bzw. um eine „als Wettbewerb eingerichtete kooperative Wahrheitssuche".	2.	
	„Jeder Sprecher darf nur das behaupten, was er selbst glaubt."	2.1.	
	„Wer eine Aussage oder Norm, die nicht Gegenstand der Diskussion ist, angreift, muss hierfür einen Grund angeben."	2.2.	
Fehlt Ihnen eine Regel?			
3. „rhetorische Ebene der Prozesse".	Hier geht es um die „ideale Sprechsituation" mit Blick auf die „unbegrenzte Kommunikationsgemeinschaft" aller vernünftigen Wesen.	3.	
	„Jedes sprach- und handlungsfähige Subjekt darf an Diskursen teilnehmen."	3.1.	
	„Jeder darf jede Behauptung problematisieren."	3.2.	
	„Jeder darf jede Behauptung in den Diskurs einführen."	3.3.	
	„Jeder darf seine Einstellungen, Wünsche und Bedürfnisse äußern."	3.4.	
	„Kein Sprecher darf durch innerhalb oder außerhalb des Diskurses herrschenden Zwang daran gehindert werden, seine festgelegten Rechte [s. o. 3.1–4; Erläuterung MLR] wahrzunehmen."	3.5.	

Ebene	Regel	Rekonstruktion	Diskussion
Fehlt Ihnen eine Regel?			
Habermas 1983, S. 97 ff.	*Bitte beachten Sie, dass der Text aus dem Kontext gerissen und gekürzt ist.*		

9. Weil man manchmal nicht alle Betroffenen und Beteiligten direkt fragen kann, kann eine „unparteiliche Urteilsbildung" nach Habermas einen „universellen Rollentausch" erfordern. Dieser „zwingt *jeden* im Kreise der Betroffenen", bei „der Interessenabwägung die Perspektive *aller anderen* einzunehmen" (Habermas 1983, S. 75). Erinnern Sie sich an Ihre WG-Diskussion: Was bedeutet die Forderung des universalen Rollentauschs? Stellen Sie sich vor, dass ein WG-Mitglied nicht teilnehmen konnte. Aber überlegen Sie auch, warum Habermas von einem ‚universalen' Rollentausch spricht.

Man nimmt in der WG-Diskussion einen ‚Rollentausch' vor, indem man:

_____

_____

Man nimmt einen ‚universalen Rollentausch' vor, indem man:

_____

_____

10. Stöbern Sie: Was ist ein ‚performativer Selbstwiderspruch'? Zwischen Habermas und Apel besteht Konsens darüber, dass die Diskursregeln objektiv gültig (bzw. ‚unhintergehbar') sind, weil man sich in einen performativen Selbstwiderspruch begeben würde, wenn man in einen Diskurs eintreten würde, um die Regeln zu bestreiten. Was könnte das bedeuten?

Man begibt sich in einen performativen Selbstwiderspruch, wenn man eine Diskursregel im Diskurs zu bestreiten versucht, weil:

_____

_____

11. Knapp zusammengefasst lautet die Grundidee der Diskursethik folgendermaßen: „Eine Diskursethik steht und fällt also mit den beiden Annahmen, dass (a) normative Geltungsansprüche einen kognitiven Sinn haben und *wie* Wahrheitsansprüche behandelt werden können, und dass (b) die Begründung von Normen und Geboten die Durchführung eines realen Diskurses verlangt und *letztlich* nicht monologisch, in der Form einer im Geiste hypothetisch durchgespielten Argumentation möglich ist." (Habermas 1983, S. 78). Überlegen Sie: Was unterscheidet das diskursethische Prinzip der allgemeinen Anerkennung einer Norm im realen Diskurs aus vernünftigen Gründen von den Prinzipien der Goldenen Regel und des Kategorischen Imperativs (s. ▶ Kapitel 2.4)?

2.12 · Das Argument der allgemeinen Anerkennung (Ausblick: Diskursethik spätes 20. Jahrhundert)

Das Prinzip	Was berücksichtigen Sie?	Was berücksichtigen Sie nicht?
Goldene Regel: Was Du nicht willst, das man Dir tu, das füg auch keinem anderen zu.		
Kategorischer Imperativ: „Handele nur nach derjenigen Maxime, von der Du zugleich wollen kannst, dass sie allgemeines Gesetz werde." (Kant 1956: GMS, S. 68)		
Die *Diskursethik* kann „auf den sparsamen Grundsatz ‚D' gebracht werden, daß nur die Normen Geltung beanspruchen dürfen, die die Zustimmung aller Betroffenen als Teilnehmer eines praktischen Diskurses finden (oder finden könnten)." (Habermas 1983, S. 103)		

12. Ein diskursethisches Argument kann in etwa folgende Form haben:

> Pd: In der Situation S steht die Frage im Raum, ob die Handlung H getan werden sollte.
> Pn1: Die Handlung wäre gemäß der Norm N geboten (verboten).
> Pn2: Die Norm N ist gültig (nicht gültig), weil sie sich im herrschaftsfreien Diskurs (nicht) mit vernünftigen Gründen rechtfertigen ließe und deshalb (keine) allgemeine Anerkennung verdient.
> → K: Die Handlung H sollte in der Situation S (nicht) getan werden.

Bitte stellen Sie ein diskursethisches Argument dafür, dass das Sozialamt (bzw. der Staat) die Kosten für einen Internet-Anschluss der Sozialhilfeempfängerin Xara Müller bezahlen muss, als Syllogismus dar.

Syllogismus	Standard-Einwände
Pd1:	
Pd2:	
Pn1:	
Pn2:	
K:	

> **Tipp**
>
> **Zu 2.12.10:** Man begibt sich in einen ‚performativen Selbstwiderspruch', wenn man mit einer Äußerung inhaltlich etwas bestreitet, was man faktisch beansprucht, indem man die Äußerung macht. Ein Beispiel wäre es, wenn jemand sagt ‚ich kann nicht sprechen', weil jemand offensichtlich spricht, wenn er diesen Satz sagt.

13. Ein Standardeinwand gegen die Diskursethik lautet, dass manche Wesen (wie menschliche Säuglinge, hirngeschädigte Menschen oder Tiere) keinen moralischen Status zu haben scheinen, weil sie am Diskurs nicht teilnehmen können. Micha H. Werner verteidigt die Diskursethik gegen diesen Einwand. Analysieren Sie seinen Argumentationsgang.

Text	Rekonstruktion	Diskussion
„Krebs nimmt an, dass die Diskursethik Verpflichtungen ausschließlich gegenüber solchen Wesen begründen könne, die aktuell argumentationsfähig sind. […] Die Sorge für ‚Kleinkinder, Föten, gewisse Schwerstgeistigbehinderte, gewisse senile Alte' könne diskursethisch nicht begründet werden. […]	E (Werner zitiert Krebs 1995, 323 f.):	
Man könnte an ihnen zum Beispiel schmerzhafte medizinische Versuche vornehmen oder sie gar, da sie schließlich oft eine Last darstellen, umbringen."	z. B. zu E:	
„Meine These ist, dass die Diskursethik jedenfalls keine größeren Schwierigkeiten hat", dieses Problem „auf akzeptable Weise zu lösen, als dies im Rahmen anderer ethischer Konzeptionen auch der Fall ist."	AE (= T):	
„Zwar muss man eindeutig folgendes konzedieren: Eine schlechthin unbestreitbare ja nicht einmal sinnvoll bezweifelbare Begründung einer Anerkennung als moralisches Co-Subjekt gelingt der Diskursethik ausschließlich solchen Wesen gegenüber, die argumentieren könnten."	A1E (= T1)	
„Zu fragen ist aber erstens, wie in der Formulierung ‚Wesen, die argumentieren könnten' das Potentialitätswörtchen ‚könnten' verstanden werden muss. […] Die erste Frage wird auch unter den Vertreterinnen und Vertretern der Diskursethik unterschiedlich beantwortet. Ich persönlich meine, wir können die Anerkennung all derjenigen Wesen als gleichberechtigte Moralsubjekte unwidersprechlich begründen, bei denen wir Grund für die Annahme haben, dass sie – jetzt oder später – wirklich argumentieren können. Dies gilt beispielsweise für Kleinkinder oder Komatöse, bei denen eine Erweckung aus dem Koma nicht völlig ausgeschlossen werden kann. Solchen zukünftig potentiell argumentationsfähigen Wesen die moralische Anerkennung zu versagen, würde einen pragmatischen Selbstwiderspruch implizieren, denn da wir zwingend verpflichtet sind, uns um die universelle argumentative Akzeptabilität unserer Äußerungen zu bemühen, müssen wir gegebenenfalls antizipativ und advokatorisch auch diejenigen Argumente in unsere Entscheidung einbeziehen, die von anderen zukünftig vorgebracht werden könnten. Keinesfalls dürfen wir Argumente deswegen unberücksichtigt lassen, weil wir die Möglichkeit haben zu verhindern, dass sie geäußert werden."	A2E (= T2)	

2.12 · Das Argument der allgemeinen Anerkennung (Ausblick: Diskursethik spätes 20. Jahrhundert)

Text	Rekonstruktion	Diskussion
„Aber wie steht es mit Hirntoten, mit Patienten, die am apallischen Syndrom leiden oder zum Beispiel auch mit Schwerstbehinderten, denen die kognitiven Fähigkeiten, die zur Argumentationsteilnahme erforderlich sind, für immer fehlen werden? [...] Die Diskursethik kann meines Erachtens tatsächlich nicht zwingend ‚letztbegründen', daß wir Hirntote, Schwerstgeschädigte und andere für immer argumentationsunfähige Menschen als gleichberechtigte Mitglieder des Moralischen Universums anerkennen müßten." [...] Dennoch sind „argumentationsunfähige Menschen" für eine Diskursethik nicht „zwangsläufig völlig rechtlos. [...] Die Diskursethik gebietet ja eine Orientierung an solchen Normen, denen alle Vernunftwesen zustimmen können müssten, wenn sie alle sinnvollen Argumente geprüft hätten. Krebs hätte also nur dann recht, wenn die Norm ‚mit irreversibel komatösen, mit Schwerstbehinderten und Hirntoten, dürfen wir tun, was uns beliebt', argumentativ konsensfähig wäre. Das erscheint jedoch auf Anhieb als höchst unwahrscheinlich."	A3E (= T3)	
Werner 1997, o. S. (zitiert aus dem Internet)	*Bitte beachten Sie, dass der Text gekürzt ist und dass man einen philosophischen Text auf verschiedene Weise rekonstruieren kann.*	

14. In einer säkularen Gesellschaft sind manche der irrigen Annahme, dass religiöse Menschen irrational sind, weil sich die Wahrheit von religiösen Überzeugungen nicht beweisen lässt (s. ▶ Abschn. 2.8.8). Sollten religiöse Menschen deshalb vom öffentlichen Diskurs ausgeschlossen werden, weil es hier ja mit dem ‚zwanglosen Zwang des besten Arguments' um die Anerkennung von Normen aus vernünftigen Gründen gehen soll? Habermas ist anderer Ansicht. Analysieren Sie seinen Argumentationsgang.

Text	Rekonstruktion	Diskussion
„Am 11. September ist die Spannung zwischen säkularer Gesellschaft und Religion explodiert".	Ausgangssituation:	
Zu setzen wäre auf „die zivilisierende Rolle eines demokratisch aufgeklärten Commonsense, der sich im kulturkämpferischen Stimmengewirr gleichsam als dritte Partei zwischen Wissenschaft und Religion seinen Weg bahnt."	T:	
„Der demokratisch aufgeklärte Commonsense ist kein Singular, sondern beschreibt die mentale Verfassung einer *vielstimmigen* Öffentlichkeit."	P1:	
„Im Hintergrund steht das Bild von Personen, die voneinander Rechenschaft fordern können,	P2:	
die von Haus aus in normativ geregelte Interaktionen verwickelt sind	P3:	

Text	Rekonstruktion	Diskussion
und sich in einem normativen Universum öffentlicher Gründe begegnen."	P4	
	(unausgesprochen) E1:	
„Verhärtete Orthodoxien gibt es im Westen ebenso wie im Fernen Osten, unter Christen und Juden ebenso wie unter Moslems".	AE1:	
	(unausgesprochen) E2:	
„Die Grenze zwischen säkularen und religiösen Gründen ist […] fließend. […]	A1E2:	
Beispielsweise berufen sich in der Debatte manche auf Moses 1.27: ‚Gott schuf dem Menschen ihm zum Bilde.' […] Diese Geschöpflichkeit des Ebenbildes drückt eine Intuition aus, die in unserem Zusammenhang [d. i. die Frage, ob in menschliches Erbgut eingegriffen werden darf; Erläuterung MLR] auch den religiös Unmusikalischen etwas sagt". Schließlich lässt sich auch hier die Überzeugung verteidigen, dass „ein Mensch" einen „anderen Menschen" nicht „*nach eigenem Belieben* in seinem natürlichen Sosein" festlegen darf, wenn er „dafür einen Konsens mit dem betroffenen Anderen" nicht „wenigstens kontrafaktisch [d. i. im Gegensatz dazu, was der Fall ist; Erläuterung MLR] unterstellen" kann.	z. B. für A1E2:	
Die religiösen Menschen „sind es, die ihre religiösen Überzeugungen in eine säkulare Sprache übersetzen müssen, bevor ihre Argumente Aussicht haben, die Zustimmung von Mehrheiten zu finden."	A2E2:	
	(unausgesprochen) K:	
Habermas 2001, S. 9, 13, 22, 19, 11, 29 f., 21	*Bitte beachten Sie, dass der Text gekürzt ist und dass man einen philosophischen Text auf verschiedene Weise rekonstruieren kann.*	

Zu 2.12.12: Ein diskursethisches Argument dafür, dass das Sozialamt der Sozialhilfeempfängerin Xara Müller einen Internet-Anschluss bezahlen sollte.

Gegen Pd: Sind die Handlung H und die Situation S angemessen beschrieben?
Gegen Pn1: Ist die Norm N einschlägig? Besteht vielleicht ein moralisches Dilemma (s. ▶ Kapitel 3.15), weil noch eine andere Norm einschlägig ist?
Gegen Pn2: Könnte die Zustimmung zur Gültigkeit von Norm N mit vernünftigen Gründen verweigert werden?

Pd1: Weil X Sozialhilfeempfängerin ist, kann sie sich keinen Internet-Anschluss leisten.	E1: Ist X wirklich Sozialhilfeempfängerin? E2: Kann sie sich tatsächlich keinen Internet-Anschluss leisten?
Pd2: Ohne Internet-Anschluss kann sich X nicht ausreichend informieren, um kompetent am öffentlichen Diskurs teilnehmen zu können.	E1: Gibt es andere Informationsmöglichkeiten als das Internet? E2: Wird das Internet von X zu Zwecken genutzt, die nichts mit Information zu tun haben?

2.13 • Nearest-and-Dearest-Argument (Ausblick: Care-Ethik/feministische Ethik spätes 20. Jahrhundert)

Pn1: Das Sozialamt soll dafür sorgen, dass alle mündigen Bürger am öffentlichen Diskurs teilnehmen können.	E1: Muss das Sozialamt tatsächlich für eine Teilnahme am öffentlichen Diskurs sorgen? E2: Wäre ein Internet-Anschluss Luxus? E3: Sollten bestimmte Leistungen für die Teilnahme am öffentlichen Diskurs verlangt werden? Muss man sich das vielleicht ‚verdienen'?
Pn2: Dieser Aufgabe des Sozialamts würde eine Diskursgemeinschaft im herrschaftsfreien Diskurs aus vernünftigen Gründen zustimmen.	E1: Wer stellt fest bzw. wie wird festgestellt, was vernünftige Gründe sind? E2: Sind die Gründe für konkurrierende Normen berücksichtigt? Muss das Sozialamt vielleicht auch Leistungsanreize schaffen? E3: Ist die Aufgabenzuteilung an das Sozialamt tatsächlich so gut begründet, dass sie allgemeine Anerkennung bzw. Zustimmung im herrschaftsfreien Diskurs verdient?
→ K: Das Sozialamt sollte X den Internet-Anschluss bezahlen.	**Ist die Konklusion noch haltbar?**

Bitte beachten Sie, 1) dass es mehrere Möglichkeiten gibt, das Argument zu formulieren und 2) dass hier nicht alle möglichen Einwände genannt werden können. Wenn Sie einen anderen Syllogismus geschrieben oder andere Einwände formuliert haben, liegen Sie vermutlich ebenfalls richtig! Vielleicht befragen Sie Ihren Freundeskreis?

> **Zum Weiterlesen**
> Habermas, Jürgen: *Glauben und Wissen.* Frankfurt a. M. 2001.

2.13 Das Nearest-and-Dearest-Argument (Ausblick: Care-Ethik und feministische Ethik spätes 20. Jahrhundert)

Für die Care-Ethik (dt. Ethik der Fürsorge oder Ethik der Achtsamkeit) ergeben sich aus engen persönlichen Beziehungen besondere moralische Verantwortungen und Verpflichtungen. Deshalb darf man nahestehenden Menschen (das gilt insb. für Familienmitglieder) im Zweifelsfall nicht nur moralischen Vorrang einräumen, sondern man *sollte* das sogar tun. Es sind traditionellerweise die weiblichen Mitglieder einer Familie, welche die sogenannte ‚Familienarbeit' leisten und sich um Kinder und Pflegebedürftige kümmern. Deshalb wurde die sogenannte Fürsorge-Moral in den 1980er Jahren als ‚weibliche' Moral gegenüber einer angeblich ‚männlichen' Gerechtigkeitsmoral diskutiert. Mittlerweile erheben die meisten Care-Ethiken jedoch einen geschlechterübergreifenden Anspruch, wenn sie die Fürsorge-Moral als eigenständige Form der Moral verteidigen.

1. In welcher Situation sagen Sie „Blut ist dicker als Wasser – kümmere Dich als erstes um Deine Leute!" Mit welchen Reaktionen rechnen Sie?

Ihr Beispiel:

_____

_____

Begründung:

_____

_____

Mögliche Reaktionen:

_____

_____

2. Die Care-Ethik basiert auf dem moralphilosophischen Prinzip „Nearest and Dearest". Stöbern Sie: Was besagt dieses Prinzip? Finden Sie eine griffige deutsche Übersetzung.

Das Prinzip besagt:	
Eine deutsche Übersetzung könnte lauten:	

3. Obwohl die Formulierung nicht fällt, wird das Prinzip „Nearest and Dearest" der Sache nach schon auf Aristoteles (s. ▶ Kapitel 2.1) zurückgeführt. Diskutieren Sie sein Beispiel. Dürfen moralische Urteile tatsächlich so parteilich sein? Begründen Sie.

» Muss zum Beispiel derjenige, der durch ein Lösegeld von Räubern befreit wurde, wiederum seinen Befreier loskaufen, wer immer das ist, und muss er ihm das Geld zurückzahlen, wenn dieser nicht in Gefangenschaft ist, aber das Geld verlangt, oder soll er seinen Vater loskaufen? Man sollte meinen, dass man seinen Vater sogar noch eher loskaufen soll als sich selbst. (Aristoteles 2008: NE, 1064b32–1065a2)

	Moralische Entscheidung	Begründung	Einwände?
Für Aristoteles gilt:			
Ein Deontologe würde:			
Sie würden:			

4. Überlegen Sie: Welche Arten von ‚besonders engen Beziehungen' kennen Sie? Welche Erwartungen könnten sich daraus ergeben? Welche Erwartungen sollten sich nicht ergeben? Diskutieren Sie zwei Beispiele.

Beziehung:	Berechtigte Erwartungen:	Begründung:	Unberechtigte Erwartungen:	Begründung:

5. Vielleicht kennen Sie den Song von Tim Bendzko? Stellen Sie sich vor, dass der Sprecher und der Angesprochene in einer engen persönlichen Beziehung stehen, weil sie Freunde, Lebenspartner oder eng verwandt sind. Erfinden Sie eine Situation, in der jemand so reagiert. Auf welche Seite würden Sie sich schlagen? Auf die Seite des Sprechers oder des Angesprochenen?

2.13 • Nearest-and-Dearest-Argument (Ausblick: Care-Ethik/feministische Ethik spätes 20. Jahrhundert)

> Ich wär' so gern dabei gewesen, doch ich hab' viel zu viel zu tun.
> Lass uns später weiter reden. Da draußen brauchen sie mich jetzt.
> Die Situation wird unterschätzt und vielleicht hängt unser Leben davon ab.
> Ich weiß es ist dir ernst, du kannst mich hier grad nicht entbehren.
> Nur keine Angst, ich bleib' nicht allzu lange fern.
>
> [Refrain] Muss nur noch kurz die Welt retten. Danach flieg' ich zu dir.
> Noch 148 Mails checken. Wer weiß was mir dann noch passiert, denn es passiert so viel.
> Muss nur noch kurz die Welt retten. Und gleich danach bin ich wieder bei dir.
> (Tim Bendzko 2023: Welt retten)

Die Situation:	
Der Sprecher will:	
Er begründet das mit:	
Der Angesprochene will:	
Er könnte das begründen mit:	
Sie würden Partei ergreifen für:	
Das würden Sie begründen mit:	

6. Stöbern Sie: Welche Bedeutung hatten die Studien des Teams um Lawrence Kohlberg zur Moralentwicklung von Kindern und Jugendlichen für die Debatten über eine spezifisch weibliche Moral?

7. Carol Gilligan behauptet die Fürsorge-Perspektive (engl. *care perspective*) als spezifisch weibliche Perspektive der Moral. Analysieren Sie ihren Argumentationsgang.

Text	Rekonstruktion	Diskussion
„Die Entdeckung, dass häufig eine andere Stimme das moralische Urteilen und Handeln von Frauen leitet,	P1:	
lenkte die Aufmerksamkeit auf ein zentrales Problem im Untersuchungsdesign vorangegangener Studien über das moralische Urteil: Die Verwendung rein männlicher Stichproben als empirische Basis für die Theorie-Rekonstruktion."	E1:	
„Der empirische Zusammenhang zwischen Fürsorge-Orientierung und weiblicher Geschlechtszugehörigkeit legt die These nahe, daß die zwischen der Moraltheorie und den moralischen Urteilen von Mädchen und Frauen beobachteten Diskrepanzen einen Perspektivenwechsel, eine anders geartete moralische Orientierung, widerspiegeln".	T:	

Text	Rekonstruktion	Diskussion
„Der Unterscheidung zwischen einer Perspektive der Gerechtigkeit und einer Perspektive der Fürsorge [...] liegt eine Analyse der Sprache und der Logik des moralischen Urteilens von Männern und Frauen über eine Vielfalt hypothetischer und realer Dilemmata zugrunde".	(noch einmal) P1:	
Das bedeutet nicht, „daß Gerechtigkeit unfürsorglich und Fürsorge ungerecht wäre",	E2:	
weil „beide Perspektiven verschiedene Möglichkeiten" bezeichnen, „die Grundelemente moralischen Urteilens zu organisieren: das Selbst, die Anderen und die Beziehung zwischen ihnen".	AE2:	
„Mit dem Wechsel der Perspektive von Gerechtigkeit zu Fürsorge verändert sich die Dimension, in der Beziehungen organisiert werden, von Ungleichheit/Gleichheit zu Bindung/Trennung.	Def. ‚Fürsorge-Perspektive':	
Gedanken und Gefühle sowie die Sprache werden so reorganisiert, dass Worte für Aspekte von Beziehungen wie ‚Abhängigkeit' oder ‚Verantwortlichkeit' oder auch Moralbegriffe wie ‚Fairness' und ‚Fürsorge' andere Bedeutungen annehmen.	1. Merkmal:	
Beziehungen vorranging in Begriffen von Bindung zu entwerfen (statt in Begriffen von Gleichheit) verändert die Art und Weise, wie man das Miteinander von Menschen begreift, so dass die Bilder oder Metaphern für Beziehungen nicht mehr Hierarchie oder Gleichgewicht, sondern Netzwerk oder Gewebe hervorheben. [...]	2. Merkmal:	
In einer Fürsorgeperspektive wird zu Gestalt die Beziehung, die das Selbst und die anderen definiert. Im Kontext einer Beziehung ist das Selbst als moralische Instanz darauf eingestellt, Bedürfnisse wahrzunehmen und auf sie zu reagieren."	3. Merkmal:	
„In einer Gerechtigkeitsperspektive hebt sich das Selbst, als moralische Instanz, als Gestalt gegen einen Hintergrund sozialer Beziehungen ab.	Def. ‚Gerechtigkeitsperspektive': 1. Merkmal:	
Es beurteilt die konfligierenden Ansprüche des Selbst und der Anderen nach einem Standard der Gleichheit und der gleichwertigen Beachtung (dem Kategorischen Imperativ, der Goldenen Regel)."	2. Merkmal:	

2.13 • Nearest-and-Dearest-Argument (Ausblick: Care-Ethik/feministische Ethik spätes 20. Jahrhundert)

Text	Rekonstruktion	Diskussion
„So zeigt sich z. B. in der Sprache der öffentlichen Debatte um den Schwangerschaftsabbruch eine Gerechtigkeitsperspektive. […]. Die Rechte des Fötus und die der schwangeren Frau werden gegeneinander abgewogen oder in Widerspruch zueinander gesetzt." Entscheidend ist die „metaphysische Frage", ob „der Fötus ein lebendes Wesen oder ein Mensch ist und ob seine Rechte gegenüber denen der schwangeren Frau Vorrang haben." […].	z. B. Gerechtigkeitsperspektive:	
„Fasst man es als Problem der Fürsorge auf", dann rückt „die Verbindung zwischen Fötus und schwangerer Frau" in den „Fokus der Aufmerksamkeit", so dass die „Hauptfrage" lautet, „ob es verantwortlich oder unverantwortlich, fürsorglich oder leichtsinnig ist, diese Verbindung fortzusetzen oder zu beenden".	z. B. Fürsorgeperspektive:	
Gilligan 1991, S. 82–84, 85 f.	*Bitte beachten Sie, dass der Text gekürzt ist und dass man einen philosophischen Text auf verschiedene Weise rekonstruieren kann.*	

8. Sie sind Personalchef(in) eines großen Krankenhauses. Sie sollen untersuchen, ob das Ärzte- und Pflegepersonal tendenziell eher gerecht oder eher fürsorglich handelt. Worauf würden Sie achten? Welche Bedenken hätten Sie, wenn ein(e) Mitarbeiter(in) ausschließlich fürsorglich oder gerecht handelt?

	Merkmale	Sie finden das wünschenswert, weil	Sie hätten Bedenken, weil
Fürsorgliches Handeln ist gekennzeichnet durch:	1. 2. 3–x:		
Gerechtes Handeln ist gekennzeichnet durch:	1. 2. 3–x:		

9. Was ist ‚überfürsorgliches Handeln'? Kann man analog auch ‚zu gerecht' sein? Überlegen Sie.

	Ihr Beispiel	Eine solche moralische Übertreibung ist (nicht) schlecht, weil
Man handelt überfürsorglich, wenn:		
Man kann (nicht) zu gerecht handeln, wenn (bzw. weil):		

10. Kohlberg hat seinen Probanden unter anderem das ‚Heinz-Dilemma' vorgelegt, um zu untersuchen, mit welcher Strategie sie Ihre Entscheidungen begründen. Heinz steht vor der Frage, ob er ein für das Überleben seiner Ehefrau lebenswichtiges Medikament stehlen darf bzw. sollte, welches der Apotheker viel zu teuer verkaufen will. Kohlberg hat die Antworten mit einer Stufenfolge der sogenannten ‚Gerechtigkeitsmoral' ausgewertet (Kohlberg 1996); dagegen hat Gilligan eine alternative Stufenfolge für die Fürsorge-Moral gesetzt (Gilligan 1983). Versuchen Sie, mögliche Begründungen sowohl für als auch gegen das Stehlen auf jedem Level beider Stufenfolgen zu geben. Analysieren Sie dann die Begründung der Position, welche Sie selbst verteidigen würden.

Stufenfolge 1	Gerechtigkeitsmoral	Pro Stehlen	Contra Stehlen
1.1.	Strafe, Gehorsam, Autorität		
1.2.	Belohnungen, individuelle Interessen im Austausch		
Übergang zum konventionellen Niveau			
1.3.	Lob, Aufmerksamkeit, Anerkennung der sozialen Gruppe		
1.4.	Pflichten der sozialen Gruppe		
Übergang zum postkonventionellen Niveau			
1.5.	Anerkennung und Achtung vor dem juridischen Gesetz		
1.6.	Orientierung an universalen moralphilosophischen Prinzipien		

Stufenfolge 2	Fürsorge-Moral	Pro Stehlen	Contra Stehlen
2.1.	Egoistische ‚Orientierung auf das eigene Überleben': *Was ist am besten für mich?*		
2.2.	Übergangsphase ‚vom Egoismus zur Verantwortlichkeit': *In welchen Beziehungen stehe ich und welche Anforderungen/Hilfen ergeben sich dadurch für mich?*		
2.3.	‚Gutsein als Verzicht': *Welche Leistungen und welchen Verzicht erwarten andere von mir?*		
2.4.	Übergangsphase ‚vom Gutsein zur Wahrheit': *Wo bin ich wirklich verantwortlich? Welche der Erwartungen, die andere an mich richten, sind moralisch angemessen und richtig?*		
2.5.	Moral der Gewaltlosigkeit und Beziehungsdynamik: *Was ist in meiner konkreten Situation und meinem Beziehungsgeflecht moralisch richtig, wenn ich prinzipiell weder mir selbst noch anderen Schaden zufügen und Gewalt antun darf?*		

2.13 · Nearest-and-Dearest-Argument (Ausblick: Care-Ethik/feministische Ethik spätes 20. Jahrhundert)

Ihre Abwägung:

Für Stehlen spricht, dass:	
Gegen Stehlen spricht, dass:	
Insgesamt entscheide ich, dass:	
Ich halte das für moralisch richtig, weil:	
Damit urteile ich nach Stufe:	

> **Tipp**
>
> **Zu 2.13.2:** Das moralphilosophische Prinzip „Nearest and Dearest" besagt, dass diejenigen Menschen moralischen Vorrang haben sollten, zu denen die Handelnde in einer besonders engen Beziehung steht.
>
> **Zu 2.13.6:** Das Team des amerikanischen Moralpsychologen Lawrence Kohlberg hatte in den 1970er Jahren die Moralentwicklung von Kindern und Jugendlichen untersucht. Seine Mitarbeiterinnen Norma Haan und Carol Gilligan bemängelten, dass ausschließlich männliche Probanden untersucht worden seien und dass eine (männliche?) Gerechtigkeitsmoral im Sinne von John Rawls (s. ▶ Kapitel 2.11) die Voraussetzung des Studiendesigns gewesen sei. Nach Haan berücksichtigen weibliche Probandinnen den Kontext des moralischen Urteils mehr als männliche Probanden; nach Gilligan zeigen weibliche Probandinnen eine Tendenz zum moralischen Urteilen nicht in Kategorien der Gerechtigkeit, sondern in Kategorien der Fürsorge. Daraufhin wurden mögliche geschlechtsspezifische Unterschiede im moralischen Urteilen diskutiert. Mittlerweile ist die Diskussion abgeebbt, weil der kulturelle Kontext, Bildungsgrad und Beruf sowie die Art des Problems deutlich größeren Einfluss als die Geschlechtszugehörigkeit zu haben scheinen.

11. Gilligan u. a. haben die Fürsorge-Moral als spezifisch weibliche moralische Perspektive behauptet (s. o.). Dass sich Frauen, Männer und nicht-binäre Personen voneinander unterscheiden, ist kaum zu bestreiten. Aber unterscheiden sie sich in moralisch relevanter Weise? Falls Sie das bejahen: Welche Konsequenzen sollte das für die Moralphilosophie haben?

Es gibt (keine) moralisch relevanten Unterschiede zwischen Männern und Frauen, weil:

_____

_____

Es sollte (k)eine weibliche Moralphilosophie geben, weil:

_____

_____

12. Machen Sie eigene moralpsychologische Forschungen. Greifen Sie Gilligans Beispiel der Abtreibungsdebatte auf und untersuchen Sie in Ihrem Umfeld, ob Personen unterschiedlichen Geschlechts moralisch unterschiedlich urteilen. Dabei kommt es nicht darauf an, ob die Befragten Abtreibungen erlauben würden oder nicht, sondern darauf, wie sie ihre Position jeweils begründen. Beziehen Sie ggfs. auch nicht-binäre Personen in Ihre Untersuchungen mit ein. Machen Sie dieselbe Untersuchung zur Frage, ob für Männer wieder eine allgemeine Wehrpflicht eingeführt werden sollte.

Abtreibung	Geschlecht (m/w/d)	Die Antwort	Analyse der Antwort
Proband 1:			
Proband 2:			
Proband 3:			
Proband 4–x:			
Ihr Resultat lautet, dass:			

Wehrpflicht	Geschlecht (m/w/d)	Die Antwort:	Analyse der Antwort:
Proband 1:			
Proband 2:			
Proband 3:			
Proband 4–x:			
Ihr Resultat lautet, dass:			

13. Für Seyla Benhabib spiegeln universalistische Moralphilosophien ein männliches Bild vom Menschen wider. Zum einen würde die private bzw. häusliche Sphäre (von Frauen?) gegenüber der öffentlichen Sphäre ausgeblendet. Zum anderen würde eine abstrakt-vernünftige Person ohne konkrete Eigenschaften und Lebensumstände zugrunde gelegt. Wie Habermas plädiert sie deshalb für eine kontextualistische (s. ▶ Abschn. 2.12.5) Einbeziehung des ‚Standpunkts des konkreten Anderen' in die Moralphilosophie. Analysieren Sie ihren Argumentationsgang.

2.13 · Nearest-and-Dearest-Argument (Ausblick: Care-Ethik/feministische Ethik spätes 20. Jahrhundert)

Text	Rekonstruktion	Diskussion
„Ich möchte zeigen, dass die *Definition* des Gegenstandsbereichs der Moral wie auch das Ideal der *moralischen Autonomie* – nicht nur in der Theorie Kohlbergs, sondern ihn universalistischen Vertragstheorien von Hobbes bis Rawls – zu einer Privatisierung weiblicher Erfahrung und deren Ausschluss von einer Betrachtung vom moralischen Standpunkt her führt.	T1:	
In dieser Tradition wird das moralische Ich als bindungs- und körperloses Wesen gesehen.	P1:	
Diese Konzeption des Selbst reflektiert männliche Erfahrungen. […]	P2:	
Formalistisch-universalistische Moraltheorien in der westlichen Tradition von Hobbes bis Rawls sind Stellvertretertheorien in dem Sinne, dass der von ihnen vertretene Universalismus durch Identifikation der Erfahrungen einer bestimmten Gruppe von Subjekten mit dem schlechthin Menschlichen gewonnen wird. Diese Subjekte sind ausnahmslos weiße männliche Erwachsene, die Besitz oder zumindest einen Beruf haben."	P3:	
„Die Metapher des Naturzustandes liefert eine Vorstellung vom autonomen Ich: Ein Narzisst, der die Welt in seinem eigenen Bild sieht, der kein Bewusstsein von den Grenzen seiner eigenen Begierden und Leidenschaften hat, und der sich selbst nicht durch die Augen eines anderen sehen kann […]. Der unterschiedliche Gehalt dieser Metapher ist weniger bedeutsam als ihre einfache und gewichtige Botschaft: Am Anfang war der Mann allein."	P4:	
„Die Sphäre der Gerechtigkeit wird von Hobbes über Locke bis Kant als der Bereich betrachtet, in dem unabhängige männliche Familienoberhäupter miteinander in Beziehung treten,	P5:	
wohingegen die häuslich-intime Sphäre außerhalb des Bereichs der Gerechtigkeit angesiedelt und auf die reproduktiven und affektiven Bedürfnisse. des bourgeoisen *pater familias* eingeschränkt wird.	P6:	
Ein ganzes Gebiet menschlicher Tätigkeit – nämlich das Großziehen der Kinder, Reproduktion, Liebe und Fürsorge, welche in der Folge der Entwicklung der modernen bürgerlichen Gesellschaft zum Schicksal von Frauen werden – wird von moralischen und politischen Erwägungen ausgeschlossen und dem Bereich des Natürlichen zugeordnet."	K1 (T1):	
„Der [universalistische] Standpunkt des verallgemeinerten Anderen verlangt, dass wir jedes einzelne Individuum als rationales Wesen betrachten, das Anspruch auf gleiche Rechte und Pflichten hat, die wir für uns selbst geltend machen möchten.	P1:	

Text	Rekonstruktion	Diskussion
„Wenn wir diesen Standpunkt einnehmen, abstrahieren wir von der Individualität und konkreten Identität des anderen."	E1:	
„Jedes Universalisierungsverfahren setzt voraus, dass gleiche Fälle gleich behandelt werden sollen […]."	P2	
„Der schwierigste Aspekt eines jeden solchen Verfahrens besteht jedoch darin, zu wissen, was eine ähnliche Situation ausmacht."	E2:	
„Eine solche Form der Urteilsfähigkeit muss den Standpunkt des konkreten Anderen einbeziehen".	AE2 (= P3):	
„Der Standpunkt des konkreten Anderen verlangt […] von uns, jedes einzelne rationale Wesen als ein Individuum mit einer konkreten Geschichte, Identität und affektiv-emotionalen Verfassung zu betrachten."	P4:	
„Ohne den Standpunkt des konkreten Anderen zu beziehen, kann kein kohärentes Universalisierungsverfahren durchgeführt werden, denn es fehlt uns die notwendige epistemische Information, um meine moralische Situation als der deinen ‚gleich' oder ‚ungleich' zu beurteilen."	K2 (T2): Weil kein Universalisierungsverfahren durchgeführt werden kann, ist eine universalistische Moralphilosophie ohne den (weiblichen?) Standpunkt des konkreten Anderen unvollständig.	
Benhabib 1989, S. 459 f., 464, 463, 470, 473, 470	*Bitte beachten Sie, dass der Text gekürzt ist und dass man einen philosophischen Text auf verschiedene Weise rekonstruieren kann.*	

14. Ein care-ethisches Argument kann in etwa folgende Form haben:

> Pd1: Die Person P könnte entweder die Handlung H1 oder die Handlung H2 tun.
> Pd2: Von der Handlung H1 würde B1 profitieren; von der Handlung H2 würde B2 in vergleichbarem Maße profitieren.
> Pd3: P steht in einer deutlich engeren Beziehung zu B1 als zu B2.
> Pn: Moralischen Vorrang haben im Zweifelsfall die Menschen, zu denen man in einer besonders engen Beziehung steht.
> → P sollte H1 tun.

Bitte formulieren Sie ein care-ethisches Argument als Syllogismus dafür, dass man bei einem Flugzeugabsturz im Zweifelsfall seinen Sohn und nicht den Nobelpreisträger retten sollte, der ein Medikament gegen Aids erfinden könnte.

Ihr Syllogismus	Mögliche Einwände
Pd1:	
Pd2:	
Pd3:	

2.13 · Nearest-and-Dearest-Argument (Ausblick: Care-Ethik/feministische Ethik spätes 20. Jahrhundert)

Ihr Syllogismus	Mögliche Einwände
Pn:	
→ K:	

15. Die Care-Ethik von Michael Slote diskutiert den ‚Einwand des hilfsbedürftigen Fremden'. Analysieren Sie den Argumentationsgang.

Text	Rekonstruktion	Diskussion
„Die Motivation zur Fürsorge (engl. caring motivation) basiert auf unserer menschlichen Fähigkeit zur Empathie und wird durch diese erhalten."	P1:	
„Die Empathie und der Begriff des ‚empathischen Sorgens für oder über andere' sind ein plausibles Kriterium für das moralische Urteil."	P2:	
Deshalb gilt, dass „Handlungen moralisch falsch und Zuwiderhandlungen gegen eine moralische Verpflichtung sind, wenn (und nur wenn) sie das völlige Fehlen von oder einen Mangel an voll entwickelter empathischer Zuwendung [engl. *concern*] oder empathischer Sorge [engl. *care*] für andere widerspiegeln oder zum Ausdruck bringen."	K (T)	
„Die Formel *near and dear* bezieht sich in aller Regel auf Freunde/Partner/Ehepartner und auch auf alle Familienmitglieder. […]	P3:	
Was aber ist in all den Fällen, in denen die gerade genannten Faktoren nicht gegeben sind, mit all den Leuten also, mit denen wir nicht befreundet sind, die keine Mitglieder unserer Familie sind, und die wir niemals sehen? Wir haben offensichtlich moralische Verpflichtungen gegenüber solchen Leuten, und die meisten von uns würden jede Moralphilosophie völlig inakzeptabel finden, die das leugnet. Aber wenn eine moralische Verpflichtung – und speziell die moralische Verpflichtung, hilfsbedürftigen Menschen helfen zu müssen – in Empathie begründet ist, und wenn Empathie uns Freunde, Familie und die Menschen in unserer unmittelbaren Nähe bevorzugen lässt – kann dann noch irgendeine Form von Empathie für die große Mehrheit der Menschen übrig sein, die in keine dieser Kategorien fallen?" […]	E:	
„Tatsächlich zeigt das Kriterium, dass es Fälle geben kann, in denen ein Akt der Hilfe für Fremde als moralisch falsch anzusehen ist, weil darin ein Mangel an voll entwickelter empathischer Zuwendung für den eigenen Ehepartner, Eltern oder Kinder zum Ausdruck kommt."	A1E:	

Text	Rekonstruktion	Diskussion
„Eine voll entwickelte menschliche Empathie […] kann die Tendenz und Gewohnheit zu aktiver empathischer Sorge auch für völlig unbekannte Menschen beinhalten". […] Deshalb wäre es moralisch falsch, „ein unbekanntes Kind nicht vor dem Ertrinken zu retten, nur weil man seine Tochter nicht enttäuschen will, die einen nach der Schule zu Hause erwartet".	A2E:	
Slote 2007, S. 4, 16, 31, 26 f., 30 f. (übers. von MLR)	*Bitte beachten Sie, dass der Text gekürzt ist und dass man einen philosophischen Text auf verschiedene Weise rekonstruieren kann.*	

Zu 2.13.14: Ein care-ethisches Argument dafür, dass eine Person X bei einem Flugzeugabsturz ihren Sohn und nicht den Nobelpreisträger retten sollte, der ein Medikament gegen Aids entwickeln könnte.

Gegen Pd1: Ist die Situation angemessen beschrieben? Schließen sich H1 und H2 tatsächlich aus?
Gegen Pd2: Würden beide begünstigte Parteien tatsächlich in vergleichbarer Weise profitieren?
Gegen Pd3: Ist die Beziehung zu B1 tatsächlich deutlich enger als die Beziehung zu B2?
Gegen Pn: Sind Beziehungen tatsächlich moralisch relevant? Sollten moralische Regeln nicht universal ohne Ansehung der Person und unabhängig von persönlichen Bindungen und Beziehungen gelten?

Pd1: Eine Person X könnte ihren Sohn oder einen Nobelpreisträger retten, der ein Medikament gegen Aids entwickeln könnte.	E1: Wird der Nobelpreisträger tatsächlich das Aids-Medikament entwickeln? E2: Kann X vielleicht beide retten?
Pd2: Der Sohn und der Nobelpreisträger sind in gleicher Weise auf die Hilfe von X angewiesen.	E1: Ist der Sohn vielleicht deutlich weniger verletzt als der Nobelpreisträger, so dass seine Rettung warten kann? E2: Gibt es andere Personen oder Instanzen, die den Nobelpreisträger retten könnten?
Pd3: X steht in einer deutlich engeren Beziehung zu seinem Sohn als zu dem Nobelpreisträger.	E1: Wie eng ist die Beziehung zwischen X und ihrem Sohn tatsächlich? E2: Steht X vielleicht auch zum Nobelpreisträger in einer engen persönlichen Beziehung?
Pn: Moralischen Vorrang haben im Zweifelsfall die Menschen, zu denen man in einer besonders engen Beziehung steht.	E1: Hat X vielleicht Dankbarkeitspflichten o. Ä. gegenüber dem Nobelpreisträger, weil dieser ihn schon einmal gerettet hat? E2: Verdient der Sohn die Rettung? Vielleicht hat er schwere moralische Vergehen begangen? E3: Wäre es nicht egoistisch, den eigenen Sohn zu retten, wenn der Nobelpreisträger tausende andere Menschen retten kann?
→ K: Die Person X muss ihren Sohn retten.	**Ist die Konklusion noch haltbar?**

Bitte beachten Sie, 1) dass es mehrere Möglichkeiten gibt, das Argument zu formulieren und 2) dass hier nicht alle möglichen Einwände genannt werden können. Wenn Sie einen anderen Syllogismus geschrieben oder andere Einwände formuliert haben, liegen Sie vermutlich ebenfalls richtig! Vielleicht befragen Sie Ihren Freundeskreis?

> **Zum Weiterlesen**
> *Weibliche Moral. Die Kontroverse einer geschlechtsspezifischen Ethik.* Hg. von Gertrud Nunner-Winkler. Frankfurt/New York 1991.

Literatur

Aristoteles: *Nikomachische Ethik*. Übers. Hg. von Ursula Wolf. Hamburg ²2008 [NE].
Austin, John: *Sinn und Sinneserfahrung*. Übers. von Eva Cassirer. Stuttgart 1975 (engl. *Sense and Sensiblia*, 1962).
Beauvoir, Simone de: *Das andere Geschlecht. Sitte und Sexus der Frau.* Übers. von Eva Rechel-Mertens, Fritz Montfort. Hamburg 1951 (frz. *Le Deuxième Sexe*, 1949).
Bendzko, Tim: Welt retten. ▸ https://www.youtube.com/watch?v=4BAKb2p450Q (1.4.2023)
Benhabib, Seyla: Der verallgemeinerte und der konkrete Andere. In: *Denkverhältnisse*. Hg. von Herlinde Pauer-Studer. Frankfurt 1989, S. 454–487 (engl. The Generalized and the Concrete Other. In: *Praxis International*. Bd.5. Nr. 4. 1986, S. 402–424).
Bistum Regensburg: Ehe, Scheidung und Kirchenrecht. O.J. Zitiert nach: ▸ http://www.bistum-regensburg.de/dienst-hilfe/heiraten-ehe-familie/ehe-scheidung-kirchenrecht (19.10.2023).
Carruthers, Peter: Warum Tiere moralisch nicht zählen. In: Friederike Schmitz (Hg.): *Tierethik. Grundlagentexte*. Frankfurt a. M. 2014, 219–242 (engl. Against the Moral Standing of Animals. In: Peter Carruthers: *Practical Ethics: Questions of Life and Death*. Oxford 2011, S. 274–284).
Descartes, René: *Von der Methode*. Hamburg (Meiner) 1990. (frz. *Disours de la méthode*, 1637).
Dewey, John: *Erfahrung und Natur*. Übers. von Martin Suhr. Frankfurt a.M. 1995 (engl. *Experience and Nature*, 1925).
Gilligan, Carol: Moralische Orientierung und moralische Entwicklung. In: *Weibliche Moral*. Hg. von Gertrud Nunner-Winkler. Frankfurt/New York 1991, S. 79–100 (engl. Moral Orientation and Moral Development. In: *Women and Moral Theory*. Hg. von Eva Feder Kittey und Diana T. Meyers. Totowa 1987, S. 19–33).
Gilligan, Carol: Verantwortung für die anderen und für sich selbst. In: *Moralische Entwicklung und Erziehung*. Hg. von Günter Schreiner. Braunschweig 1983.
Habermas, Jürgen: *Glauben und Wissen*. Friedenspreis des Deutschen Buchhandels 2001. Frankfurt a.M. 2001.
Habermas, Jürgen: *Vom pragmatischen, ethischen und moralischen Gebrauch der praktischen Vernunft*. In: Ders.: *Erläuterungen zur Diskursethik*. Frankfurt a.M. 1991, S. 100–118.
Habermas, Jürgen: Diskursethik – Notizen zu einem Begründungsprogramm. In: *Moralbewußtsein und kommunikatives Handeln*. Frankfurt a. M. 1983, S. 53–127.
Hare, Richard M.: *Moralisches Denken*. Übers. von Christoph Fehige, Georg Meggle. Frankfurt a.M. 1992a (engl. *Moral Thinking*, 1981).
Hare, R.M.: Das mißgebildete Kind. Moralische Dilemmata für Ärzte und Eltern. In: Anton Leist (Hg): *Um Leben und Tod*. Frankfurt 1992b, S. 374–384. (engl. Survival of the Weekest. In: Samuel Gorowitz [Hg]: *Moral Problems in Medicine*. Upper Saddle River 1976, S. 364–369).
Heidegger, Martin: *Sein und Zeit* [1927]. Tübingen 1979.
Hume, David: *Traktat über die menschliche Natur*. Hg. von Theodor Lipps. Berlin 2004 (engl. *Treatise on Human Nature*, 1739–1740).
Hursthouse, Rosalind: Tugendethik und der Umgang mit Tieren. In: Friederike Schmitz (Hg.): *Tierethik. Grundlagentexte*. Frankfurt a.M. 2014, S. 321–349 (engl. Virtue Ethics and the Treatment of Animals. In: *The Oxford Handbook of Animal Treatment*. Hg. Von Tom L. Beauchamp, Raymond G. Frey. Oxford 2011, S. 119–143).
James, William: Der Moralphilosoph und das moralische Leben. In: Ders.: *Essays über Glaube und Ethik*. Hg. von Ralph B. Perry, übers. von Wilhelm Flöttmann. Gütersloh 1948, S. 179–205 (engl. The Moral Philosopher and the Moral Life. In: William James: *The Will to Believe and Other Essays in Popular Philosophy*. New York/London/Bombay 1904, S. 184–215).
James, William: Der Wille zum Glauben. In: *Texte der Philosophie des Pragmatismus*. Hg. von Ekkehard Martens. Stuttgart 1975, S. 128–161 (engl. *The Will to Believe*, 1896).
James, William: *Die Vielfalt religiöser Erfahrung. Eine Studie über die menschliche Natur*. Übers. und hg. von Eilert Herms. Mit einem Vorwort von Peter Sloterdijk. Frankfurt a.M./Leipzig 1997 (engl. *The Varieties of Religious Experience. The Gifford-Lectures 1901/02*, 1902).
Kant, Immanuel: Grundlegung zur Metaphysik der Sitten [1785]. In: Werke in zehn Bänden, Bd. 6. Hg. von Wilhelm Weischedel. Darmstadt 1956, S. 11–102 [GMS].
Kant, Immanuel: Kritik der Praktischen Vernunft [1788]. In: Werke in zehn Bänden, Bd. 6. Hg. von Wilhelm Weischedel. Darmstadt 1956, S. 102–304 [KpV].
Kant, Immanuel: Über ein vermeintliches Recht, aus Menschenliebe zu lügen [1797]. In: Werke in zehn Bänden, Bd. 7. Hg. von Wilhelm Weischedel. Darmstadt 1956, S. 635–643 [Lügen].
Kohlberg, Lawrence: *Moralische Entwicklung und demokratische Erziehung* [engl. 1968]. In: *Die Psychologie der Moralentwicklung*. Hg. von Wolfgang Althof unter Mitarb. von Gil Noam, Fritz Oser. Frankfurt a.M. 1996, S. 7–40.

Krebs, Angelika: Feministische Ethik. In: *Vernunft und Lebenspraxis.* Hg. von Christoph Demmerling, Gottfried Gabriel, Thomas Rentsch. Frankfurt a. M. 1995, S. 309–328.

Leibniz, Gottfried Wilhelm: Die Theodizee. Von der Güte Gottes, der Freiheit des Menschen und dem Ursprung des Übels [1710]. In: Otfried Höffe (Hg.): *Lesebuch zur Ethik.* München ³2002, S. 214ff.

Mill, John Stuart: *Utilitarismus.* Übers. und hg. von Dieter Birnbacher. Stuttgart 2006 (engl. *Utilitarianism*, 1861).

Nagel, Thomas: Massenmord und Krieg. In: Ders.: *Letzte Fragen.* Hg. von Michael Gebauer. Bodenheim ²1996, S. 84–109 (engl. War and Massacre [1971] In: Ders.: *Mortal Questions*, 1979).

Nietzsche, Friedrich: Menschliches Allzumenschliches [1878]. In: Kritische Studienausgabe, Bd. 2. Hg. von Giorgio Colli, Mazzino Montinari. München 1999a.

Nietzsche, Friedrich: Der Antichrist [1888]. In: Kritische Studienausgabe, Bd. 6. Hg. von Giorgio Colli, Mazzino Montinari. München 1999b, Abschnitt 7, S. 170–253.

Rawls, John: *Eine Theorie der Gerechtigkeit.* Übers. von Hermann Vetter. Frankfurt a. M. 1975 (engl. *A Theory of Justice*, 1971).

Rawls, John: Ein Entscheidungsverfahren für die normative Ethik. In: Dieter Birnbacher/Norbert Hoerster (Hg.): *Texte zur Ethik.* München 1976, S. 124–138 (engl. Outline of a Decision. Procedure for Ethics. In: *Philosophical Review* 60 [1951], S. 177–190).

Ross. William David: Ein Katalog von Prima-facie-Pflichten. In: Dieter Birnbacher/Norbert Hoerster (Hg.): *Texte zur Ethik.* München 1976, S. 253–266 (Auszug aus engl. *The Right and the Good*, 1930).

Ross, William David: *Das Richtige und das Gute.* Hg. und übers. von Bernd Goebel, Philipp Schwind. Hamburg 2020 (engl. *The Right and the Good*, 1930).

Sartre, Jean Paul: Ist der Existentialismus ein Humanismus? In: Ders.: *Drei Essays.* Übers. und hg. von Walter Schmiele. Zürich 1973, S. 7–51 (frz. *L'Existencialisme est un Humanisme*, 1946).

Sartre, Jean-Paul: *Die Fliegen.* Übers. von Gritta Baerlocher. Reinbek 1961, S. 7–76 (frz. *Les Mouches*, 1943).

Schopenhauer, Arthur: *Preisschrift über die Grundlage der Moral.* 1. Über die Freiheit des menschlichen Willens. Gekrönt von der Königlichen Norwegischen Sozietät der Wissenschaften zu Drontheim am 26. Januar 1839. 2. Über das Fundament der Moral. Nicht gekrönt von der Königlich Dänischen Societät der Wissenschaften, zu Kopenhagen, am 30. Januar 1840. Hg. von Hans Ebeling. Hamburg 1979.

Sidgwick, Henry: *Einführung in die utilitaristische Ethik.* Hg. von Otfried Höffe. Tübingen/Basel ⁴2008 (engl. *The Methods of Ethics*, 1894).

Singer, Peter: *Praktische Ethik.* Stuttgart (Reclam) 3 (Aufl.) 2013 (engl. 1979, 3. Aufl. 2011).

Slote, Michael: *The Ethics of Care and Empathy.* New York 2007.

Smart, John J.C.: Handlungsutilitarismus und Regelutilitarismus. In: Dieter Birnbacher/Norbert Hoerster (Hg.): *Texte zur Ethik.* München 1976, S. 208–222 (engl. Extreme and Restricted Utilitarianism. In: *Philosophical Quarterly* 6 [1956], S. 345–254).

Thomas von Aquin: *Recht und Gerechtigkeit. Theologische Summe* II.–II. Fragen 57–79. Nachfolgefassung von Band 8 der Deutschen Thomasausgabe. Übers. von Josef F. Groner. Bonn 1987 [ST].

Wolf, Susan: Einleitung. In: Dies. (Hg.): *Texte zur Tierethik.* Stuttgart 2008, S. 9–25.

Werner, Micha H.: Anwendungsprobleme der Diskursethik am Beispiel der Euthanasie-Diskussion. Erstveröffentlichung in: *Euthanasie und Ethik: Methodologische Überlegungen.* Werkdocument 1 des Center for Ethics Catholic University Nijmegen (CEKUN). Hg. H. Zwart. Nijmegen: 1997, S. 64–76 (zit. nach: überarbeitete Version ▶ https://www.micha-h-werner.de/Werner-1997b.htm, 19.10. 2023).

Weibliche Moral. Die Kontroverse einer geschlechtsspezifischen Ethik. Hg. von Gertrud Nunner-Winkler. Frankfurt/New York 1991.

Zweig, Stefan: *Ungeduld des Herzens* [1939]. Köln 2017.

Argumente der Angewandten Ethik

Inhaltsverzeichnis

3.1 Das Common-Sense-Argument – 138

3.2 Das Autoritätsargument – 143

3.3 Das Argument der Klugheit – 150

3.4 Das Argument der Doppelwirkung – 154

3.5 Das Dammbruch-Argument – 160

3.6 Das Analogie-Argument – 165

3.7 Das Argument der Selbstzweckhaftigkeit und das Instrumentalisierungsverbot – 170

3.8 Das Argument der Autonomie – 178

3.9 Das Argument der letzten Tür – 187

3.10 Das Argument des Nichtstuns – 192

3.11 Das Argument des bösen Zufalls – 199

3.12 Das Argument des Nichtkönnens (*ought implies can*) – 205

3.13 Das Argument der Supererogation – 212

3.14 Das Argument der Allgemeinen Menschenrechte – 218

3.15 Das Argument des moralischen Dilemmas – 228

3.16 Das Argument des geglückten Lebens – 235

Literatur – 242

Es gibt Formen des Argumentierens, die Philosophen aller Richtungen verwenden, und die auch im Alltag begegnen. In der professionellen Angewandten Ethik gehören sie zum Standard, und Sie werden schnell merken, dass Sie die Argumentationsformen eigentlich längst schon kennen und vermutlich oft verwendet haben. Die dafür üblichen Namen sagen meist schon relativ deutlich, worum es geht. In der Regel steht keine spezielle philosophische Theorie im Hintergrund, die man kennen müsste, um bestimmte Argumentationstypen anwenden zu können. Sie können also alles gleich in Ihrer argumentativen Praxis ausprobieren, was Sie sich mit den nun folgenden Kapiteln erarbeiten werden. Die meisten der Argumente funktionieren nämlich nicht nur zur Verteidigung von moralischen Überzeugungen, sondern auch in anderen Kontexten, wie beispielsweise in politischen Diskussionen. Legen Sie los!

3.1 Das Common-Sense-Argument

Es ist erst einmal von Vorteil, wenn man Argumente ins Feld führen kann, deren Prämissen die meisten Menschen teilen und akzeptieren. Wenn jemand auf eine herrschende Meinung zu einem Problem verweisen kann, ist er schlecht zu widerlegen, weil der vielzitierte ‚einfache Mann von der Straße' (dasselbe gilt natürlich für Frauen, Diverse und Queers) Respekt verdient und ernst genommen werden sollte. Aber haben *viele* Menschen grundsätzlich eher Recht als *ein* kritischer Außenseiter? Kann man voraussetzen, dass sie sich gut genug informiert haben, um durchdachte Lösungsvorschläge für ein kniffliges moralisches Problem machen zu können? Erfahrungsgemäß gibt es immer Menschen, die nicht über den schmalen Tellerrand ihrer eigenen Interessen schauen können oder wollen: Dieses Problem hat sich im Zeitalter der allgegenwärtigen Internet-Blasen sicher noch verschärft. Das Common-Sense-Argument ist stark, weil es auf herrschenden Meinungen basiert. Genau hier liegt aber auch seine Schwäche. Denn obwohl mit dem englischen Begriff *common sense* auch der ‚gesunde Menschenverstand' gemeint sein kann, ist die herrschende Meinung nicht immer vernünftig. Außerdem ist bekanntlich längst nicht alles ‚herrschende Meinung', was irgendjemand als herrschende Meinung behauptet: So stößt man in den Internet-Blasen beispielsweise immer wieder auf absonderliche Weltsichten, die Verschwörungstheoretiker und andere populistische Demagogen als ‚gesunden Menschenverstand' zu verkaufen versuchen. Wenn jemand mit dem *common sense* argumentiert, ist also Wachsamkeit geboten.

1. Überlegen Sie: Wann führen Sie das Argument „das finden doch alle richtig!" ins Feld? Finden Sie Beispiele.

Ihr Beispiel:

_____

_____

Sie sind überzeugt, dass ‚alle das richtig finden', weil:

_____

_____

Andere könnten einwenden, dass:

_____

_____

3.1 · Das Common-Sense-Argument

2. Schlagen Sie nach: Was bedeutet der englische Begriff *common sense*?

1. Bedeutung:	
2. Bedeutung:	
Sie verwenden den Begriff in der Bedeutung:	

3. Führen Sie (in Ihrer Familie, Ihrem Bekanntenkreis und gegebenenfalls auch auf der Straße) eine kurze Umfrage zum Thema „Wiedereinführung der Todesstrafe für Sexualmörder" durch. Wie lautet das Resultat?

_____ % klare Befürwortung;

_____ % klare Ablehnung;

_____ % differenzierte Antworten.

Einige Begründungen für die differenzierten Antworten:

_____

_____

Ihre Position:

_____

_____

Begründung:

_____

_____

4. Überlegen Sie: Wie würden Sie dem Argument begegnen, dass man die Todesstrafe für Sexualmörder wieder einführen sollte, weil die Statistiken zeigen, dass sich im Jahr 2014 immerhin 25 % aller Befragten in Deutschland dafür ausgesprochen haben (Menkens 2014)? Eine andere Studie spricht für das Jahr 2016 immerhin noch von 17 % (Allensbacher 2016) Befürwortern der Todesstrafe in Deutschland bei besonders schweren Straftaten. Würde sich für Sie etwas ändern, wenn sich 85 % (die absolute Mehrheit) dafür aussprechen würden?

5. Stöbern Sie: Was sagen philosophische Begriffslexika zur Unterscheidung zwischen dem „volonté géneral" und dem „volonté de tous" in Jean-Jacques Rousseaus (1712–1778) Schrift *Du contrat social ou principes du droit politique (Vom Gesellschaftsvertrag oder Prinzipien des Staatsrechts)* von 1762. Was ist die Pointe? Wo könnte ein Problem liegen?

	Volonté géneral	*Volonté de tous*
Definition:		
Pointe:		
Mögliche Probleme:		

6. Sowohl Sokrates (469–399 v. Chr.) als auch Thomas Nagel (*1937) beginnen ihre philosophischen Gedankengänge mit einem Rekurs auf die herrschende Meinung. Das geschieht aber mit unterschiedlicher Stoßrichtung. Analysieren Sie jeweils die strategische Absicht und überlegen Sie, ob bzw. wie weit Sie sich anschließen würden.

Text	Strategische Absicht	Diskussion
S(okrates): „Wie müssen sich unsere Krieger untereinander und gegen die Feinde verhalten? Habe ich da die richtige Vorstellung, die alle teilen würden?" G(laukon): „Sag doch, welche." S.: „Wer von ihnen seine Einteilung verlässt oder seine Waffen wegwirft oder ähnliches aus Feigheit macht, muss zu den Handwerken und Bauern zurückversetzt werden." G.: „Sehr richtig." S.: „Wer sich aber auszeichnet und bewährt, der soll zunächst noch im Feld von mitziehenden Knaben und Jungen der Reihe nach von jedem bekränzt werden?" G.: „Gewiss. […]." S. „Für den Tüchtigen sind außerdem mehr Eheschließungen gestattet als für den anderen, […] damit sie möglichst viele Kinder zeugen." G.: „Allerdings."		
Platon (1958): Staat, V. 467e–468b		
„Die apathische Reaktion auf die von den Vereinigten Staaten und ihren Verbündeten in Vietnam verübten Gräueltaten lässt den Schluss zu, dass moralische Rücksichten bei der Kriegsführung in der breiten amerikanischen Öffentlichkeit ebenso wenig Sympathie genießen wie unter den Verantwortlichen der US-Militärpolitik. [Aber] selbst wenn jemand für Restriktionen in der Kriegsführung eintritt, so gewöhnlich unter Berufung auf geltendes Recht: Die moralischen Grundlagen solcher Beschränkungen erfassen die wenigsten."		
Nagel [1971] 1996, S. 83		

3.1 · Das Common-Sense-Argument

> **Tipp**
>
> **Zu 3.1.2:** Common Sense bedeutet in etwa ‚herrschende Meinung' oder (je nach Kontext) ‚gesunder Menschenverstand'.
>
> **Zu 3.1.5:** Als „volonté géneral" bezeichnet Rousseau den vernünftigen Allgemeinwillen im Gegensatz zum „volonté de tous" als statistische Summe aller einzelnen Willensbekundungen.

7. Es gibt auch moralische Urteile, die sich auf den *common sense* berufen. Sie erinnern sich: Jedes moralische Urteil ist eine Konklusion aus (mindestens) einer deskriptiven Prämisse Pd und (mindestens) einer normativen Prämisse Pn. Ein moralisches Common-Sense-Argument kann demnach etwa folgende Form haben:

> Pd: Die meisten Mitglieder einer Gemeinschaft würden sagen, dass man H tun (unterlassen) sollte.
> Pn: Weil sie den gesunden Menschenverstand repräsentieren, sollte man vernünftigerweise tun, was die meisten Mitglieder einer Gemeinschaft für richtig halten.
> → K: H soll getan (unterlassen) werden.

Stellen sie ein moralisches Common-Sense-Urteil für die Legalisierung einer medizinisch assistierten Tötung auf Verlangen in Deutschland als Syllogismus dar. Überlegen Sie dann, wie Sie die Prämissen des Urteils anfechten würden.

Syllogismus	Standard-Einwände
Pd:	
Pn:	
→ K:	

8. Analysieren Sie, wie Monika Bobberts dem Common-Sense-Argument begegnet. Diskutieren Sie Ihre Einwände – sind Sie einverstanden?

Text	Rekonstruktion	Diskussion
„Befürworter einer medizinisch assistierten Tötung auf Verlangen machen häufig mit Ergebnissen aus Meinungsumfragen auf die Notwendigkeit einer Änderung bestehender rechtlicher Regelungen aufmerksam […].	P1:	
Lassen sich oft schon Anlage und Aussagewert solcher Umfragen methodisch kritisieren,	E1:	

Text	Rekonstruktion	Diskussion
so haben empirische Studien zu Moralauffassungen darüber hinaus auch nur begrenzten Stellenwert für eine ethische Reflexion, weil die Befragten viele zentrale Probleme (wie z. B. die Vagheit der Unterscheidung von Tun und Unterlassen) gar nicht kennen oder nicht verstehen."	E2:	
Bobbert 2003, S. 314	*Bitte beachten Sie, dass der Text gekürzt ist und dass man jeden Text auf verschiedene Weise rekonstruieren kann.*	

Zu 3.1.7: Ein Common-Sense-Argument für die Legalisierung der medizinisch assistierten Sterbehilfe in Deutschland

Gegen Pd: Einschlägig sind ggfs. die Einwände der Unterkomplexität, Uninformiertheit, Fremdgesteuertheit oder Trivialität.
Gegen Pn: Dem ‚Einwand der Lemminge' zufolge ist nicht notwendigerweise alles gültig (bzw. wahr bzw. vernünftig), was viele für gültig (bzw. wahr) halten.

Pd: Die meisten Deutschen befürworten die Legalisierung des medizinisch assistierten Suizids.	E1: Wie hoch ist der Prozentsatz tatsächlich? E2: Wurde generell nach der medizinisch assistierten Tötung auf Verlangen oder nach speziellen Fällen gefragt? E3: Waren die Befragten über die Missbrauchsgefahren informiert? E4: Welche Instanz hat die Befragung durchgeführt? Lagen bestimmte Interessen zugrunde? E5: War die Befragung repräsentativ oder wurden nur bestimmte Personen befragt, deren Antworten vorhersehbar waren? E6: Wurden ggfs. einschlägige persönliche Erfahrungen der TeilnehmerInnen berücksichtigt? E6: Haben alle Befragten den Begriff ‚medizinisch assistierte Tötung auf Verlangen' verstanden?
Pn: Gesetze sollten das wiedergeben, was die meisten Deutschen für richtig halten.	E1: Zur Zeit des Nationalsozialismus hielten die meisten Deutschen stark behinderte Menschen für minderwertig, und das war definitiv moralisch falsch.
→ K: Man sollte die medizinisch assistierte Tötung auf Verlangen in Deutschland legalisieren.	**Ist die Konklusion noch haltbar?**

Bitte beachten Sie, 1) dass es mehrere Möglichkeiten gibt, das Argument zu formulieren und 2) dass hier nicht alle möglichen Einwände genannt werden können. Wenn Sie einen anderen Syllogismus geschrieben oder andere Einwände formuliert haben, liegen Sie vermutlich ebenfalls richtig! Vielleicht befragen Sie Ihren Freundeskreis? Und bitte beachten Sie vor allem, dass sich die These (K) sicher auch anders (bzw. besser) begründen ließe als durch ein Common-Sense-Argument.

Zum Weiterlesen
Die Leserbriefe in Ihrer Tageszeitung.

3.2 Das Autoritätsargument

Eine ‚Autorität' ist eine Instanz oder Person, auf die gehört wird. Einer Autorität wird gehorcht, nachgeeifert oder unbesehen geglaubt. Dabei gibt es unterschiedliche Arten von Autoritäten, je nachdem, worauf sich ihre Glaubwürdigkeit oder Vorbildhaftigkeit begründet. Eine ‚politische Autorität' ist politisch einflussreich; eine ‚juridische Autorität' kann Gesetzgebungen gestalten; eine ‚religiöse Autorität' hat die Befugnis zur Auslegung von religiösen Offenbarungsschriften; eine ‚moralische Autorität' hat sich moralisch in ihrem Handeln bewährt. Für Philosophen sind die Autoritäten oft andere Philosophinnen, die sich in einem philosophischen Forschungsfeld besonderes Ansehen erworben haben. So beruft sich Thomas von Aquin immer wieder auf die Autorität des Aristoteles. In allen Bereichen gibt es jedoch auch ‚falsche Autoritäten', die Fähigkeiten oder Befugnisse vorgaukeln, die sie tatsächlich nicht haben. Im politischen Bereich spricht man von einem ‚Demagogen', im Alltag von einem ‚Blender' und in moralischen Kontexten von einem ‚Scharlatan'. Autoritätsargumente haben den großen Vorteil, dass sie alles weitere Begründen hinfällig machen, wenn das Gegenüber die jeweilige Autorität akzeptiert. Insgesamt sind Autoritätsargumente jedoch mit Vorsicht zu genießen, weil aus der Tatsache, dass sich eine Person oder Instanz als Autorität behauptet, noch lange nicht folgt, dass man ihr tatsächlich alles glauben sollte oder dass man gar tun sollte, was sie sagt.

1. In welchen Kontexten verwenden Sie das Argument „das ist richtig, weil die Person x (oder die Instanz x) das so gesagt hat"? Finden Sie Beispiele. Auf was für eine Autorität berufen Sie sich jeweils? Worauf begründet sich die Autorität der Autorität?

Ihr Beispiel:

_____

_____

Die Person/Instanz _____ ist eine Autorität, weil:

_____

Andere könnten sagen, dass:

_____

_____

2. Schlagen Sie nach: Was bedeutet das lateinische Wort *auctoritas*?

_____

_____

3. Stöbern Sie in fachdidaktischen Abhandlungen zum Unterschied zwischen ‚Autoritäten', ‚Vorbildern' und ‚Demagogen'. Finden Sie Beispiele: Wen würden Sie persönlich als ‚Autorität' oder ‚Vorbild' ansehen, und wen halten Sie für einen ‚Demagogen'? Beachten Sie, dass nicht nur Personen, sondern auch Instanzen (wie z. B. ‚das Gesetz') Autoritäten sein können. Wie würden Sie Ihre Schülerinnen und Schüler vor ‚falschen Vorbildern' zu schützen versuchen?

	Definition	Beispiel	Ihre Strategie
Autorität:			
Echtes Vorbild:			
Falsches Vorbild:			
Demagoge:			

4. Überlegen Sie: Müssen ‚Autoritäten' zwangsläufig ‚autoritär' auftreten? Worin kann sich die ‚Autorität von Autoritäten' jenseits von Macht noch begründen? Was würden Sie tun, wenn sie die Autorität anfechten wollen?

Beispiel	Begründung der Autorität	Ihre Strategie zur Anfechtung
	Macht	

5. Georg W. F. Hegel entfaltet in seiner *Phänomenologie des Geistes* von 1807 in einem anderen philosophischen Zusammenhang ein dialektisches Verhältnis von Herrschaft und Knechtschaft (Hegel 1970, S. 145–155). In den Bereich des Politischen übertragen, wird die Pointe dieser Herrschafts-Knechtschafts-Dialektik oft darin gesehen, dass es einerseits Untertanen (Knechte) nur gibt, wenn es Instanzen des Herrschens gibt; dass es andererseits aber auch nur Herrscher geben kann, wenn es Untertanen gibt, die ihren Herrschaftsanspruch anerkennen. Ähnlich scheint es sich mit Autoritäten zu verhalten: Man braucht eine kritische Masse von ‚Autoritätshörigen', welche die Autoritäten als Autoritäten anerkennen, damit die Autorität als solche gilt. Sobald diese kritische Masse jedoch zu kritisch wird (um einmal ein kleines Wortspiel einzufügen), verlieren die Autoritäten ihren Status als Autoritäten. Finden Sie ein Beispiel für ein dialektisches Verhältnis zwischen (echten oder falschen) Autoritäten und ihren Anhängern und überlegen sie, was die Anhänger zum Abfall von der Autorität bewegen könnte.

Ihr Beispiel:

Die Autorität ist echt/falsch, weil:

3.2 • Das Autoritätsargument

Die Anhängerschaft besteht aus:

_____

_____

Für einen Abfall sind folgende Gründe/Ursachen denkbar:

_____

_____

6. Kennen Sie ‚philosophische Autoritäten'? Warum halten Sie die ‚Autorität' für eine Autorität?

Ihre philosophische Autorität:

_____

_____

Begründung:

_____

_____

7. Hannah Arendt unterscheidet am Beispiel des antiken Roms ‚echte Autorität' vom ‚Überzeugen' und von ‚bloßer Macht'. Rekonstruieren Sie den Argumentationsgang und diskutieren Sie die Prämissen.

Text	Rekonstruktion	Diskussion
„Was war Autorität? […].	Leitende Frage:	
Da Autorität immer mit dem Anspruch des Gehorsams auftritt, wird sie gemeinhin für eine Form von Macht, für einen Zwang besonderer Art gehalten […].	E1:	
Autorität jedoch schließt gerade den Gebrauch jeglichen Zwanges aus, und wo Gewalt gebraucht wird, um Gehorsam zu erzwingen, hat Autorität immer schon versagt	AE1 (P1):	
Andererseits ist Autorität unvereinbar mit überzeugen, welches Gleichheit voraussetzt und mit Argumenten arbeitet. Argumentieren setzt Autorität immer außer Kraft. Der egalitären Ordnung des Überzeugens steht die autoritäre Ordnung gegenüber, die ihrem Wesen nach hierarchisch ist.	P2:	
Will man also Autorität überhaupt definieren, so würde es sich vor allem darum handeln, sie klar sowohl gegen Zwang durch Gewalt wie gegen Überzeugen durch Argumente abzugrenzen. Denn die autoritäre Beziehung zwischen dem, der befiehlt, und dem, der gehorcht, beruht weder auf einer beiden Teilen gemeinsamen Vernunft noch auf der Macht des Befehlenden.	K1 (T1):	

Text	Rekonstruktion	Diskussion
Was beide gemeinsam haben, ist die Hierarchie selber, deren Legitimität beide Parteien anerkennen und die jedem von ihnen seinen von ihr vorbestimmten, unveränderten Platz anweist."	P3:	
„Das Wort ‚auctoritas' ist abgeleitet von dem Verb ‚augere', vermehren,	P4:	
und was Autorität oder diejenigen, die Autorität verwalten, beständig vermehren, ist die Gründung [bzw. die Erzählung zur Gründung wie z. B. der Stadt Rom; Anm. MLR.].	P5:	
Die Autorität der Lebenden war immer indirekter Natur, abgeleitet […] von der Autorität der Gründer, die nicht mehr unter den Lebenden weilten. […].	K2 (T2):	
Der bindenden Kraft dieser Autorität im Politischen entspricht im Religiösen die bindende Kraft der Auspizien [kultische Deutung des Vogelflugs; Anm. MLR], die sich von den griechischen Orakeln dadurch unterscheiden, daß sie nicht den Gang zukünftiger Ereignisse andeuten, sondern nur enthüllen, ob die von Menschen getroffenen Entscheidungen auf göttliche Billigung oder Mißbilligung, auf das zustimmende Nicken der Götter, rechnen können.	P6:	
Auch die römischen Götter haben nur Autorität unter den Menschen, nicht eigentlich Macht über sie, auch sie ‚mehren' und bestätigen menschliches Handeln, sie leiten es nicht."	K3 (T3):	
Arendt 1961, S. 1 f., 188 f.	*Bitte beachten Sie, dass der Text gekürzt ist, dass er aus dem Englischen übersetzt wurde und dass man einen philosophischen Text auf verschiedene Weise rekonstruieren kann.*	

8. Vielleicht ist auch unsere Bundesrepublik Deutschland in Arendts Sinne eine ‚echte Autorität', weil sie auf der demokratischen Verfassungsgebung von 1949 und der friedlichen Wiedervereinigung von 1989 beruht? Skizzieren Sie die wichtigsten Fakten und diskutieren Sie: Sind das ‚starke Gründungserzählungen' im Sinne Arendts? Begründungen Sie in Ihren Augen ‚echte Autorität'? Haben Sie ein anderes Beispiel?

Beispiel	Einige Fakten	Das ist (keine) Gründungserzählung, weil
Gründung der BRD		
Mauerfall		
Ihr Beispiel:		

9. Das *Milgram Experiment* wurde erstmals 1961 durch den Psychologen Stanley Milgram ausgeführt. Willkürlich ausgewählte (d. h. ‚normale') Probanden wurden getestet, ob bzw. wie weit sie moralische Grenzen überschreiten, um autoritären Anweisungen Folge zu leisten. Vorgebliche Schüler und Schülerinnen (Schauspieler) sollten auf Anweisungen der Versuchsleiter (d. i. der Autorität) für Fehler mit (simulierten) Stromschlägen bestraft werden. Dabei zeigten 65 %

3.2 · Das Autoritätsargument

die Bereitschaft, sehr starke (ggfs. tödliche) Stromschläge auszuteilen, wenn die vorgeblichen Schüler weder sichtbar noch hörbar waren; immerhin noch 30 % sollen solche Schläge bei unmittelbarer Berührungsnähe ausgeteilt haben. Finden Sie ein Beispiel für blinde Autoritätshörigkeit und überlegen Sie, mit welchen Strategien Sie ihr ggfs. begegnen können. Diskutieren Sie die Strategie mit Freunden.

Ihr Beispiel für Autoritätshörigkeit:

_____

_____

Ihre Gegenstrategie:

_____

_____

10. In der Passage, die im letzten Kapitel zum Common-Sense-Argument schon zitiert wurde, beruft sich Sokrates auf die Autorität des Homer (s. ▶ Abschn. 3.1.6) Stöbern Sie: Warum war Homer eine Autorität für seine Zuhörer? Was will Sokrates bezwecken? Fällt Ihnen eine Instanz ein, auf die man sich heute in ähnlich konsensfähiger Weise als Autorität berufen könnte?

Homer war zur Zeit des Sokrates eine Autorität, weil

_____

_____

Sie würden sich auf die Autorität _____ berufen, weil:

_____

_____

11. Ein Autoritätsargument kann in etwa folgende Form haben:

> Pd: Die Instanz X hat gesagt, dass H getan (unterlassen) werden sollte.
> Pn: Weil X eine Autorität ist, sollte getan werden, was X sagt.
> → K: H soll getan (unterlassen) werden.

Stellen sie sich vor, dass Sie eine Lehrperson zur Zeit des Nationalsozialismus sind und gegenüber einer jüdischen Schülerin rechtfertigen müssen, dass sie vom Unterricht ausgeschlossen werden soll. Stellen Sie das Argument als Syllogismus dar und diskutieren Sie die Prämissen ganz besonders kritisch – *denn natürlich sollte niemand ein solches Argument unwidersprochen vorbringen dürfen!*

Syllogismus	Einwände
Pd1:	
Pd2:	
Pn:	
→ K:	

12. Überlegen Sie: Was spricht dafür, die Gesetze einer Gesellschaft auch dann zu achten, wenn man nicht einverstanden ist? Unter welchen Umständen wäre es in Ihren Augen jedoch unbedingt moralisch geboten, das Gesetz zu brechen und seine Autorität zu missachten?

Man sollte staatliche Gesetze grundsätzlich (nicht) achten, weil:

_____

_____

Man sollte ein staatliches Gesetz (auch dann nicht) brechen, wenn:

_____

_____

13. Für Hannah Arendt war Adolf Eichmann das Beispiel eines autoritätshörigen Charakters par excellence. Stöbern Sie: Wer war Adolf Eichmann und welche Verbrechen wurden ihm zur Last gelegt? Analysieren Sie den folgenden Text:

Text	Rekonstruktion	Diskussion
„Auf jeden Punkt der Anklage antwortete Eichmann ‚Im Sinne der Anklage nicht schuldig'. […]	T:	
Der Verteidigung wäre es anscheinend lieber gewesen, wenn sich Eichmann bei seinen Erklärungen, er sei nicht schuldig, darauf berufen hätte, dass er nach den seinerzeit gültigen Nazigesetzen nichts Strafbares getan hätte […].	P1:	
dass es seine Pflicht gewesen sei, zu gehorchen, und dass er […]	P2:	
getan habe, was seinerzeit als Tugend, doch nur ‚dem Sieger' als Verbrechen galt. […]	P3:	
Gesetz war Gesetz. Ausnahmen durfte es nicht geben.	K (vgl. T)	
In Jerusalem gab er zu, in zwei Fällen Ausnahmen gemacht zu haben – er hatte einer halbjüdischen Kusine geholfen und einem jüdischen Ehepaar aus Wien, für das sich sein Onkel verwandt hatte,	E1:	

3.2 · Das Autoritätsargument

Text	Rekonstruktion	Diskussion
aber diese Inkonsequenz war ihm auch jetzt noch peinlich, und bei der Befragung im Kreuzverhör klang seine Erklärung, er habe diese Dinge seinem Vorgesetzten ‚erzählt oder besser gebeichtet', unverhohlen apologetisch.	AE1:	
Diese kompromisslose Haltung bei der Verrichtung seiner mörderischen Pflichten belastete ihn natürlich in den Augen des Gerichts mehr als alles andere,	E2:	
vor sich selbst aber fühlte er sich gerade dadurch gerechtfertigt, und es ist kein Zweifel, dass das Bewusstsein, Ausnahmen nicht geduldet zu haben, in ihm, was immer an Gewissen noch übriggeblieben sein möchte, zum Schweigen gebracht hatte."	AE2:	
Arendt 2004, S. 93, S. 233 f.	*Bitte beachten Sie, dass der Text gekürzt ist und dass man einen philosophischen Text auf verschiedene Weise rekonstruieren kann.*	

Tipp

Zu 3.2.2: Das lateinische *auctoritas* bedeutet ‚Vorbild, Muster', ‚Bürgschaft', ‚Dokument' ‚Ratschlag' und ‚juristische Vollmacht'. Die *auctoritas patrum* war die Macht des römischen Senats, Gesetze zu bestätigen und zu interpretieren. Die heutige Schreibweise ohne ‚c' geht auf das Vulgär-Latein des Mittelalters zurück.

Zu 3.2.10: Homer (wenn er als Einzelperson gelebt hat, dann ca. 8. Jhd. v. Chr.) gilt als Autor der epischen Werke *Ilias* und *Odyssee*, welche die Geschichtsauffassung, das Weltbild und insbesondere die Religion der griechischen Antike entscheidend geprägt haben.

Zu 3.2.13: Adolf Eichmann (1906–1960) war als Leiter des ‚Referats für Juden und Räumungsangelegenheiten' maßgeblich für die Organisation der Verschleppung von jüdischen Menschen in Konzentrationslager (insb. mit Zügen) und deren anschließender Ermordung zuständig. Er wurde in Israel zum Tode verurteilt, nachdem ihn der israelische Geheimdienst in Argentinien aufgespürt hatte. Hannah Arendt war Prozess-Beobachterin.

Zu 3.2.11: Ein Autoritätsurteil zum Schulverweis einer jüdischen Schülerin während des Nationalsozialismus

Gegen Pd: Vielleicht hat X gar nicht gesagt (bzw. gemeint), dass H getan werden soll? Gegen Pn: Ist X tatsächlich eine moralische Autorität?	
Pd1: Im nationalsozialistischen Gesetz steht, dass jüdische Schülerinnen und Schüler nicht dieselben Schulen wie nichtjüdische Schülerinnen und Schüler besuchen dürfen.	E: Lässt das Gesetz Ausnahmen zu, wenn es beispielsweise keine ‚jüdische' Schule gibt?
Pd2: Die Schülerin ist Jüdin.	E1: Wurde das Mädchen adoptiert? E2: Ist es im vorliegenden Fall relevant, ob das Mädchen Jüdin ist?
Pn: Man muss dem Gesetz gehorchen.	E: Das nationalsozialistische Gesetz beruht auf moralisch falschen Prämissen, so dass man diesem Gesetz nicht gehorchen darf.

→ K: Die Schülerin muss von der Schule verwiesen werden.	Ist die Konklusion noch haltbar?

Bitte beachten Sie, 1) dass es mehrere Möglichkeiten gibt, das Argument zu formulieren und 2) dass hier nicht alle möglichen Einwände genannt werden können. Wenn Sie einen anderen Syllogismus geschrieben oder andere Einwände formuliert haben, liegen Sie vermutlich ebenfalls richtig! Vielleicht befragen Sie Ihren Freundeskreis? Und bitte beachten Sie vor allem, dass sich die These (K) auch anders (ggfs. besser) begründen ließe als durch ein Autoritätsargument.

> **Zum Weiterlesen**
Arendt, Hannah: *Eichmann in Jerusalem.* München 1986.

3.3 Das Argument der Klugheit

Vielleicht ist es nicht immer clever, das moralisch Richtige zu tun? Schließlich scheint es oft klüger zu sein, nicht ganz die Wahrheit zu sagen. Und was würden wir nicht alles anstellen und tun, wenn wir sicher wären, dass andere davon nichts mitbekommen und uns nicht bestrafen würden. Leider scheint eine Entscheidung, die uns den größten Nutzen bringen würde, nicht immer die moralisch beste Entscheidung zu sein. Allerdings bleiben die meisten Missetaten nicht unentdeckt, so dass es langfristig klug zu sein scheint, auch dann anständig und ehrlich zu handeln, wenn man nicht unter direkter Beobachtung steht. Das Argument der Klugheit argumentiert damit, dass es auf die Dauer das Beste für einen selbst und andere ist, das moralisch Richtige zu tun und Verbotenes zu unterlassen.

1. Welche moralische Entscheidung würden Sie mit dem Satz kommentieren „Es wäre doch einfach nur dumm, wenn man das machen würde"? Finden Sie jeweils ein Beispiel für eine moralische und eine nicht-moralische Entscheidung und begründen Sie, warum für Sie die Entscheidung dumm zu sein scheint. Überlegen Sie, ob sich die Sache anders darstellt, wenn Sie langfristig denken.

	Ihr Beispiel:	Die Entscheidung wäre dumm, weil:	Langfristig gilt:
Die moralische Entscheidung:			
Die nicht-moralische Entscheidung:			

2. Was glauben Sie: Ist es insgesamt klug, moralisch zu sein? Bedenken Sie, dass es manchmal sehr anstrengend sein kann. Welchen Stellenwert hat Angst vor Strafe (bzw. vor dem Verlust von Sympathie und Ansehen), wenn Sie selbst moralisch handeln?

3.3 · Das Argument der Klugheit

	Moralisches Handeln ist klüger, weil:	Egoistisches Handeln ist klüger, weil:
Begründung 1:		
Begründung 2:		
Begründung 3:		
Ihre Entscheidung:		

3. Erfinden Sie ein Beispiel, in denen die kluge Entscheidung definitiv unmoralisch ist. Können Sie sich Fälle vorstellen, in denen es dennoch moralisch erlaubt sein kann, sich für die kluge und gegen die moralisch richtige Handlungsoption zu entscheiden? Oder ist das prinzipiell undenkbar? Begründen Sie.

Ihr Beispiel:

_____

_____

Ihre Entscheidung:

_____

_____

Begründung:

_____

_____

4. Stöbern Sie: Was ist ‚Praktische Klugheit' (griech. *phronesis*) nach Aristoteles? Und was unterscheidet ‚moralische Klugheit' vom Egoismus?
Jemand ist ‚praktisch klug', wenn er über folgende Fähigkeit(en) verfügt:

_____

_____

‚Praktische Klugheit' unterscheidet sich vom Egoismus dadurch, dass:

_____

_____

5. Wenn Sie einen Ring finden würden, der vor aller Strafe schützt, weil er unsichtbar macht – für welche Missetaten würden Sie ihn verwenden? Hätten Sie trotzdem Bedenken, und falls ja, welche?

Ihre Missetat:

_____

_____

Ihre Bedenken:

_____

_____

> **Tipp**
>
> **Zu 3.3.4:** ‚Praktische Klugheit' ist nach Aristoteles die Fähigkeit des richtigen Handelns. Voraussetzungen sind die Fähigkeiten 1) der angemessenen Beschreibung sowie 2) der angemessenen normativen Bewertung einer Situation sowie 3) die Fähigkeit, aus dem moralischen Urteil (d. h. aus 1 und 2) die angemessenen Konsequenzen zu ziehen und 4) in die Tat umzusetzen.
> Ein ‚Egoist' ist nicht in diesem Sinne ‚praktisch klug', sondern er entscheidet nur zum eigenen Vorteil.

6. Ein Klugheitsargument kann in etwa folgende Form haben:

> Pd: In der Situation x wäre es klug, die Handlung H zu tun (zu unterlassen).
> Pn: Man sollte H tun (unterlassen), wenn das ist der Situation x das Klügste ist.
> → K: H soll getan (unterlassen) werden.

Stellen sie ein Klugheitsargument zu der These, dass man eine schicke Jacke, die man nicht bezahlen kann, in der Filiale einer großen Kaufhaus-Kette stehlen sollte, als Syllogismus dar und überlegen Sie, wie Sie die Prämissen des Urteils anfechten würden.

Syllogismus	Mögliche Einwände?
Pd:	
Pn:	
→ K:	

7. In Platons *Politeia* findet sich der Mythos vom Ring des Gyges. Rekonstruieren Sie den Text und wägen Sie ab.

3.3 • Das Argument der Klugheit

Text	Rekonstruktion	Diskussion
„Dass aber die Menschen, die Gerechtigkeit üben, nur […] wider Willen gerecht sind, das können wir am besten unter folgender Annahme erkennen: Wir geben dem Gerechten wie dem Ungerechten die Möglichkeit, frei nach ihrem Willen zu handeln. […]	T:	
Die Möglichkeit, von der ich spreche, wäre am besten dann gegeben, wenn die Menschen die Kraft hätten, wie sie der Sage nach Gyges […] gehabt hat. Dieser stand nämlich als Hirt im Lohndienst bei dem damaligen Herrn von Lydien. Unter starkem Regen und Beben barst die Erde und auf seinem Weidepatz entstand ein Spalt. Da er dies voll Staunen sah, stieg er hinab und erblickte dort […] einen Mann, offenbar tot, überlebensgroß, ohne irgend etwas am Leib, nur mit einem goldenen Ring am Finger. Ihn zog er ab und stieg heraus. […] Als er nun unter den anderen [Hirten] saß, drehte er zufällig den Stein des Ringes gegen sich ins Handinnere; dadurch wurde er seinem Nachbarn unsichtbar, und sie sprachen über ihn, als wäre er nicht da. Und er […] drehte den Ring nach auswärts, und schon war er wieder sichtbar. […] Da er dies erkannte, erreichte er sofort die Wahl unter die Königsboten. Dort angekommen, verführte der die Gattin des Königs, verschwor sich mit ihr gegen den König, tötete ihn und ergriff die Macht." […]	Gedankenexperiment:	
„Wenn es nun zwei solcher Ringe gäbe, und den einen sich der Gerechte, den anderen der Ungerechte ansteckte, dann wäre wohl keiner aus solchem Stahl, dass er der Gerechtigkeit treu bliebe […].	K (vgl. T):	
Denn jedermann erwartet von der Ungerechtigkeit für sich persönlich viel größere Vorteile als von der Gerechtigkeit."	P1:	
Platon (1958): Staat II. 360a–c	*Bitte beachten Sie, dass der Text gekürzt ist, dass er aus dem Griechischen übersetzt wurde und dass man einen philosophischen Text auf verschiedene Weise rekonstruieren kann.*	

Zu 3.3.6: Klugheitsargument zu der These, dass man eine dringend benötigte Jacke, die man nicht bezahlen kann, in der Kette eines Kaufhauses stehlen sollte

Gegen Pd: Wäre H langfristig unklug oder gibt es klügere Alternativen?
Gegen Pn: Ein erwünschtes Ziel rechtfertigt nicht per se alle Mittel.

Pd: Wenn man die Jacke braucht, aber nicht bezahlen kann, ist Stehlen die klügste Handlung, um die Jacke zu bekommen.	E1: Die Handlung ist nicht klug, weil man beim Stehlen erwischt werden könnte E2: Gibt es keine Möglichkeit, das Geld für die Jacke ehrlich zu verdienen? E3: Vielleicht ist die Handlung nicht klug, weil man unter einem schlechten Gewissen mehr leiden als sich an der Jacke freuen würde.
Pn: Man sollte die jeweils klügste Handlung tun.	E1: Der Zweck ‚Jacke' rechtfertigt nicht das moralisch schlechte Mittel des Diebstahls. E2: Es ist per se schlecht, ein Dieb zu sein.
→ K: Man sollte die Jacke stehlen.	**Ist die Konklusion noch haltbar?**

> Bitte beachten Sie, 1) dass es mehrere Möglichkeiten gibt, das Argument zu formulieren und 2) dass hier nicht alle möglichen Einwände genannt werden können. Wenn Sie einen anderen Syllogismus geschrieben oder andere Einwände formuliert haben, liegen Sie vermutlich ebenfalls richtig! Vielleicht befragen Sie Ihren Freundeskreis? Und bitte beachten Sie vor allem, dass sich die These (K) sicher auch anders (bzw. besser) begründen ließe als durch ein Klugheitsargument.

3.4 Das Argument der Doppelwirkung

Mit dem Doppelwirkungsargument kann man sich entlasten, wenn man etwas Schlimmes getan hat, weil die einzig mögliche Alternative (die auch sein kann, die Handlung nicht zu tun) noch schlimmer gewesen wäre. Obwohl man tatsächlich etwas Schlimmes getan hat, kann man sich mit dem Argument entschuldigen, weil es moralisch natürlich weniger schwer ins Gewicht fällt, wenn man etwas Schlimmes nur tut, um nicht noch Schlimmeres tun zu müssen. Stellen Sie sich vor, dass Sie ein Kind grob schubsen, damit es nicht vor einen Laster rennt. Sie haben dann ein Kind geschubst, obwohl man das nicht darf. Allerdings haben Sie das Kind geschubst, damit es nicht vor einen Laster rennt, und nicht etwa, weil sie gerne Kinder schubsen: Mit Verweis auf Ihre gute Absicht könnten Sie Ihr Schubsen im Nachhinein rechtfertigen. In der Angewandten Ethik wird das Argument beispielsweise verwandt, wenn ein Arzt einem Patienten eine tödliche Dosis Schmerzmittel verabreichen muss, weil er nur damit dessen Schmerzen lindern kann. Diese Situation ist allerdings nicht zu verwechseln mit einer Situation, in der ein Arzt einen Patienten mit einer tödlichen Dosis wegen dessen großer Schmerzen Sterbehilfe leistet: In diesem Fall beabsichtigt der Arzt den Tod des Menschen, so dass von einer unerwünschten Nebenfolge keine Rede sein kann. Es kommt bei dem Doppelwirkungsargument also nicht nur darauf an, dass es keine bessere Alternative gibt, sondern ganz zentral auch darauf, welche Absichten jemand mit einer Handlung tatsächlich verfolgt hat – und das ist nicht immer leicht festzustellen.

1. In welcher Situation haben Sie schon einmal gesagt: „Das wollte ich nicht, aber es ließ sich nicht vermeiden!" Finden Sie ein Beispiel. Listen Sie auf, was Sie ‚nicht wollten' und begründen Sie, warum Sie trotzdem gehandelt haben, wie Sie gehandelt haben.

Ihr Beispiel:

_____

_____

Sie wollten das nicht tun, weil:

_____

_____

Sie haben es trotzdem getan, weil:

_____

_____

3.4 · Das Argument der Doppelwirkung

2. Stellen Sie sich folgende Situation vor: Sie sind nachts allein in einem dunklen Wald. Zufällig haben Sie ein Schnitzmesser dabei, weil Sie in den Wald gegangen sind, um ein Herzchen mit dem Namen Ihres bzw. Ihrer Liebsten in einen Baum zu schnitzen. Auf dem Heimweg beobachten Sie, wie jemand brutal angegriffen wird. Sie eilen hin, ergreifen Ihr Messer und erstechen den Angreifer. Was meinen Sie: Sind Sie schuld an seinem Tod? Bitte argumentieren Sie nicht juristisch (Nothilfe), sondern moralisch.

Was wäre Ihre Absichten gewesen?	
Spielt es im vorliegenden Zusammenhang eine Rolle, dass der Tod eines Menschen absehbar ist, wenn man mit einem Messer auf ihn einsticht? Begründen Sie.	
Würden Sie genauso urteilen, wenn es eine Chance gab, den Angreifer auch ohne den Einsatz Ihres Messers vom Angriff anzuhalten? Begründen Sie.	
Spielt es eine Rolle, dass nicht Sie selbst, sondern eine andere Person angegriffen wurde? Begründen Sie.	
Würde es einen Unterschied machen, wenn Sie den Angreifer aus anderen Kontexten kennen und ihn besonders (überhaupt nicht) mögen? Begründen Sie.	
Würden Sie sich bei dem Sohn/der Tochter des Getöteten entschuldigen? Begründen Sie.	
Würden Sie im Nachhinein sagen, dass Sie (moralisch) etwas falsch gemacht haben? Begründen Sie.	

3. Nach Ralf Stoecker kann es dem „Prinzip der Doppelwirkung" (PDW) zufolge unter entsprechenden Umständen „moralisch zulässig sein, bestimmte Handlungsfolgen (z. B. den Tod eines Menschen) als Nebenfolge einer absichtlichen Handlung wissentlich zu bewirken", obgleich es sich um üble Handlungfolgen handelt (Stoecker 2023, S. 227). Stimmen Sie zu? Finden Sie Beispiele.

Ihr Beispiel für eine Situation, in der Sie den Tod eines Menschen als ‚Nebenfolge' akzeptieren würden:	
Begründung:	

Ihr Beispiel für eine Situation, in der Sie den Tod eines Menschen als ‚Nebenfolge' nicht akzeptieren würden:	
Begründung:	

4. In der Rechtsprechung, im Militär-Jargon und im Geschäftsleben ist manchmal von ‚Kollateralschäden' die Rede. Stöbern Sie: was bedeutet der Begriff? Suchen Sie im Netz nach Beispielen für Militäreinsätze, bei denen im Nach-

hinein in der Presse von ‚Kollateralschäden' die Rede war, die ausdrücklich in Kauf genommen worden seien. Was meinen Sie: War es in dem Fall gerechtfertigt, dass ‚Kollateralschäden' in Kauf genommen wurden?

Def. ‚Kollateralschaden':

_____

_____

Ihr Beispiel:

_____

_____

Der Kollateralschadens war (nicht) gerechtfertigt, weil:

_____

_____

5. Das Argument der ‚Doppelwirkung' geht auf Thomas von Aquin zurück. Analysieren Sie seinen Argumentationsgang.

Text	Rekonstruktion	Pro/Contra
„Ist es einem in der Selbstverteidigung erlaubt, einen anderen zu töten?	Leitende Frage:	
[...]	Auflistung der Positionen von Autoritäten wie z. B. Augustinus.	
ANTWORT: Es steht nichts im Wege, dass ein und dieselbe Handlung zwei Wirkungen hat, von denen nur die eine beabsichtigt ist, während die andere außerhalb der [eigentlichen] Absicht liegt.	P1:	
Die sittlichen Handlungen aber empfangen ihre Eigenart von dem, was beabsichtigt ist, nicht aber von dem, was außerhalb der Absicht liegt, da es zufällig ist [...].	P2:	
So kann auch aus der Handlung dessen, der sich selbst verteidigt, eine doppelte Wirkung folgen: die eine ist die Rettung des eigenen Lebens; die andere ist die Tötung des Angreifers.	z. B. zu P1:	
Eine solche Handlung hat auf Grund der Absicht, die auf die Rettung des eigenen Lebens geht, nichts Unerlaubtes; denn das ist jedem Wesen naturhaft, daß es sich, soweit es nur irgend kann, im Sein erhält.	K (T):	
Es kann aber eine Handlung, die aus einer guten Absicht hervorgeht, unerlaubt werden, wenn sie dem Ziel nicht angemessen ist. [...]	Einschränkung 1	

3.4 · Das Argument der Doppelwirkung

Text	Rekonstruktion	Pro/Contra
Weil es aber nur der öffentlichen Gewalt um des Gemeinwohles willen erlaubt ist, einen Menschen zu töten, [...] ist es nicht erlaubt, daß der Mensch die Tötung eines Menschen beabsichtigt, um sich selbst zu verteidigen, außer er sei Inhaber der öffentlichen Gewalt. [...] Wenngleich auch diese sündigen würden, falls sie sich dabei von persönlicher Leidenschaft leiten ließen."	Einschränkung 2:	
Thomas von Aquin (1933ff): ST II.II. Q64 a.7	*Bitte beachten Sie, dass der Text gekürzt ist, dass er aus dem Lateinischen übersetzt wurde und dass man einen philosophischen Text auf verschiedene Weise rekonstruieren kann.*	

> **Tipp**
>
> **Zu 3.4.4:** Von einem ‚Kollateralschaden' spricht man, wenn eine Handlung unbeabsichtigte, aber vorhersehbare Nebenfolgen außer der eigentlich beabsichtigen Folge hat, welche für die eigentliche Folge in Kauf genommen werden. Bei Militäreinsätzen ist von ‚Kollateralschäden' insbesondere dann die Rede, wenn Zivilisten zu Schaden kommen.

6. Das Doppelwirkungsargument (engl. Rule of Double Effect; abgekürzt RDE) hat vor allem in der Medizinethik hohe Konjunktur. Rekonstruieren Sie den Text, finden Sie heraus, was eine ‚notwendige Bedingung' (engl. *necessary condition*) ist und erfinden Sie Beispiele für eine Situation, in der das Argument zum Tragen kommen könnte.

Text	Rekonstruktion	Diskussion
„According to classical formulations of the RDE, four conditions or elements must be satisfied for an act with a double effect to be justified. Each is a necessary condition, and together they form sufficient conditions of morally permissible action[s]:	Gegenstand: RDE	
1. *The nature of the act.* The act must be good, or at least morally neutral (independent of its consequences).	1. notw. Bedingung:	
2. *The agent's intention.* The agent intends only the good effect. The bad effect can be foreseen, tolerated, and permitted, but it must not be intended.	2. notw. Bedingung:	
3. *The distinction between means and effects.* The bad effect must not be a means to the good effect. If the good effect were the direct causal result of the bad effect, the agent would intend the bad effect in pursuit of the good effect.	3. notw. Bedingung:	
4. *Proportionality between the good effect and the bad effect.* The good effect must outweigh the bad effect. The bad effect is permissible only if a proportionate reason is present that compensates for permitting the foreseen bad effect."	4. notw. Bedingung:	
Beauchamp/Childress 1994, S. 207	*Bitte beachten Sie, dass der Text gekürzt ist, dass er aus dem Englischen übersetzt wurde und dass man einen philosophischen Text auf verschiedene Weise rekonstruieren kann.*	

Ihr Beispiel für eine Situation, in der alle vier Bedingungen erfüllt sind:

_____

_____

_____

Ihr Beispiel für eine Situation, in der (mindestens) eine der vier Bedingungen nicht erfüllt ist:

_____

_____

Nicht erfüllt ist (sind) die Bedingung(en):

_____

_____

> **Tipp**
>
> **Zu 3.4.6:** Wenn eine notwendige Bedingung nicht erfüllt ist, kann ein Ereignis nicht eintreffen bzw. ein Begriff auf ein Phänomen nicht angewandt werden. Wenn eine hinreichende Bedingung erfüllt ist, trifft ein Ereignis zuverlässig ein bzw. erfasst der Begriff das Phänomen. So ist es eine notwendige Bedingung für ‚Dreiecke', dass es sich um Flächen handelt. Die Bedingung ist aber nicht hinreichend, weil z. B. auch Quadrate Flächen sind. ‚Hinreichend' ist hingegen die Definition ‚Fläche mit drei Winkeln, die sich insgesamt zur Winkelsumme 180° addieren'.

7. Ein Doppelwirkungsargument hat etwa folgende Form:

> Pd1: Die Handlung H hat sowohl die Folge Fg als auch die Folge Fs.
> Pn1: Die Folge Fs ist sehr schlecht und die Folge Fg ist sehr gut.
> Pd2: Die Handlung H ist die einzige Möglichkeit, die Folge Fg zu erreichen.
> Pd3: Der Handelnde intendiert nur die gute Folge Fg.
> Pn2: X ist nur für ihre Intentionen moralisch verantwortlich.
> → K: X ist für die schlimmen Nebenfolgen Fs von H moralisch nicht verantwortlich.

Stellen sie ein Doppelwirkungsargument zur These, dass man zur Rettung des Lebens der Mutter ihr ungeborenes Baby töten darf, als Syllogismus dar und überlegen Sie, ob bzw. wie Sie die Prämissen des Urteils anfechten würden.

3.4 • Das Argument der Doppelwirkung

Syllogismus	Mögliche Einwände?
Pd1:	
Pn1:	
Pd2:	
Pd2:	
Pn2:	
→ K:	

8. Philippa Foot ist eine bekannte Kritikerin des Doppelwirkungsarguments. Sie erhebt u. a. den Einwand, dass man kaum behaupten könne, dass man den Tod eines anderen Menschen nicht beabsichtige, wenn man etwas tut, von dem man weiß, dass es den Menschen töten wird. Was halten Sie von dem Einwand? Diskutieren Sie die beiden Beispiele. Würden sich die Forscher in Ihren Augen schuldig machen, wenn Sie den dicken Mann in die Luft sprengen? Begründen Sie.

Text	Rekonstruktion	Diskussion
„Mit der ‚Doktrin der Doppelwirkung' meine ich die These, dass es manchmal erlaubt ist, etwas mit indirekter Absicht herbeizuführen, was man aber nicht direkt beabsichtigen darf. […]	Def:	
Eine Gruppe von Höhlenforschern erlaubte unklugerweise einem dicken Mann, sie auf ihrem Weg aus der Höhle hinaus zu führen, und er steckt plötzlich fest, wobei er die anderen hinter sich einschließt […] Glücklicherweise (glücklicherweise?) hat die eingeschlossene Gruppe eine Stange Dynamit dabei, mit der sie den dicken Mann aus der Höhlenöffnung sprengen kann. […]	z. B.:	
[Das Beispiel zeigt], wie lächerlich eine Version der Doktrin der Doppelwirkung wäre.	T:	
Denn nehmen wir an, dass die eingeschlossenen Forscher argumentierten, der Tod des Mannes sollte nur als eine vorhergesehene Folge der Handlung betrachtet werden, ihn in die Luft zu sprengen (‚wir wollten ihn nicht töten … nur in kleine Stücke sprengen … oder sogar ihn nur aus der Höhle sprengen'). […]	P1:	
Das ist keine Methode, um die Doktrin der Doppelwirkung zu verteidigen. Denn die Frage ist, ob der Unterschied zwischen etwas anstreben und es indirekt beabsichtigen für moralische Entscheidungen als solcher relevant ist."	K (T):	
Foot 1990, S. 197, 198 f., 201	*Bitte beachten Sie, dass der Text gekürzt ist, dass er aus dem Englischen übersetzt wurde und dass man einen philosophischen Text auf verschiedene Weise rekonstruieren kann.*	

Zu 3.4.7: Doppelwirkungsargument zur These, dass man zur Rettung des Lebens der Mutter ihr ungeborenes Baby töten darf

Gegen Pd: Hat die Handlung H die behaupteten Folgen und hat sie vielleicht noch andere Folgen?
Gegen Pn1: Sind die Folgen Fs tatsächlich eindeutig schlecht und/oder Fg eindeutig gut?
Gegen Pd2: Gibt es Handlungsalternative(n) ohne schlimme Nebenfolgen?
Gegen Pn2: Von außen kann Pn2 nicht bestritten werden, weil nur der Akteur selbst seine Intentionen kennt. Dieser kann sich allerdings bis zu einem gewissen Grad selbst belügen.
Gegen Pn3: Ist man doch verantwortlich, weil die üblen Nebenfolgen vorhersehbar sind?

Pd1: Eine Abtreibung hätte im vorliegenden Fall sowohl die Tötung des ungeborenen Kindes als auch die Rettung der Mutter zur Folge.	E: Würde die Mutter sicher gerettet?
Pn1: Ein ungeborenes Kind zu töten, ist prima facie moralisch schlecht, während es prima facie moralisch gut ist, eine Mutter zu retten.	E1: Man kann den Standpunkt vertreten, dass eine Abtreibung (insb. in einem frühen Stadium der Schwangerschaft) nicht moralisch schlecht ist. E2: Kann das Kind überleben, wenn die Mutter stirbt?
Pd2: Es gibt keine andere Möglichkeit, das Leben der Mutter zu retten.	E: Gibt es keine andere Maßnahme zur Rettung der Mutter als die Abtreibung?
Pd3: Der Arzt hat an Abtreibungen kein Interesse, sondern nur an der Rettung des Lebens der Mutter.	E: Diese Prämisse ist schwer zu bestreiten, weil nur der Arzt seine eigentlichen Absichten kennt.
Pn3: Weil er keine bessere Alternative hat (vgl. Pd2), ist der Arzt nicht verantwortlich für die schlimmen Folgen, die seine Maßnahmen zur Rettung der Mutter für das Baby haben.	E: Der Arzt ist für den Tod des Babys verantwortlich, weil er dessen Tod als Folge seiner Maßnahme zur Rettung der Mutter willentlich in Kauf nehmen würde.
→ K: Zur Rettung des Lebens der Mutter darf ein Arzt ihr ungeborenes Baby töten.	**Ist die Konklusion noch haltbar?**

Bitte beachten Sie, 1) dass es mehrere Möglichkeiten gibt, das Argument zu formulieren und 2) dass hier nicht alle möglichen Einwände genannt werden können. Wenn Sie einen anderen Syllogismus geschrieben oder andere Einwände formuliert haben, liegen Sie vermutlich ebenfalls richtig! Vielleicht befragen Sie Ihren Freundeskreis? Und bitte beachten Sie vor allem, dass sich die These (K) auch anders begründen ließe als durch ein Doppelwirkungsargument.

> **Zum Weiterlesen**
> Foot, Philippa: Das Abtreibungsproblem und die Doktrin der Doppelwirkung. In: Anton Leist (Hg.): *Um Leben und Tod.* Frankfurt a. M. 1990, S. 196–214.

3.5 Das Dammbruch-Argument

Das Dammbruch-Argument beruht auf der Einsicht, dass Regeln ihre normative Kraft verlieren, wenn sie zu oft gebrochen werden. Wenn eine rote Ampel immer wieder ignoriert wird, kann man sie auch gleich abmontieren. Genauso ist es mit einer moralischen Regel, gegen die immer wieder verstoßen wird. Um die Regel zu schützen, warnt man mit dem Dammbruch-Argument davor, zu leichtfertig Ausnahmen (für sich oder andere) zuzulassen, weil das die Regel zerstören könnte. Zugrunde liegt das Bild eines Dammes, in dem feine Risse entstanden sind, durch die das Wasser eindringt und die Risse immer mehr vergrößert, bis der Damm bricht.

3.5 • Das Dammbruch-Argument

1. Was meinen Sie, wenn Sie sagen „wehret den Anfängen!" oder auch „Fang damit am besten gar nicht erst an!"? Unter welchen Umständen sagen Sie so etwas? Erfinden Sie ein moralisches und ein nicht-moralisches Beispiel. Welche Regel sehen Sie in Gefahr? Warum wäre es schlecht, gegen die Regel zu verstoßen?

Ihr nicht-moralisches Beispiel:	
In Gefahr wäre die Regel:	
Auch ein einmaliger Verstoß wäre schlecht, weil:	
Ihr moralisches Beispiel:	
In Gefahr wäre die Regel:	
Auch ein einmaliger Verstoß wäre schlecht, weil:	

2. Finden Sie Beispiele für eine moralische und eine nicht-moralische Regel, die obsolet geworden ist, weil immer wieder gegen sie verstoßen worden ist. Was meinen Sie: Warum wurde gegen die Regeln verstoßen?

Ihr Beispiel für eine nicht-moralische Regel:

_____

_____

Gegen die Regel wurde systematisch verstoßen, indem:

_____

_____

Ihr Beispiel für eine moralische Regel:

_____

_____

Gegen die Regel wurde systematisch verstoßen, indem:

_____

_____

3. Das Dammbruch-Argument heißt im Deutschen auch ‚Argument der schiefen Ebene' und im Englischen *slippery slope argument*. Bitte beschreiben Sie, welche Vorstellung jeweils hinter den Namen steht: Wie bricht ein Damm und was passiert mit einer Kugel auf einer schiefen Ebene oder einem Ski auf einer rutschigen Piste? Was könnte gemeint sein, wenn man moralisch argumentiert?

	Vorstellung	Moralische Bedeutung
Dammbruch-Argument:		
Argument der schiefen Ebene:		
Slippery-slope-Argument:		

4. Kardinal Clemens Graf von Galen hat in einer berühmten Predigt in der Lamberti-Kirche zu Münster am 3. August 1941 gegen die Ermordung von geistig und körperlich eingeschränkten Menschen unter anderem ein Dammbruch-Argument vorgebracht. Stöbern Sie: Was hatte es mit dem sogenannten ‚Euthanasie-Programm' der Nationalsozialisten auf sich? Analysieren Sie die Begründung des Dammbruch-Arguments in der Predigt. Welche moralische Norm sieht das Argument in Gefahr? Die Zuhörer waren katholische Menschen aus dem ländlich geprägten Münsterland, deren Söhne häufig Soldaten waren: Glauben Sie, dass sie sich haben überzeugen lassen? Begründen Sie.

» Wenn einmal zugegeben wird, dass Menschen das Recht haben, ‚unproduktive' Mitmenschen zu töten – und wenn es zunächst auch nur arme, wehrlose Geisteskranke trifft, dann ist *grundsätzlich* der *Mord* an allen unproduktiven Menschen, also an den unheilbar Kranken, den arbeitsunfähigen ‚Krüppeln', den Invaliden der Arbeit und des Krieges, dann ist der Mord an uns allen, wenn wir alt und altersschwach sind und damit unproduktiv werden, freigegeben. (Galen 2000, S. 47)

Gefährdet ist die moralische Norm:

_____

_____

Die Zuhörer waren vermutlich (nicht) überzeugt, weil:

_____

_____

5. Das Dammbruch-Argument wurde beispielsweise gegen die Präimplantationsdiagnostik (PID) ins Feld geführt. Informieren Sie sich, was im Zuge von PID passiert. Was ist der Unterschied zur PND? Wie ist die rechtliche Lage?

> **Tipp**
>
> **Zu 3.5.4:** ‚Euthanasia' bedeutet im Griechischen etwa ‚schöner Tod'. Zynischerweise haben die Nationalsozialisten die systematische Ermordung von ca. 100.000 alten, kranken und geistig eingeschränkten Menschen im Rahmen der Aktion T4 (benannt nach der Tiergarten-Str. 4 in Berlin) so bezeichnet.
> **Zu 3.5.5:** PID (Präimplantationsdiagnostik) ist die genetische Untersuchung von befruchteten Eizellen in der Petrischale z. B. im Rahmen einer IVF (Invitro-Fertilisation bzw. künstliche Befruchtung). PND (Pränataldiagnostik) ist die Untersuchung von Embryonen im Mutterleib. Seit 2011 ist die PID (nur) bei Verdacht auf eine schwerwiegende Erbkrankheit erlaubt.

3.5 • Das Dammbruch-Argument

6. Ein Dammbruch-Argument hat folgende Form:

> Pd1: Es gibt die Regel R.
> Pd2: Durch die Handlung H würde die Regel R unterwandert und letztlich zerstört.
> Pn: Es wäre moralisch schlecht, wenn R zerstört würde.
> → K: H darf nicht getan werden.

Stellen Sie ein Dammbruch-Argument zu der These, dass Manipulationen an menschlichen Embryonen zu Forschungszwecken verboten sein sollte, als Syllogismus dar und diskutieren Sie die Prämissen.

Syllogismus	Mögliche Einwände?
Pd1:	
Pd2:	
Pn:	
→ K:	

7. Unter welchen Bedingungen würden Sie von einer ‚schweren Erbkrankheit' sprechen? Und unter welchen Bedingungen würden Sie PID erlauben oder verbieten? Begründen Sie.

‚Schwere Erbkrankheit':	Kriterien:	
	Beispiel:	
PID	Erlaubt bei:	
	Begründung:	
	Verboten bei:	
	Begründung:	

8. Analysieren Sie folgenden Argumentationsgang.

Text	Rekonstruktion	Diskussion
„Die PID soll unter anderem für Paare zugänglich sein, für deren Kinder ein hohes Risiko einer schwerwiegenden Erbkrankheit besteht […].	Ausgangssituation:	
In verschiedenen Staaten ist die bei der Einführung der Methode formulierte Indikation ‚schwere, nicht behandelbare Erbkrankheit' längst durchlässig geworden.	P:	

Text	Rekonstruktion	Diskussion
So wird die PID beispielsweise in Großbritannien heute auch eingesetzt, um Embryonen mit Veranlagungen für behandelbare Krankheiten wie die Phenylketonurie [d. i. eine angeborene Stoffwechselkrankheit; MLR] zu identifizieren und vom Transfer auszuschließen.	Erste Stufe:	
Die nächste Stufe der Ausweitung ist erreicht, wenn es nicht mehr um mit Sicherheit auftretende Krankheiten geht, sondern um Krankheitsdispositionen, bei denen die Wahrscheinlichkeit, dass die Krankheit sich entwickelt, deutlich unter 100 % liegt. Zu nennen ist hier beispielsweise eine erbliche Disposition für die Entwicklung von Brustkrebs, die unter anderem in England eine Indikation für die PID darstellt. [...] 40 % der Anlageträger [entwickeln] die befürchtete Krankheit nicht. [...]	Zweite Stufe:	
Ein qualitativ noch weiter gehender Schritt ist dann getan, wenn [...] die Nützlichkeit des Embryos für Dritte zum Zusatz- oder alleinigen Kriterium seiner Auswahl wird. Die Erzeugung sogenannter ‚Helferbabys' (oder ‚Rettungsgeschwister'), deren Gewebe mit dem eines beispielsweise an Leukämie erkrankten Geschwisterkindes kompatibel ist, [...] wurde einige Jahre nach Zulassung der PID sowohl in England, Frankreich, Schweden und Belgien erlaubt. [...] In diesem Fall geht es nicht allein um die Zeugung eines gesunden Kindes, sondern um die eines Kindes, das zusätzlich für andere hilfreich sein soll. [...]	Dritte Stufe:	
In einer weiteren Stufe [...] ginge es nur noch um die Auswahl von Embryonen mit erwünschten Eigenschaften. Realisiert wird dies heute schon bei der Auswahl von Embryonen mit einem bestimmten Geschlecht aus sozialen Gründen, dem sogenannten *social sexing* oder *family balancing*. [...]	Vierte Stufe:	
Wenn die grundsätzliche Entscheidung für die Etablierung der PID erst einmal gefallen ist, wird es schwierig sein, legitime von nicht legitimen Zielen der Untersuchung zu unterscheiden und Grenzen aufrechtzuerhalten."	K (T):	
Deutscher Ethikrat 2011, S. 121–124	*Bitte beachten Sie, dass der Text gekürzt ist und dass es verschiedene Möglichkeiten gibt, ein Argument zu rekonstruieren.*	

Zu 3.5.6: Dammbruch-Argument zu der These, dass Manipulationen an menschlichen Embryonen zu Forschungszwecken verboten werden sollte

Gegen Pd1: Ist die Regel wirklich fest etabliert und konsensfähig?
Gegen Pd2: Zerstört eine einzelne Regelverletzung (Ausnahme) die Regel? Liegen Umstände vor, unter denen trotz der Gefährdung der Regel eine Ausnahme gemacht werden muss?
Gegen Pn: Ist die Regel zu rigoros oder längst obsolet oder vielleicht sogar moralisch schlecht?

Pd1: Es gibt die moralische Regel, dass menschliche Forscher nicht in menschliches Erbgut eingreifen dürfen, weil die Folgen für die folgenden Generationen unbeherrschbar sein könnten.	E1: In anderen Ländern gibt es diese Regel nicht. E2: Es gehört zur Natur des Menschen, in die Natur einzugreifen: Das tun sie ständig. E3: Man könnte dafür sorgen, dass aus den Embryonen keine fortpflanzungsfähigen Menschen werden.

3.6 • Das Analogie-Argument

Pd2: Diese Regel würde sukzessive zerstört, wenn Manipulationen an menschlichen Embryonen zu Forschungszwecken zugelassen wird.	E: Einige wenige streng kontrollierte Forschungen würden die Regel nicht zerstören.
Pn: Die moralische Regel, dass menschliche Forscher nicht in menschliches Erbgut eingreifen, sollte als gute Regel bewahrt bleiben.	E: Die Regel ist verzichtbar, weil sowohl Betroffene als auch die medizinische Forschung von Eingriffen in das menschliche Erbgut profitieren würden.
→ K: Die Forschung an menschlichen Embryonen sollte verboten sein.	**Ist die Konklusion noch haltbar?**

Bitte beachten Sie, 1) dass es mehrere Möglichkeiten gibt, das Argument zu formulieren und 2) dass hier nicht alle möglichen Einwände genannt werden können. Wenn Sie einen anderen Syllogismus geschrieben oder andere Einwände formuliert haben, liegen Sie vermutlich ebenfalls richtig! Vielleicht befragen Sie Ihren Freundeskreis? Und bitte beachten Sie vor allem, dass sich die These (K) sicher auch anders (bzw. besser) begründen ließe.

> **Zum Weiterlesen**
> Walton, Douglas: *Slippery Slope Arguments.* Oxford 1992.

3.6 Das Analogie-Argument

Das Analogie-Argument basiert auf der Überzeugung, dass man in einer Situation ebenso handeln sollte wie in einer anderen Situation, wenn beide Situationen in moralischer Hinsicht vergleichbar sind. Wenn man dem einen Bettler Geld gibt, sollte man (wenn man das kann) einem anderen Bettler ebenfalls Geld geben, weil beide in Not sind. Damit das Argument tragfähig ist, muss allerdings erstens klar sein, dass die strittige Handlung in der einen Situation tatsächlich die richtige Handlung wäre. So sollte man Kindern wohl kein Geld geben, wenn sie zum Betteln gezwungen werden. Zweitens sollten beide Situationen in moralischer Hinsicht vergleichbar sein, weil es ansonsten keineswegs auf der Hand liegt, dass man in der zweiten Situation dasselbe tun sollte wie in der ersten. Vielleicht habe ich in einer ersten Situation einem Bettler Geld gegeben, weil ich (aus welchen Gründen auch immer) überzeugt war, dass der Bettler wirklich Hilfe braucht. In einer zweiten Situation kann ich jedoch den Eindruck haben, einen Betrüger vor mir zu haben, der seine Notlage nur vortäuscht. Nun täte die Haarfarbe der beiden Bettler der moralischen Vergleichbarkeit beider Situationen zweifellos keinen Abbruch. Aber wenn Sie es einmal selbst versuchen, zwei Situationen moralisch miteinander zu vergleichen, werden Sie schnell feststellen, dass das gar nicht so einfach ist!

1. Was meinen Sie, wenn Sie sagen „Du musst konsequent bleiben. Du kannst Dich nicht hier so entscheiden und da ganz anders"? Diskutieren Sie Ihr Beispiel.

Ihr Beispiel:

_____

_____

Mögliche Nachfragen:

_____

_____

2. Stöbern Sie: Was ist eine ‚Analogie'? Unterscheiden Sie eine Analogie von einem Beispiel, einem Gleichnis und einer Metapher.

	Definition	Beispiel
Analogie:		
Beispiel:		
Gleichnis:		
Metapher:		

3. Erzählen Sie: Haben Sie schon einmal so argumentiert, dass jemand in einer Situation *b* moralisch genau dasselbe tun sollte, was er zuvor schon in einer Situation *a* getan hat, weil das in der Situation *a* richtig war? Überlegen Sie: Wie müssen sich die Situationen *a* und *b* zueinander verhalten, damit sie einen solchen Rat geben können?

Beispiel	Mögliche Nachfragen
Beschreibung Situation a:	
Ihr Ratschlag zu Situation a:	
Beschreibung Situation b:	
Ihr Ratschlag zu Situation b:	

4. Judith Thomson behauptet eine Analogie zwischen der Situation einer schwangeren Frau und der Situation eines Mannes, der neun Monate an den Körper eines berühmten Geigers gefesselt wurde, um dessen Leben mit seinen Nierenfunktionen zu erhalten. Diskutieren Sie Gemeinsamkeiten und Unterschiede zwischen beiden Situationen. Überlegen Sie: Welche Gemeinsamkeiten und Unterschiede sind moralisch relevant und welche nicht?

» Ich möchte Sie bitten, sich folgendes vorzustellen. Sie wachen morgens auf und finden sich in einem Bett liegend, Kopf an Kopf mit einem bewusstlosen Geiger. Einem berühmten bewusstlosen Geiger. An ihm wurde eine bedrohliche Nierenkrankheit diagnostiziert, und die Gesellschaft der Musikfreunde hat alle verfügbaren Patientenunterlagen durchsucht und herausgefunden, dass allein Sie die richtige Blutgruppe haben, um helfen zu können. Sie hat Sie deshalb gekidnappt, und letzte Nacht wurde der Blutkreislauf des Geigers an den Ihren angeschlossen, so dass Ihre Nieren dazu benutzt werden können, Gift ebenso aus seinem wie aus Ihrem Blut herauszuziehen. Der Krankenhausdirektor sagt jetzt zu Ihnen: ‚Sehen Sie, wir bedauern sehr, dass Ihnen die Gesellschaft der Freunde der Musik das angetan hat – wir hätten es nie erlaubt, wenn wir davon gewusst hätten. Aber sie haben es eben getan, und jetzt ist der Geiger an Sie angeschlossen. Sie abzukoppeln würde bedeuten, ihn zu töten. Aber keine Angst, es handelt sich nur um neun Monate. Nach dieser Zeit wird er sich von seinem Leiden erholt haben und kann ohne Gefahr von Ihnen abgekoppelt werden'. Ist Ihnen unter dem Gesichtspunkt der Moral auferlegt, sich in diese Situation zu fügen? (Thomson 1990, S. 108 f.)

Moralisch relevante Gemeinsamkeiten	Moralisch relevante Unterschiede	Moralisch irrelevante Gemeinsamkeiten	Moralisch irrelevante Unterschied:

5. Informieren Sie sich über die Verteilung des weltweiten Vermögens und über die derzeitige Verbreitung von Unterernährung und Hunger in der Welt. Wie ist der Begriff ‚Hunger' definiert? Welche Auswirkungen hat Mangelernährung? Was wird in den Quellen, die Sie zurate gezogen haben, über die Ursachen des Weltarmut-Problems gesagt? Diskutieren Sie kritisch, inwieweit die Informationen interessengeleitet sind. Welche Institutionen befassen sich mit dem Kampf gegen den Welthunger? Was tun sie konkret? Berichten Sie von Projekten, die Sie gefunden haben.

> **Tipp**
>
> **Zu 3.6.2:** Wenn zwei Bereiche oder Phänomene die gleiche Struktur haben, sind sie zueinander analog. Ein Beispiel ist ein musterhafter Einzelfall. Ein Gleichnis vermittelt eine Lehre durch eine Geschichte. Eine Metapher ist ein sprachliches Bild, das durch die Übertragung aus einem anderen Bedeutungsfeld entsteht.
>
> **Zu 3.6.5:** Nachdem die Zahl der hungernden Menschen lange rückläufig war, sind die Zahlen durch die Corona-Pandemie wieder gestiegen. „Laut dem jährlichen UN-Bericht *State of Food Security and Nutrition in the World 2022* ist die Zahl unterernährter Menschen – ein Indikator für chronischen Hunger – 2021 auf bis zu 828 Millionen gestiegen. Dem *Global Report on Food Crises 2022* zufolge stieg die Zahl der Menschen, die unter akutem Hunger leiden, seit 2020 auf fast 193 Millionen im Jahr 2021 an" (Welthungerindex 2022). „Im allgemeinen Sprachgebrauch bezeichnet Hunger die Qual, die durch einen Mangel an Nahrung erzeugt wird. Die Organisation für Ernährung und Landwirtschaft der Vereinten Nationen (FAO) definiert Nahrungsentzug oder Unterernährung (engl. *undernourishment*) als die Aufnahme von weniger als etwa 1800 Kilokalorien am Tag; das ist das Minimum, das die meisten Menschen für ein gesundes und produktives Leben benötigen" (Welthungerindex 2016, S. 7). Das entspricht etwa vier Litern Cola (4 × 430 kcal).

6. Diskutieren Sie: Haben wir eine Pflicht, den Hunger in der Welt zu bekämpfen? Falls Sie eine Pflicht behaupten: Wie weit geht diese Pflicht? Was müssten wir konkret tun bzw. opfern und wo sehen Sie gegebenenfalls eine Grenze? Haben wir allen Hungernden dieser Welt gegenüber dieselbe Pflicht? Sind wir gegebenenfalls eher für den Bettler in unserer Fußgängerzone als für einen hungernden Menschen in einem fernen Land verantwortlich?

	Ihre Antwort (T)	Begründungen (P1–Px)
Haben wir alle eine Pflicht?		
Wie weit geht die Pflicht gegebenenfalls?		
Haben wir gegebenenfalls gegenüber allen Hungernden eine Pflicht?		

7. Ein Analogie-Argument hat etwa folgende allgemeine Form:

> Pd1: Die Situation S1 hat die moralisch relevanten Merkmale M1–Mx.
> Pn1: Es wäre in der Situation S1 moralisch gut (schlecht), H zu tun.
> Pd2: Die Situation S2 weist ähnliche moralisch relevante Merkmale M1–Mx auf wie die Situation S1.
> Pn2: Wenn eine Handlung H in der Situation S1 moralisch gut (schlecht) ist, ist sie auch in der Situation S2 moralisch gut (schlecht), insofern S1 und S2 moralisch vergleichbar sind.
> → K: Man sollte H auch in der Situation S2 tun (nicht tun).

Stellen Sie sich vor, dass es im fernen Land Tuatala eine große Hungersnot gibt. Stellen Sie ein Analogieargument zur Pflicht der Wohlhabenden in unserem Land, den Menschen in Tuatala helfen zu müssen, als Syllogismus dar.

Syllogismus	Mögliche Einwände?
Pd1:	
Pn1:	
Pd2:	
Pn2:	
→ K:	

8. Analysieren Sie folgenden Argumentationsgang

Text	Rekonstruktion	Diskussion
„Während ich dies schreibe, im November 1971, sterben in Ostbengalen Menschen, weil es ihnen an Nahrung, Obdach und medizinischer Versorgung fehlt. [...] Ich ziehe Bengalen nur deshalb als Beispiel heran, weil es sich um ein aktuelles Problem handelt [...].	P1:	
Es wären die reicheren Staaten durchaus in der Lage, genug Hilfe zu leisten, um deren Leiden auf ein Mindestmaß zu reduzieren. [...]	P2:	

3.6 • Das Analogie-Argument

Text	Rekonstruktion	Diskussion
Auf der individuellen Ebene haben die Leute [...] keine riesigen Summen an Hilfsorganisationen gespendet. [...] Auf der Ebene der Regierungen hat keine Regierung Hilfe in einer Höhe geleistet, die das Überleben der Flüchtlinge für länger als nur für einige wenige Tage sichern würde. [...]	P3:	
Ich beginne mit der Annahme, dass Leiden und Tod aufgrund von Nahrungsmittelmangel, Obdachlosigkeit und medizinischer Unterversorgung etwas Schlechtes sind. Ich denke, die meisten werden hierin übereinstimmen [...].	P4:	
Wenn es in unserer Macht steht, etwas Schlechtes zu verhindern, ohne dabei etwas von vergleichbarer moralischer Bedeutung zu opfern, so sollten wir dies, moralisch gesehen, tun. [...]	P5:	
Wenn ich an einem seichten Teich vorbeikomme und ein Kind darin ertrinken sehe, so sollte ich hineinwaten und das Kind herausziehen. Das bringt zwar mit sich, dass meine Kleider schmutzig und nass werden, aber das ist bedeutungslos, wohingegen der Tod des Kindes vermutlich etwas sehr Schlechtes wäre.	Begründung P5 durch folgende Analogie:	
Aus dem oben Gesagten folgt, dass wir Geld spenden sollten, anstatt es für Kleider auszugeben, die wir nicht benötigen, um uns warm zu halten. Ersteres zu tun ist weder wohltätig noch großzügig [...].	K (T):	
[Man könnte einwenden] erstens berücksichtigt das Prinzip den Aspekt der Nähe oder Distanz nicht. [...]	E1 gegen eine Vergleichbarkeit der Situationen:	
Wenn wir irgendein Prinzip der Unparteilichkeit, Universalisierung, Gleichheit oder dergleichen akzeptieren, können wir einen Menschen nicht benachteiligen, nur weil er sich weit weg von uns befindet (oder wir uns weit weg von ihm). [...]	AE1:	
[Man könnte einwenden:] Zweitens macht das Prinzip keinen Unterschied zwischen Fällen, in denen ich die einzige Person bin, die etwas tun könnte, und Fällen, in denen ich nur eine Person unter Millionen in derselben Lage bin. [...]	E2 gegen eine Vergleichbarkeit der Situationen:	
Sollte ich etwa der Meinung sein, dass ich weniger dazu verpflichtet bin, das ertrinkende Kind aus dem Teich zu ziehen, wenn ich andere Menschen sehe, nicht weiter entfernt als ich, die das Kind ebenfalls bemerkt haben und keine Anstalten machen einzugreifen? Man muss nur diese Frage stellen, um zu begreifen, wie absurd die Ansicht ist, die Anzahl der Verpflichteten mindere die Verpflichtung. [...]	AE2:	
Manchmal wird gesagt, Entwicklungshilfe sollte die Angelegenheit der Regierungen sein, weshalb man keine privaten Hilfsorganisationen unterstützen sollte. [...]	E3:	
Wenn niemand freiwillig spendet, wird die Regierung annehmen, dass ihre Bürger kein Interesse an Armutsbekämpfung haben und daher nicht dazu gezwungen werden möchten, Hilfe zu leisten."	AE3:	
Singer 2009, S. 37–41, 47	*Bitte beachten Sie, dass der Text gekürzt ist, dass er aus dem Englischen übersetzt wurde und dass man einen philosophischen Text auf verschiedene Weise rekonstruieren kann.*	

Zu 3.6.7: Analogie-Argument zur These, dass man den Hungernden im fernen Land Tuatala helfen sollte.

Gegen Pd1: Ist die Situation S1 vollständig und richtig beschrieben?
Gegen Pn1: Vielleicht wäre es in der Situation S1 nicht moralisch gut (schlecht), H zu tun?
Gegen Pd2: Ist die Situation S2 vollständig und richtig beschrieben?
Gegen Pn2: Sind Situationen S1 und S2 in moralischer Hinsicht tatsächlich vergleichbar? Oder gibt es moralisch wichtige Unterschiede?

Pd1: In unserem Land gibt es hungernde Menschen.	E1: Diese Prämisse ist leider nicht zu bestreiten.
Pn1: Die wohlhabenden Menschen unseres Landes haben die Pflicht, den hungernden Menschen mit Spenden zu helfen.	E1: Sollte man statt Geld für Nahrungsmittel nicht eher für Ausbildung sorgen (Hilfe zur Selbsthilfe), um die Menschen nicht abhängig zu machen? E2: Wer ist ‚wohlhabend' und was bedeutet es, spenden zu können? Ist man schon ‚wohlhabend', wenn man mehr als das Existenzminimum hat? E3: Spenden ist Wohltätigkeit (und keine Pflicht).
Pd2: Die Menschen im fernen Land Tuatala hungern ebenfalls.	E1: Aus welcher Quelle stammen die Informationen zur Hungerkatastrophe in Tuatala? Gibt es da Interessen? E2: Dass der Hunger in Tuatala genauso furchtbar ist wie der Hunger in unserem Land, lässt sich nicht bestreiten.
Pn2: Weil der Hunger von Menschen in Tuatala genauso furchtbar ist wie der Hunger der Menschen in unserem Land, haben die Wohlhabenden unseres Landes gegenüber den Menschen in Tuatala dieselbe Pflicht zur Spende wie gegenüber den Hungernden in unserem Land.	E1: Der Hunger in Tuatala geht uns nichts an. Dafür ist die Regierung von Tuatala zuständig. E2: Es wäre gefühlskalt, einem Hungernden, den man unmittelbar sieht, nichts zu spenden, weil man das Geld in ein fernes Land überweisen will.
→ K: Die Wohlhabenden unseres Landes haben die Pflicht, Geld für Nahrungsmittel in Tuatala spenden.	**Ist die Konklusion noch haltbar?**

Bitte beachten Sie, 1) dass es mehrere Möglichkeiten gibt, das Argument zu formulieren und 2) dass hier nicht alle möglichen Einwände genannt werden können. Wenn Sie einen anderen Syllogismus geschrieben oder andere Einwände formuliert haben, liegen Sie vermutlich ebenfalls richtig! Vielleicht befragen Sie Ihren Freundeskreis? Und bitte beachten Sie vor allem, dass sich die These (K) auch anders begründen ließe als durch ein Analogie-Argument. Und bitte beachten sie, dass sich die These (K) auch anders begründen ließe.

> **Zum Weiterlesen**
> Schaber, Peter/Bleisch, Barbara (Hg.): *Weltarmut und Hunger.* Paderborn 2007.

3.7 Das Argument der Selbstzweckhaftigkeit und das Instrumentalisierungsverbot

Das Argument der Selbstzweckhaftigkeit ist eines der schwierigsten Argumente der Angewandten Ethik. Im Kern besagt es, dass man Menschen nicht als Mittel für einen ihnen äußeren Zweck gebrauchen darf, weil Menschen keine Sachen sind, sondern einen absoluten intrinsischen Wert in sich selbst haben. Kant spricht auch von der „Würde" oder der „Selbstzweckhaftigkeit" des Menschen als Vernunftwesen. Wie aber lässt sich der absolute Wert jedes Menschen begründen? Und was heißt es, dass man Menschen nicht verzwecken darf?

3.7 • Das Argument der Selbstzweckhaftigkeit und das Instrumentalisierungsverbot

1. Können Sie sich eine Situation vorstellen, in der Sie sagen „Das darf man nicht tun, weil man einen Menschen nicht wie ein Ding behandeln darf!"? Was könnten andere einwenden?

Ihr Beispiel:

_____

_____

Mögliche Reaktionen:

_____

_____

2. ‚Intrinsisch' heißt so viel wie ‚innewohnend'. Etwas ‚intrinsisch Wertvolles' ist für sich selbst genommen wertvoll und nicht deshalb, weil man etwas anderes damit machen kann. Nennen Sie Beispiele für intrinsisch Wertvolles und nicht-intrinsisch Wertvolles. Warum ist Geld nicht intrinsisch wertvoll?

	Beispiele	Begründung
Intrinsisch wertvoll:		
Ebenfalls intrinsisch wertvoll:		
Nicht intrinsisch wertvoll:	Geld	
Ebenfalls nicht-intrinsisch wertvoll:		

3. Überlegen Sie: Wovon hängt es ab, dass jeder Mensch absoluten intrinsischen Wert hat? Ein Kunstwerk ist einzigartig, aber dennoch hat es einen Preis. Mit Einzigartigkeit (allein) scheint sich absoluter Wert also nicht begründen zu lassen. Wie sieht es mit dem Mensch-Sein aus oder der Tatsache, dass (fast) alle Menschen von irgendwem geliebt werden?

Jeder Mensch hat absoluten Wert, weil	Pro	Contra
jeder Mensch einzigartig ist.		
(fast) jeder Mensch geliebt wird.		
Menschen vernünftig sind, aber Tiere und Sachen nicht.		
Menschen zur Gattung der Menschen gehören.		
Ihre Begründung:		

4. Kant spricht von der ‚Würde' des Menschen, wenn er sagen will, dass jeder Mensch (als zur Moral fähiges Vernunftwesen) absoluten intrinsischen Wert hat. Erläutern Sie seine die Begriffe in folgender Passage:

> Im Reich der Zwecke hat alles entweder einen *Preis*, [sic] oder eine *Würde*. Was einen Preis hat, an dessen Stelle kann auch etwas anderes als *Äquivalent* gesetzt werden; was dagegen über allen Preis erhaben ist, mithin kein Äquivalent verstattet, das hat eine Würde.
> Was sich auf die allgemeinen menschlichen Neigungen und Bedürfnisse bezieht, hat einen *Marktpreis;* […] das aber, was die Bedingung ausmacht, unter der allein etwas Zweck an sich selbst sein kann, hat nicht bloß einen relativen Wert, d. i. einen Preis, sondern einen inneren Wert, d. i. eine *Würde*.
> Nun ist Moralität die Bedingung, unter der allein ein vernünftiges Wesen Zweck an sich selbst sein kann […]. Also ist die Sittlichkeit und die Menschheit, sofern sie derselben fähig ist, dasjenige, was allein Würde hat. (Kant GMS [1956] [434 f.], S. 68)

Einen Preis zu haben bedeutet:	
Würde zu haben, bedeutet:	
Die Bedingung von Würde ist:	
Allein Würde hat also:	

5. Im Artikel 1, Absatz 1 unseres deutschen Grundgesetzes heißt es: „Die Würde des Menschen ist unantastbar. Sie zu achten und zu schützen ist Verpflichtung aller staatlichen Gewalt." Was impliziert das? Was ist durch diesen Grundsatz geboten und verboten? Nennen Sie einige Beispiele – und vielleicht kennen eine Juristin, die Sie fragen können?

Unantastbarkeit der Würde bedeutet:	
Unantastbarkeit der Würde bedeutet nicht:	
Die staatliche Gewalt muss:	
Die staatliche Gewalt darf nicht:	

6. Im alltäglichen Sprachgebrauch hat der Begriff ‚Würde' verschiedene Bedeutungen (s. ▶ Abschn. 1.4.4 zu Äquivokationen). Grob unterschieden werden die ‚intrinsische Würde' von der ‚kontingenten Würde'. Die ‚intrinsische Würde' kann zwar verletzt werden, aber man kann sie nicht verlieren, wie sehr man auch gedemütigt wird. Weil die ‚kontingente Würde' von äußeren Umständen, wie dem eigenen Benehmen, Leistungen oder Ämtern z. B. abhängig ist, kann man sie verlieren. Unterscheiden Sie verschiedene Kontexte, in denen von ‚Würde' die Rede sein kann. Formulieren Sie einen Satz, in dem der jeweilige Würde-Begriff sinnvoll verwendet wird und begründen Sie, warum es sich jeweils um intrinsische oder kontingente Würde handelt.

3.7 · Das Argument der Selbstzweckhaftigkeit und das Instrumentalisierungsverbot

Kontext	Satz	Kontingente oder intrinsische Würde?	Begründung
Deutsches Grundgesetz	„Die Würde des Menschen ist unantastbar."	Intrinsische Würde	Menschen können ihre Menschenwürde nicht verlieren, weil sie unter allen Umständen Menschen bleiben.
Die Amtswürde des Bundespräsidenten.			
	Es ist würdelos, sich derart zu betrinken!		
	Folter ist eine Verletzung der Menschenwürde.		
	„… alles hat entweder einen *Preis* oder eine *Würde*".		
	Ich würde am liebsten nach Hause gehen (Achtung: Fangfrage).		
Ihr Beispiel:			

7. Kennen Sie den „Fall Daschner"? Am 27. September 2002 entführte der Jura-Student Magnus Gäfgen den Bankierssohn Jakob von Metzler, um Lösegeld zu erpressen. Bei der Geldübergabe wurde er beobachtet und bald festgenommen. Wo sich der Junge befand, sagte er nicht – tatsächlich hatte Gäfgen ihn längst ermordet. Weil er das nicht wissen konnte, drohte der stellvertretende Polizeipräsident Wolfgang Daschner Folter an, um den Jungen zu retten, woraufhin Gäfgen das Versteck des Leichnams preisgab. Daschner hatte einen schriftlichen Aktenvermerk über sein Vorgehen gemacht und die Staatsanwaltschaft darüber in Kenntnis gesetzt. Weil die Würde jedes Menschen (auch eines skrupellosen Verbrechers wie Gäfgen) in unserem Staat unantastbar sein soll, darf weder gefoltert noch Folter angedroht werden. Deshalb wurde Daschner der Prozess gemacht und zu einer Geldstrafe von 10.800 € wegen Nötigung im Amt verurteilt. Wie hätten Sie geurteilt?

Für die Androhung von Folter spricht, dass:	
Dagegen spricht, dass:	
Daschner hat insgesamt (nicht) richtig gehandelt, weil:	

8. Achtung: Jetzt wird es schwierig! In der folgenden Passage erklärt Kant nämlich, warum „Moralität die Bedingung" ist, „unter der allein ein vernünftiges Wesen Zweck an sich selbst sein" und „Würde" haben kann (s. ▶ Abschn. 3.7.4). Die Begründung lautet im Kern, dass Menschen (als Vernunftwesen) von ihren Naturtrieben (die auch Tiere haben) in dem Sinne frei sind, dass sie sich (anders als Tiere) gegen ihre Triebe für das entscheiden können, was sie als moralisch richtig eingesehen haben. Das ist ein Gedanke, auf den man so schnell vielleicht nicht kommt – aber vielleicht lassen Sie sich überzeugen? Rekonstruieren Sie die Struktur und diskutieren Sie Kants Argument.

Text	Rekonstruktion	Diskussion
„Das moralische Gesetz ist heilig (unverletzlich)."	P1: Würdig (bzw. heilig) ist:	
„Wo findet man die Wurzel deiner edlen Abkunft, welche […] die unnachläßliche Bedingung desjenigen Werts ist, den sich Menschen allein selbst geben können?	Leitende Frage: Worin begründet sich die Würde (d. i. der absolute intrinsische Wert) des Menschen als Vernunftwesen?	
Es kann nichts Minderes sein, als was den Menschen über sich selbst (als einen Teil der Sinnenwelt) erhebt, was ihn an eine Ordnung der Dinge knüpft, die nur der Verstand denken kann […]."	P2: Die Würde des Menschen muss sich in etwas begründen, das:	
„Es ist nichts anderes als die *Persönlichkeit*, d. i. die Freiheit und Unabhängigkeit von dem Mechanismus der ganzen Natur, doch zugleich als ein Vermögen eines Wesens betrachtet […].	P3: Der Mensch ist von (den Zwängen) der Natur unabhängig durch:	
Auf diesen Ursprung gründen sich nun manche Ausdrücke, welche den Wert der Gegenstände nach moralischen Ideen bezeichnen."	P4:	
„Der Mensch ist zwar unheilig genug,	E1:	
aber die *Menschheit* in seiner Person muß ihm heilig sein. […]	AE1:	
Er ist nämlich das Subjekt des moralischen Gesetzes, welches heilig ist, vermöge der Autonomie seiner Freiheit."	T (zur leitenden Frage): Der Mensch ist heilig [bzw. hat Würde], weil:	
Kant KpV (1956), 210, 209 f., 210		
	(fast) dasselbe Argument noch einmal:	
„Der Mensch im System der Natur […] ist ein Wesen von geringer Bedeutung […]	E2:	
Allein der Mensch als Person betrachtet, d. i. als Subjekt einer moralisch-praktischen Vernunft,	noch einmal P3:	
ist er über allen Preis erhaben; denn als solcher […] ist er nicht bloß als Mittel zu anderer ihren, ja selbst zu eigenen Zwecken, sondern als Zweck an sich selbst zu schätzen, d. i. er besitzt Würde (einen absoluten inneren Wert),	T:	
wodurch er allen anderen vernünftigen Weltwesen *Achtung* für ihn abnötigt, sich mit jedem anderen dieser Art messen und auf den Fuß der Gleichheit schätzen kann."	Praktische Konsequenz:	
	Noch einmal T2:	
Kant MS (1956) 568 f.	*Bitte beachten Sie, dass der Text gekürzt ist und dass man einen philosophischen Text auf verschiedene Weise rekonstruieren kann.*	

3.7 · Das Argument der Selbstzweckhaftigkeit und das Instrumentalisierungsverbot

9. Vielleicht sind Sie noch nicht überzeugt, dass aus der Fähigkeit zur Moral der absolute intrinsische Wert des Menschen folgen soll? Schließlich handeln Menschen ja keineswegs immer moralisch! Haben etwa auch Verbrecher den absoluten intrinsischen Wert, den Kant ‚Würde' nennt? Tatsächlich ist genau das der Fall, weil auch Verbrecher Vernunftwesen und deshalb zur Moral fähig sind. Wir wissen schon, dass Menschen nach Kant als Vernunftwesen gegen ihre Begierden das tun können, was sie als moralisch richtig eingesehen haben (s. ▶ Kapitel 2.4). Das kann man auch so ausdrücken, dass Menschen nicht (streng) triebgesteuert sind, sondern sich eigene moralische Zwecke setzen können. Der höchste moralische Zweck, den der Mensch (als Naturwesen) vorfindet und als Vernunftwesen (in seiner Unabhängigkeit von naturhaften Begierden) setzt, ist nach Kant nun das vernünftige Wesen selbst: Anders als das triebgesteuerte Handeln ist das moralisch richtige Handeln letztlich immer ein Handeln aus Achtung vor dem Menschen als Vernunftwesen. Was der *höchste* Zweck des Handelns ist, ist nicht Mittel für etwas anderes, sondern von absolutem Wert bzw. ein ‚Zweck an sich selbst'. Deshalb ist der Mensch als Vernunftwesen ‚Zweck an sich selbst' und alle Vernunftwesen zusammen bilden das heilige ‚Reich der Zwecke'. Nun reicht es Kant nicht, den absoluten Wert des Menschen als Vernunftwesen zu begründen: Man muss auch entsprechend handeln. Deshalb leitet Kant aus der Selbstzweckhaftigkeit jedes vernünftigen Wesens den Kategorischen Imperativ (s. ▶ Abschn. 2.4.7) in der zweiten Formulierung ab. Er heißt:

» *[D]ie vernünftige Natur existiert als Zweck an sich selbst.* [...] *Der praktische Imperativ wird also folgender sein: Handele so, daß du die Menschheit, sowohl in deiner Person als in der Person eines jeden anderen, jederzeit zugleich als Zweck, niemals bloß als Mittel brauchst.* Kant, GMS (1956) [429], S. 60 f.

Dass ein vernünftiges Wesen „Zweck an sich selbst" ist, bedeutet:	
Jemanden nicht „zugleich als Zweck und bloß als Mittel" zu gebrauchen, bedeutet:	
Ein Verstoß gegen das Verzweckungsgebot wäre:	
Wenn jemand seine Chefin im Krankenhaus besucht, um sich beliebt zu machen, verstößt sie (nicht) gegen das Verzweckungsverbot, wenn:	

10. Manche sprechen von ‚Instrumentalisierung', wenn sie sagen wollen, dass man vernünftige Wesen nicht verzwecken darf. So bezeichnet der *Deutsche Ethikrat* die PID (s. ▶ Abschn. 3.5.8) zur Zeugung von „Helferbabys" bzw. „Rettungsgeschwistern" als „problematisch", weil es „nicht allein um die Zeugung eines gesunden Kindes" geht, sondern „um die eines Kindes, das für andere hilfreich sein soll". Erstens sei das eine „Instrumentalisierung" des geborenen Kindes „für medizinische Zwecke". Zweitens würden „lebensfähige gesunde Embryonen, deren Gewebe mit dem des erkrankten Geschwisterkindes nicht kompatibel ist, verworfen, was ihrer vollständigen Instrumentalisierung gleichkäme" (Deutscher Ethikrat 2011, S. 123 f.). Diskutieren Sie den Einwand der moralisch verbotenen Verzweckung am Beispiel der „Rettungsbabies".

Für die Zeugung von „Rettungsbabys" spricht:	
Dagegen spricht:	
Die geborenen „Rettungsbabies" werden (nicht) verzweckt, weil:	
Die Embryonen werden (nicht) verzweckt, weil:	
Man sollte die Zeugung von „Rettungsbabys" (nicht) zulassen, weil:	

11. Das Argument der Selbstzweckhaftigkeit hat etwa folgende allgemeine Form:

> Pd1: Das Wesen X hat die Fähigkeit oder Eigenschaft ø.
> Pn1: Aus ø leitet sich der absolute intrinsische Wert von X her.
> Pn2: Etwas von absolutem intrinsischem Wert darf nicht als bloßes Mittel für einen ihm äußeren Zweck gebraucht werden.
> Pd2: Mit der Handlung H würde X als bloßes Mittel für einen ihm äußeren Zweck gebraucht.
> → K: Man darf H nicht tun.

Stellen sie ein Argument der Selbstzweckhaftigkeit zur These, dass Daschner dem Entführer Gäfgen keine Folter hätte androhen dürfen, als Syllogismus dar und überlegen Sie, ob bzw. wie Sie die Prämissen des Urteils anfechten würden.

Syllogismus	Mögliche Einwände?
Pd1:	
Pn1:	
Pn2:	
Pd2:	
→ K:	

12. Peter Schaber bezweifelt, dass jede Instrumentalisierung eines Menschen eine Würdeverletzung darstellt. Analysieren Sie folgenden Argumentationsgang. Stimmen Sie seinem Einwand zu?

3.7 • Das Argument der Selbstzweckhaftigkeit und das Instrumentalisierungsverbot

Text	Rekonstruktion	Pro/Contra
„*1. Inhärente Würde.* Betrachtet man die Verwendungsweise des Menschenwürdebegriffs etwa im Kontext des Artikel 1 des deutschen Grundgesetzes (Die Würde des Menschen ist unantastbar.) oder in der Präambel der UNO-Menschenrechtsdeklaration, fällt zunächst auf, dass der Begriff der Menschenwürde etwas bezeichnet, das einer menschlichen Person inhäriert.	Ausgangssituation:	
Im Folgenden geht es vielmehr um die Präzisierung des Begriffs jener inhärenten Würde, die jedem Menschen unabhängig von seinem Verhalten, seinem Status und seiner Erscheinungsweise zukommt. […]	Leitende Frage:	
Kant begreift die Menschenwürde als einen Wert, der autonomen Wesen (Personen) aufgrund ihrer Autonomie, das heißt ihrer Fähigkeit zu vernünftigem und moralischem Handeln zukommt. […] Kants Vorschlag […] besteht also […] darin, Menschenwürde als unantastbare Autonomie zu verstehen. […]	P1 (Kant):	
Die Kantische Konzeption der Menschenwürde ist erheblich zu weit, als sie jede Instrumentalisierung einer Person als eine Verletzung ihrer Menschenwürde auffasst.	E1 (gegen P1 Kant):	
[…] Wenn jemand mich belügt, um daraus einen Vorteil zu ziehen, behandelt er mich als bloßes Mittel. Sein Handeln ist ohne Zweifel moralisch verwerflich, doch es beinhaltet nicht notwendigerweise eine Verletzung meiner Würde. Eben das müsste jedoch behauptet werden, wenn wir Kants Definitionsvorschlag zugrunde legten. […]	z. B. zu E1:	
Nur diejenigen Verletzungen moralischer Ansprüche, die eine Erniedrigung der Person beinhalten oder zur Folge haben, können als eine Verletzung der Menschenwürde angesehen werden.	P2 (Schaber):	
	(unausgesprochen) K1 (Schaber): Deshalb bedeutet Folter eine Menschenrechtsverletzung, aber eine Lüge nicht.	
Die betreffende Person wird durch die Folter nicht erniedrigt, insofern sie sich ihre Selbstachtung bewahrt.	E2 (gegen K1):	
Es ist […] davon auszugehen, dass wohl die meisten Menschen, die von anderen gefoltert werden, faktisch nicht in der Lage sind, ihre Selbstachtung zu bewahren.	AE2:	
[…] Deshalb stellt das Foltern von Menschen in aller Regel auch eine Verletzung ihrer Würde dar."	K2 (T):	
Ihre Position:		
Schaber 2003, S. 120 f., 126–130	*Bitte beachten Sie, dass der Text gekürzt ist und dass man einen philosophischen Text auf verschiedene Weise rekonstruieren kann.*	

Zu 3.7.11: Argument der Selbstzweckhaftigkeit für ein absolutes Folterverbot auch im Fall Gäfgen

Gegen Pd1: Hat das Wesen X tatsächlich die Eigenschaft ø?
Gegen Pn1: Leitet sich aus ø tatsächlich intrinsischer Wert ab?
Gegen Pn2: Steht etwas anderes von vergleichbarem oder höherem intrinsischen Wert auf dem Spiel?
Gegen Pd2: Liegt tatsächlich eine bloße Verzweckung vor?

Pd1: Gäfgen ist ein Mensch.	E: Die Prämisse ist nicht bezweifelbar.

Pn1: Weil Gäfgen ein Mensch ist, ist er Zweck an sich selbst (bzw. hat er Würde bzw. einen absoluten intrinsischen Wert).	E: Wenn aus dem deskriptiven Gattungsbegriff ‚Menschsein' normativ abgeleitet wird, dass etwas „Zweck an sich selbst" ist, liegt ein naturalistischer Fehlschluss (s. ▶Abschn. 1.3.9) vor.
Pn2: Weil Gäfgen Zweck an sich selbst ist, darf er nicht bloß als Mittel für einen ihm äußeren Zweck behandelt werden.	E: Mit dem Leben und der Würde eines Jungen steht etwas auf dem Spiel, das ebenfalls Zweck an sich selbst ist.
Pd2: Durch die Androhung von Folter würde Gäfgen bloß als Mittel benutzt, um den Jungen finden (und ggfs. retten) zu können.	E1: Die Androhung von Folter ist keine Folter. E2: Gäfgen würde nicht ‚nur' als Mittel, sondern auch als Selbstzweck behandelt, weil die Androhung der Folter eine Folge seiner Handlungen wäre, für die er sich autonom entschieden hat.
→ K: Gäfgen darf keine Folter angedroht werden.	**Ist die Konklusion noch haltbar?**

Bitte beachten Sie, 1) dass es mehrere Möglichkeiten gibt, das Argument zu formulieren und 2) dass hier nicht alle möglichen Einwände genannt werden können. Wenn Sie einen anderen Syllogismus geschrieben oder andere Einwände formuliert haben, liegen Sie vermutlich ebenfalls richtig! Vielleicht befragen Sie Ihren Freundeskreis?

❯ **Zum Weiterlesen**

Schaber, Peter: *Menschenwürde.* Grundwissen Philosophie. Stuttgart (Reclam) 2012.

3.8 Das Argument der Autonomie

Autonom ist, was sich selbst die Gesetze seines Handelns geben kann: Das können Staaten sein, aber auch vernünftige Individuen. Wer autonom entscheiden kann, will auch, dass seine Entscheidungen respektiert werden. Das gilt ebenfalls für Menschen wie für Staaten. Das Argument der Autonomie basiert deshalb auf der Prämisse, dass es ein großes Unrecht ist, autonom getroffene Entscheidungen zu missachten, insofern nicht die Autonomie von anderen in Gefahr ist. Schwierig wird es jedoch, wenn die Entscheidung offensichtlich unvernünftig oder moralisch falsch ist.

1. Was meinen Sie, wenn Sie sagen: „Ich hätte das anders entschieden als Person X, aber X will es so, und das muss ich respektieren." Welche Bedingungen müssen bei X erfüllt sein, damit Sie die Entscheidung akzeptieren, obwohl Sie sie falsch finden? Wie können Sie feststellen, ob die Bedingung jeweils erfüllt ist?

Ihr Beispiel:

_____

_____

Sie hatten Bedenken gegen die Entscheidung, weil:

_____

_____

3.8 · Das Argument der Autonomie

Sie haben die Entscheidung trotzdem akzeptiert, weil:

_____

_____

2. Stöbern Sie: Aus welchen altgriechischen Bestandteilen setzt sich das Adjektiv ‚autonom' zusammen?

3. Stöbern Sie: Was bedeutet der Begriff ‚Autonomie' bei Kant?

4. Wenn Kant von der ‚Autonomie des (menschlichen) Willens' spricht, meint er nicht, dass Menschen schlicht tun können, was sie wollen: Das wäre Willkür. Er meint vielmehr, dass Menschen nicht (streng) triebgesteuert sind, so dass sie das tun könnten, was sie als moralisch richtig eingesehen haben (s. ▶Abschn. 3.7.9). ‚Autonomie' bedeutet bei Kant also, dass Menschen ‚selbstgesetzgebend' in dem Sinne sind, dass sie nach den (moralischen) Gesetzen handeln können, die sie als vernünftig bzw. richtig eingesehen haben. Auch wenn es jetzt schwer wird: Versuchen Sie trotzdem, die beiden folgenden Fragen so weit wie möglich zu beantworten. Warum zerstört man die Menschenwürde, wenn man einem Menschen (durch Folter z. B.) seine Autonomie nimmt? Was könnte die Autonomie eines Menschen ansonsten noch beeinträchtigen oder zerstören? Nennen Sie Beispiele.

Wenn man einen Menschen am autonomen moralischen Entscheiden hindert, verletzt man seine Würde, weil:

_____

_____

Das ist z. B. der Fall, wenn:

_____

_____

Die Autonomie eines Menschen lässt sich beinträchtigen oder zerstören durch:

_____

_____

Das ist z. B. der Fall, wenn:

_____

_____

> **Tipp**
>
> **Zu 3.8.2:** *Nomos* (νομός) bedeutet ‚Gesetz'; *auto* (αυτο) bedeutet ‚selbst'; ‚autonom' ist also dasjenige, was sich selbst das Gesetz gibt.
>
> **Zu 3.8.3:** Es heißt bei Kant: „Autonomie des Willens ist die Beschaffenheit des Willens, dadurch derselbe ihm selbst (unabhängig von aller Beschaffenheit der Gegenstände des Wollens) ein Gesetz ist. Das Prinzip der Autonomie ist also: nicht anders zu wählen als so, daß die Maximen seiner Wahl in demselben Wollen zugleich als allgemeines Gesetz mit begriffen seien." (GMS, 440).

5. Analysieren Sie folgenden Argumentationsgang und diskutieren sie Definitionen, Beispiele und Prämissen.

Text	Rekonstruktion	Diskussion
„Im Folgenden […] sollen Gründe für die These vorgebracht werden, dass aktive Sterbehilfe – die Tötung eines einwilligungsfähigen Patienten auf sein ausdrückliches, ernsthaftes Verlangen hin – unter bestimmten Umständen moralisch erlaubt ist und rechtlich erlaubt sein sollte. […]	T1: Def. aktive Sterbehilfe:	
Autonome Personen sind Handelnde, die persönliche Projekte verfolgen, Beziehungen entwickeln und Verpflichtungen gegenüber Zielen akzeptieren können, durch die ihre persönliche Integrität und ihre Vorstellung von Würde und Selbstachtung konkretisiert werden und die Bedeutung haben für die Art des Lebens, die die Betreffenden für lebenswert halten. […]	P1:	
Das Prinzip des Respekts vor der Autonomie entscheidungskompetenter Erwachsener bezieht sich vor allem auf diese ‚wertbezogenen' Interessen. Es impliziert, dass autonome Personen das fundamentale moralische Recht haben, ihr Leben nach ihrer eigenen Vorstellung des Guten zu führen, solange sie nicht anderen dadurch Schaden zufügen. […]	P2:	
Autonome Personen haben regelmäßig ein zentrales Interesse daran, ‚ihren' Tod sterben zu können und so weit als möglich die Kontrolle über ihre letzte Lebensphase zu bewahren. Dieses Interesse ist so existentiell, dass es unmittelbar vom Anspruch einer Person auf Wahrung ihrer Menschenwürde geschützt wird. […]	P3:	
Diese ‚Autonomie im Tode' bedeutet, dass der Einzelne bei der Entscheidung, wie er seinen Tod leben will, niemandem Rechenschaft schuldig ist und dass er nicht gezwungen ist, seine persönliche Entscheidung moralisch, also gegenüber anderen, zu begründen. Gemeint ist Autonomie im Sinne einer Verfügungsmacht über uns selbst.	K1 (T1):	
Innerhalb des Freiheitsraums […] ist Platz für […] beispielsweise die christliche Überzeugung, das eigene Leben sei als Eigentum und Geschenk Gottes unverfügbar. […]	E1:	

3.8 · Das Argument der Autonomie

Text	Rekonstruktion	Diskussion
Es sperrt jedoch religiös motivierte Versuche, anderen durch Ge- und Verbote vorzuschreiben, wie sie zu sterben haben und ob sie sich dabei helfen lassen dürfen, aus. […]	AE1:	
Mitleid als Handlungsgrund hat selbst keinerlei rechtfertigende Kraft. Der Krankenschwester, die 1985 in Deutschland fünf Patienten im Alter zwischen 67 und 82 Jahren durch Injektionen tötete, bescheinigte auch der Bundesgerichtshof das Motiv ‚Mitleid‘ und verurteilte sie dennoch und richtigerweise wegen mehrfachen Totschlags. Denn keiner der von ihr ‚erlösten‘ Patienten wollte sterben. […]	E2:	
Der Respekt vor dem Selbstbestimmungsrecht der Person und die Achtung der Würde bestimmter unheilbar Kranker wird durch das ausnahmslose Verbot der aktiven Sterbehilfe nicht nur vielleicht oder künftig, sondern tatsächlich und tagtäglich untergraben."	K2 (T2):	
Gutmann 2002, S. 171 ff., 181 ff.	*Bitte beachten Sie, dass der Text gekürzt ist und dass man einen philosophischen Text auf verschiedene Weise rekonstruieren kann.*	

6. Wenn eine Person (z. B. ein Arzt) für eine andere Person (z. B. eine Patientin) Entscheidungen trifft, weil sie sich für kompetenter hält, spricht man von einem ‚Paternalismus‘. Der Begriff stammt vom lat. Wort *pater* für ‚Vater‘ und benennt eine Haltung, aus der heraus jemand eine Entscheidung für eine andere Person aufgrund der Überzeugung trifft, dass seine Entscheidung mehr im Interesse des anderen liegt als die Entscheidung, die die andere Person selbst treffen würde. Nennen Sie ein Beispiel für eine paternalistische Entscheidung, die Sie schon getroffen haben oder treffen würden. Analysieren Sie bitte die Bedingungen.

Das Problem:		
	Begründung	Bedenken?
Ihre Entscheidung:		
Person X hätte so entschieden:		
Person X konnte nicht entscheiden, weil:		

7. Es gibt mittlerweile die Möglichkeit, eine ‚Patientenverfügung‘ zu unterzeichnen, in der im Vorhinein festgelegt wird, wie verfahren werden soll, wenn ein Patient nicht mehr entscheidungs- und zustimmungsfähig ist. Es gibt dabei verschiedene vorformulierte Angebote, die jeder für sich individuell anpassen soll. Welche Passagen des abgedruckten Vorschlags würden Sie unterschreiben? Wo sehen Sie Probleme? Begründen Sie.

Patientenverfügung (§ 1901a Absatz 1 BGB)	Das würde ich (nicht) unterschreiben, weil
Ich, ..., geb. am ...., wohnhaft in .... verfüge schon heute für den Fall,	
dass ich meinen Willen nicht mehr bilden oder verständlich mitteilen kann,	P1:
bezüglich meiner medizinischen Versorgung und Behandlung folgendes: Ich möchte in Würde sterben	P2:
und bitte meine Angehörigen, Ärzte und Pfleger mir dabei beizustehen. [...]	K:
Für den Fall, dass – ich mich nach ärztlicher Prognose aller Wahrscheinlichkeit im unabwendbaren unmittelbaren Sterbeprozess befinde,	streichen (zulassen):
– ich mich im Endstadium einer unheilbaren, tödlich verlaufenden Krankheit befinde, selbst wenn mein Todeszeitpunkt noch nicht absehbar ist,	streichen (zulassen):
– zwei Fachärzte unabhängig voneinander bestätigt haben, dass aufgrund einer Gehirnschädigung (bspw. Wachkoma, irreversible Bewusstlosigkeit, Schädelhirntrauma) meine Fähigkeit, Einsicht zu gewinnen, Entscheidungen zu treffen und mit anderen Menschen in Kontakt zu treten, aller Wahrscheinlichkeit nach unwiederbringlich erloschen ist, selbst wenn mein Todeszeitpunkt noch nicht absehbar ist, (wobei mir bewusst ist, dass die Möglichkeit, dass ich aus diesem Zustand erwachen werde, nie gänzlich auszuschließen ist),	streichen (zulassen):
– ich infolge einer Demenzerkrankung bzw. eines bereits weit fortgeschrittenen Abbaus meiner geistigen Funktionen Nahrung oder Flüssigkeit nicht mehr selbst oder aber mit Hilfe Dritter, sondern nur noch in Form einer künstlichen Ernährung zu mir nehmen kann,	streichen (zulassen):
– Weitere:	Ergänzen Sie ggfs.:
... bestimme ich, dass – mir keine lebenserhaltenden oder -verlängernden Medikamente verabreicht werden. Die Gabe von Medikamenten zur Linderung von Schmerzen und Beschwerden verlange ich auch dann, wenn diese unter Umständen meine Lebenszeit verkürzen,	streichen (zulassen):
– keine Wiederbelebungsmaßnahmen eingeleitet werden,	streichen (zulassen):
– ich nicht künstlich beatmet werde, ich verlange aber in diesem Fall Medikamente zur Linderung der Luftnot zu erhalten und zwar auch, wenn diese meine Lebenszeit verkürzen,	streichen (zulassen):
– ich keine künstliche Ernährung erhalte.	streichen (zulassen):
– Weitere:	Ergänzen Sie ggfs.:

3.8 · Das Argument der Autonomie

Patientenverfügung (§ 1901a Absatz 1 BGB)	Das würde ich (nicht) unterschreiben, weil
[…] Ich möchte in jedem Fall eine fachgerechte Körperpflege, Pflege der Mund und Schleimhäute sowie Zuwendung und eine menschenwürdige Unterbringung.	streichen/zulassen:
Insbesondere verlange ich, dass mir bei Schmerzen, Erstickungsängsten und Atemnot, Übelkeit, Angst sowie anderen qualvollen Zuständen und belastenden Symptomen Medikamente verabreicht werden, die mich von Schmerzen und größeren Belastungen befreien, selbst wenn dadurch mein Tod voraussichtlich früher eintreten wird. […]	streichen (zulassen):
Für den Fall, dass ich bei einem sich abzeichnenden Hirntod als Organspender in Betracht komme, bestimme ich ergänzend folgendes:	Ergänzen Sie ggfs.
– ich stimme einer Entnahme meiner Organe nach meinem Tod zu Transplantationszwecken zu. Es ist mir bewusst, dass Organe nur nach Feststellung des Hirntods bei aufrechterhaltenem Kreislauf entnommen werden können […].	streichen (zulassen):
– Dieses gilt auch, wenn der Hirntod nach Einschätzung der Ärzte bei mir zwar noch nicht eingetreten ist, aber er aller Voraussicht nach in wenigen Tagen eintreten wird.	streichen (zulassen):
– Ich lehne eine Entnahme meiner Organe zu Transplantationszwecken ab.	streichen (zulassen):
– Weitere:	Ergänzen Sie ggfs.:
[…] Hinweis: Ein ärztliches Beratungsgespräch ist gesetzlich nicht vorgeschrieben, wird aber empfohlen, insbesondere um sicherzustellen, dass man die Bedeutung und Tragweite der Verfügung richtig erfasst	Begründen Sie diesen Zusatz:
Patientenverfügung. Formular Hamburger Ärztekammer 2015	*Bitte beachten Sie, dass es sich nur um einen von vielen möglichen Vorschlägen zur individuellen Abfassung einer Patientenverfügung handelt, der zudem gekürzt ist.*

8. Bei Staaten spricht man auch von ‚Souveränität', wenn man den Grundsatz benennen will, dass Staaten (bzw. ihre jeweiligen Regierungen) über ihre Belange selbst entscheiden sollen. Stöbern Sie: Was ist damit gemeint? Überlegen Sie: Welche Bedingungen sollten erfüllt sein, damit ein Staat als ‚Souverän' international anerkannt werden sollte? Welche dieser Bedingungen erfüllt unser Staat?

Ein souveräner Staat sollte die Bedingung erfüllen, dass:	Unser Staat erfüllt die Bedingung (nicht), weil:
1.	
2.	
3.–x.	

9. Stöbern Sie: Was ist gemeint, wenn in philosophischen Abhandlungen vom ‚gerechten Krieg' die Rede ist? Es ist strittig, ob es so etwas wie einen ‚gerechten Krieg' geben kann. Überlegen Sie trotzdem, ob es Bedingungen gibt, unter denen ein Krieg geführt werden müsste. Wie sieht es beispielsweise bei schweren Menschenrechtsverletzungen (s. ▶ Kapitel 3.14) wie z. B. Genoziden aus? Begründen Sie.

Es gibt (keinen) gerechten Krieg, weil:	
Man sollte (auch dann nicht) Krieg führen, wenn:	
Die Souveränität anderer Staaten sollte (nicht) unter allen Umständen bewahrt werden, weil:	
Bei schweren Menschenrechtsverletzungen sollte (kein) Krieg geführt werden, weil:	

10. Ein Argument der Autonomie kann etwa folgende Form haben:

> Pd1: X ist autonomiefähig (bzw. souverän) bzw. hat die Fähigkeit zur Autonomie.
> Pd2: X hat sich zur Handlung H1 entschieden.
> Pn: Autonome Entscheidungen müssen respektiert werden.
> Pd3: Mit der Handlung H2 würde eine Akteurin Y den Akteur X hindern, H1 zu tun.
> → K: Y darf H2 nicht tun.

Stellen sie ein Autonomie-Argument als Syllogismus für die These dar, dass der fiktive Staat Würagada die Souveränität des fiktiven Staates Kalavoso nicht verletzen darf, wenn in Kalavoso Menschenrechtsverletzungen begangen werden. Überlegen Sie, ob bzw. wie Sie die Prämissen des Urteils anfechten würden.

Syllogismus	Mögliche Einwände?
Pd1:	
Pd2:	
Pn:	
Pd3:	
→ K:	

3.8 · Das Argument der Autonomie

> **Tipp**
>
> **Zu 3.8.8:** Unter der ‚Souveränität von Staaten' wird das Recht von Staaten auf unabhängiges Entscheiden über die inneren Angelegenheiten des Staates, auf Selbstorganisation, auf eigene Repräsentation und auf eigene Rechtsprechung verstanden. Gegenüber anderen Staaten werden die Ansprüche von Staaten durch das Völkerrecht eingeschränkt.
>
> **Zu 3.8.9:** Für einen ‚gerechten Krieg' (lat. *bellum justum*) muss ein starker moralischer Grund (z. B. Genozid) vorliegen. Außerdem gibt es moralische Grenzen der Strategien der Kriegsführung (z. B. es darf kein Genozid verübt werden).

11. Stöbern Sie: Wie kam es zum Kosovo-Krieg und wie wurde das militärische Eingreifen der Nato gerechtfertigt? Diskutieren Sie vor dem Hintergrund der von Ihnen gesammelten Informationen folgenden Argumentationsgang. Überlegen Sie, ob sie im Zweifelsfall (mit Ladwig) ebenfalls dafür plädieren würden, die Souveränität eines Staates zum Schutz von Menschenrechten zu missachten?

Text	Rekonstruktion	Diskussion
„Kehrt die Lehre vom gerechten Krieg im Gewande der humanitären Intervention zurück?	Erste leitende Frage:	
Unterliegt das Völkerrecht einer Remoralisierung? […]	Zweite leitende Frage:	
Der jüngste Kriegseinsatz der NATO legt eine solche Vermutung nahe: Er wurde begründet mit gravierenden und systematischen Menschenrechtsverletzungen, begangen von Organen des jugoslawischen Staates an Bürgern desselben Staates, den ethnischen Albanern im Kosovo. […]	Anlass:	Ihre Informationen zum Kosovo-Konflikt:
Eine *Intervention* […] ist ein Eingriff in die Belange eines anderen Staates gegen den Willen wenigstens eines erheblichen Teils der Bevölkerung oder der Regierung dieses Staates. […]	Def. Intervention:	Ihre Ergänzungen:
Humanitär ist die Intervention, wenn ihr Zweck die Verhütung schwerer und systematischer Menschenrechtsverletzungen ist und die Verbrechen vom angegriffenen Staat oder von Gruppen innerhalb dieses Staates an Bürgern oder Machtunterworfenen desselben Staates verübt werden. […]	Def: Humanitäre Intervention:	
Die Charta der Vereinten Nationen schützt die Souveränität und territoriale Integrität der Staaten im Namen des Friedens. […]	P1:	
Der Einzelne blieb auf Gedeih und Verderb der Gewalt ‚seines' Staates ausgeliefert – allenfalls konnte er zu fliehen versuchen.	P2:	
In den neunziger Jahren ist der Sicherheitsrat jedoch in einigen Fällen zu einer *weiten* Auslegung des Friedensbegriffes übergegangen. Als Bruch oder Bedrohung des Friedens kommen seitdem auch erhebliche Menschenrechtsverletzungen im Inneren eines staatlichen Herrschaftsbereiches oder in den Ruinen einer zerfallenen Staatlichkeit [*failed state*] in Betracht. […]	P3:	

Text	Rekonstruktion	Diskussion
Die Resolution 794 zu Somalia vom 3. Dezember 1992 identifizierte die schwerwiegende Verletzung von Menschenrechten *direkt* als ‚Bedrohung des Weltfriedens und der internationalen Sicherheit' […].	z. B. zu P3:	
[…] Das Prinzip der Menschenrechte durchbricht von Haus aus den Souveränitätspanzer der Staaten.	P4:	
Menschenrechte sind moralisch begründete Rechte, die intern auf Verwirklichung in der Form positiv geltenden Rechts angelegt sind. Sie sollen nicht allein als moralische Appelle, sondern zugleich als äußerlich zwingende Normen wirksam werden.	P5:	
Das Konzept der Menschenrechte hat folglich einen *interventionistischen Kern*. […]	K1 (T1):	
Wird eine Gruppe von ‚ihrem' Staat regelrecht ausgebürgert, werden ihre Angehörigen zu rechtlosen Fremden erklärt und zu Misshandlungen aller Art freigegeben, […] so verkehrt sich die normative Grundfunktion aller Staatlichkeit, die Sicherung von Leib, Leben und basaler symbolischer Integrität, in ihr Gegenteil. Der Staat missbraucht dann seine Machtmittel. […]	P6:	
Konsequent wäre es daher, würde das Völkerrecht auch solchen Menschen, die von staatlichen Organen oder (anderen) Mörderbanden heimgesucht werden, ein Recht auf Notwehr und Nothilfe zusprechen. […]	P7:	Kommentar:
Fundiert man die Rechte von Staaten in den Rechten von Menschen, so ist die völkerrechtliche Bevorzugung des Souveränitätsprinzips nicht länger haltbar. […]	K2 (T2):	
	(unausgesprochen) E1:	
Auch ein erweitertes Recht auf Nothilfe stünde allerdings unter dem Vorbehalt der Entscheidungs- und Handlungsunfähigkeit des Sicherheitsrates. […] Eine rechtliche Zulassung humanitärer Intervention bedarf […] der Einbettung in ein Netz von Verbindlichkeiten, die für ein Mindestmaß an prozeduraler Rationalität und Erwartungssicherheit zu sorgen hätten."	AE1:	Kommentar:
Ladwig 2000, S. 133, 140, 142 ff.	*Bitte beachten Sie, dass der Text gekürzt ist und dass man einen philosophischen Text auf verschiedene Weise rekonstruieren kann.*	

Zu 3.8.10: Autonomie-Argument zu der These, dass der Staat Würagada die Souveränität des Staates Kalavoso auch bei Menschenrechtsverletzungen respektieren muss

Gegen Pd1: Erfüllt X die Bedingungen für Autonomie bzw. Souveränität? Bei Personen kann das z. B. bei geistiger Verwirrung, extremem Stress oder Minderjährigkeit bestritten werden; bei Staaten, wenn die Regierung nicht aus einer Willensbekundung der Bevölkerung (z. B. Wahlen) hervorgegangen ist.
Gegen Pd2: Schwankt X in ihrer Entscheidung? Ist die Entscheidung (im Falle von Staaten) eine demokratische Mehrheitsentscheidung?
Gegen Pn: Steht vielleicht etwas moralisch Wertvolleres als die Autonomie von X auf dem Spiel (s. ▶ Kapitel 3.15)?
Gegen Pd3: Liegt tatsächlich ein Eingriff in die Autonomie bzw. Souveränität vor?

Pd1: Kalavoso ist ein souveräner Staat.	E: Ist die Regierung von Kalavoso demokratisch legitimiert?

Pd2: Die Regierung von Kalavoso hat entschieden, die Menschenrechte einiger Bürger zu verletzen.	E: Handelt es sich um das Vergehen einzelner Akteurinnen, die nicht in der Verantwortung des Staates liegen?
Pn: Die Souveränität eines Staates muss unter allen Umständen respektiert werden.	E: Bei schweren Menschenrechtsverletzungen wäre es unterlassene Hilfeleistung, wenn andere Staaten nicht eingreifen, obwohl sie eingreifen könnten.
Pd3: Eine Humanitäre Intervention durch Würagada wäre ein Eingriff in die Souveränität von Kalavoso.	E1: Kann man die Humanitäre Intervention lokal begrenzen? E2: Gibt es Bürgerinnen von Kalavoso, die eine Humanitäre Intervention begrüßen würden?
→ K: Eine Humanitäre Intervention muss unterlassen werden.	**Ist die Konklusion noch haltbar?**

Bitte beachten Sie, 1) dass es mehrere Möglichkeiten gibt, das Argument zu formulieren und 2) dass hier nicht alle möglichen Einwände genannt werden können. Wenn Sie einen anderen Syllogismus geschrieben oder andere Einwände formuliert haben, liegen Sie vermutlich ebenfalls richtig! Vielleicht befragen Sie Ihren Freundeskreis? Und bitte beachten Sie vor allem, dass sich die These (K) auch anders begründen ließe.

> **Zum Weiterlesen**
> Kant, Immanuel: *Zum Ewigen Frieden* [1795]. In: Werke in zehn Bänden, Bd. 9. Hg. von Wilhelm Weischedel. Darmstadt 1964, S. 191–251.

3.9 Das Argument der letzten Tür

Das Argument der letzten Tür ist einschlägig, wenn jemand etwas tun will, das sich nicht rückgängig machen lässt und wofür es auch keine angemessene Entschädigung gibt. Wenn man einem schwer kranken Menschen Sterbehilfe geleistet hat, ist er tot. Daran lässt sich im Nachhinein nichts mehr ändern, und es gäbe auch keine angemessene Entschädigung für die Angehörigen oder den Verstorbenen selbst, falls sich herausstellen sollte, dass er von seiner Krankheit hätte geheilt werden können. Aus beiden Gründen muss es gut überlegt sein, ob man sich dazu durchringen will oder nicht. Hervorzuheben ist jedoch, dass das Argument der letzten Tür quasi unparteiisch ist, weil es weder ein Argument für noch ein Einwand gegen eine strittige Handlungsweise ist. Es soll vielmehr davor warnen, eine irreversible Entscheidung übereilt zu treffen und irgendeinem Druck zu schnell nachzugeben.

1. Können Sie sich eine Situation vorstellen, in der Sie sagen „überlege genau, was Du tust – das kannst Du nie wieder rückgängig machen"? Finden Sie Beispiele und denken Sie über eine Alternative nach, die Sie stattdessen anraten würden.

Ihr Beispiel:

_____

_____

Mögliche Alternative:

_____

_____

2. Überlegen Sie: Bei welchen Verfehlungen sind Wiedergutmachungen möglich bzw. angebracht? In welchen Fällen ist Schadensersatz möglich bzw. angebracht? Gibt es Fälle, in denen beides nicht möglich oder nicht sinnvoll wäre? Finden Sie Kriterien zur Unterscheidung der Situationen.

Verfehlung	Was ist angebracht?	Begründung (Kriterium)

3. Im Judentum sowie im äthiopisch-orthodoxen Christentum werden männliche Säuglinge in den ersten acht Lebenstagen beschnitten; in vielen islamischen Gemeinden geschieht das im Kindesalter oder kurz vor dem Eintritt der Geschlechtsreife als Initiationsritual. Letzteres ist vor allem in der Türkei üblich. 1) Informieren Sie sich über die medizinischen Details dieses Eingriffs. Begründen Sie, warum die Beschneidung männlicher Säuglinge sich grundsätzlich von der Verstümmelung der weiblichen Genitalien unterscheidet, die irreführenderweise ebenfalls unter dem Etikett ‚Beschneidung' diskutiert wird. 2) Informieren Sie sich über die Gründe und den Symbolgehalt der männlichen Beschneidung im Judentum. 3) Informieren Sie sich über die derzeitige Gesetzeslage.

4. Das Landgericht Köln hat am 26. Juni 2012 das Urteil gefällt, dass die Beschneidung männlicher Säuglinge aus religiösen Gründen juristisch als ‚einfache Körperverletzung' zu beurteilen sei. Diskutieren Sie folgendes juristisches Urteil aus den Perspektiven der Eltern, des Kindes, der jeweiligen Religionsgemeinschaft, der Staatsanwaltschaft und unserer deutschen Gesellschaft vor dem Hintergrund der Verbrechen des Nationalsozialismus. Gehen Sie dabei davon aus, dass das Kind in einer religiös geprägten Familie aufwachsen wird. Treffen Sie selbst eine Entscheidung und überlegen Sie: Ist es für Ihre moralische Bewertung wichtig, dass sich eine Beschneidung der männlichen Vorhaut nicht (wirklich) rückgängig machen lässt?

» Darf ein Arzt eine Beschneidung vornehmen, auch wenn der chirurgische Eingriff nicht medizinisch notwendig ist? Das Landgericht Köln hat entschieden: nein. Das Wohl des Kindes stehe über der freien Religionsausübung der Eltern. Das Urteil könnte wegweisende Wirkung haben. Der Sachverhalt, über den das Landgericht Köln zu entscheiden hatte, ist an sich nicht ungewöhnlich: Ein muslimischer Arzt führt bei einem vierjährigen Jungen eine Beschneidung durch, auf Wunsch der gläubigen Eltern. Der chirurgische Eingriff verläuft zunächst ohne Komplikationen. Doch zwei Tage nach der OP setzen Nachblutungen ein, die Mutter bringt ihren Sohn zur weiteren Versorgung ins Krankenhaus. Die Staatsanwaltschaft Köln bekommt Wind von dem Eingriff – für den keine medizinische Notwendigkeit bestanden hatte – und erhebt Anklage gegen den Mediziner. Möglicherweise wegweisend ist jedoch die Bewertung des Falls durch das Landgericht: Die Kölner Richter sprachen den Arzt jetzt zwar frei. Sie werteten die Beschneidung in ihrem Urteil, das *Süddeutsche.de* vorliegt, jedoch als „einfache Körperverletzung". Der Eingriff sei „nicht durch die Einwilligung der Eltern gerechtfertigt, weil sie nicht dem Wohl des Kindes entspreche". Das Recht des Kindes auf Unversehrtheit überwiege in diesem Fall gegenüber dem Erziehungsrecht der Eltern und deren

3.9 · Das Argument der letzten Tür

Grundrecht auf Religionsfreiheit. Den Freispruch begründete das Landgericht damit, dass sich der Kölner Mediziner „in einem unvermeidbaren Verbotsirrtum" befunden und angenommen habe, dass die Beschneidung aus religiösen Gründen „rechtmäßig" gewesen sei. Ein solcher Irrtum war nach Ansicht des Gerichts deswegen nicht zu vermeiden, weil in Rechtsprechung und Literatur Uneinigkeit herrsche. (Urteil des Landgerichts Köln, SZ 26. Juni 2012; zum Verbotsirrtum (s. ▶ Abschn. 3.11.5)

Positionen	Begründung	Mögliche Einwände?
Eltern:		
das Kind:		
die religiöse Gemeinschaft:		
Staatsanwaltschaft:		
‚die Deutschen' heute:		
Ihre Position:		

> **Tipp**
>
> **Zu 3.9.3:** Aus Respekt vor der Jüdischen Religion hat der Deutsche Bundestag am 20.12.2012 folgendes Gesetz erlassen:
> „(1) Die Personensorge umfasst auch das Recht, in eine medizinisch nicht erforderliche Beschneidung des nicht einsichts- und urteilsfähigen männlichen Kindes einzuwilligen, wenn diese nach den Regeln der ärztlichen Kunst durchgeführt werden soll. Dies gilt nicht, wenn durch die Beschneidung auch unter Berücksichtigung ihres Zwecks das Kindeswohl gefährdet wird.
> (2) In den ersten sechs Monaten nach der Geburt des Kindes dürfen auch von einer Religionsgesellschaft dazu vorgesehene Personen Beschneidungen gemäß Absatz 1 durchführen, wenn sie dafür besonders ausgebildet und, ohne Arzt zu sein, für die Durchführung der Beschneidung vergleichbar befähigt sind." (StGB § 1631d, Beschneidung des männlichen Kindes).

5. Im Roman *Die Leiden des jungen Werther* von Johann Wolfgang von Goethe verliebt sich Werther in Lotte. Als Werther nach längerer Abwesenheit zurückkommt, ist Lotte mit Albert verheiratet. Erneut umwirbt Werther Lotte. Als Lotte ihn fortschickt (nachdem sie ihn zum ersten und einzigen Mal geküsst hat), erschießt sich Werther mit Alberts Pistole. Stellen Sie sich vor, Sie hätten mit Werther reden können, bevor er zur Pistole greift. Was hätten Sie ihm gesagt?

Lieber Werther, Dein Liebeskummer ist (k)ein guter Grund für eine Selbsttötung, weil:

_____

_____

6. Das Argument der letzten Tür hat folgende allgemeine Form:

> Pd1: Mit der Handlung H scheint sich das Problem in Situation S lösen zu lassen.
> Pd2: In der Situation S herrscht Zeitdruck.
> Pn1: Die Handlung H hat schlimme Folgen, für die es keine angemessene Entschädigung gibt.
> Pd3: Die schlimmen Folgen der Handlung H lassen sich nicht rückgängig machen.
> Pn2: Man sollte Handlungen, die unumkehrbare und schlimme Folgen haben, unter Zeitdruck nicht tun, weil nicht geprüft werden kann, ob es nicht eine bessere Alternative gibt.
> → K: Man sollte die Handlung H in der Situation S nicht tun.

Stellen sie ein Argument der letzten Tür gegen eine Selbsttötung aus Liebeskummer als Syllogismus dar und überlegen Sie, ob bzw. wie sich die die Prämissen des Urteils ggfs. anfechten lassen.

Syllogismus	Mögliche Einwände?
Pd1:	
Pd2:	
Pn1:	
Pd3:	
Pn2:	
→ K:	

7. Ein wichtiges Argument dafür, die Beschneidung männlicher Säuglinge aus religiösen Gründen zuzulassen, lautete, dass eine religiöse Erziehung (wie jede Erziehung) durch die Eltern ebenfalls eine unumkehrbare Beeinflussung der Kinder sei. Was halten Sie von dem Argument? Ist Erziehung im selben Sinne unumkehrbar wie ein körperlicher Eingriff? Falls das nicht der Fall sein sollte: Was bedeutet das für das Handeln?

Erziehung ist (nicht) revidierbar, weil:

_____

_____

8. Analysieren Sie folgenden Argumentationsgang und analysieren Sie seine Struktur.

3.9 • Das Argument der letzten Tür

Text	Rekonstruktion	Diskussion
	(Unausgesprochen) leitende Frage: Ist die Beschneidung männlicher Säuglinge aus religiösen Gründen moralisch zu rechtfertigen?	
„Es gibt […] starke Gründe für die Vermutung, dass die Beschneidung und das mit diesem Akt initiierte Hineinwachsen in die jüdische Glaubenswelt Schritte sind, zu denen sich jüdische Eltern durch die Sorge um das Wohlergehen ihrer Kinder motivieren lassen.	P1:	
Deshalb verletzt die Beschneidung auch nicht das Recht des Kindes auf (negative) Religionsfreiheit.	T1:	
	(Unausgesprochen) E1:	
Die Beschneidung stellt keine unzulässige religiöse Einflussnahme auf die Entwicklung des Kindes dar,	AE1 (= T2):	
weil diesem in seinem späteren Leben die Möglichkeit bleibt, die durch den elterlichen Erziehungsstil empfangenen Vorprägungen durch bewusste Aneignung zu seinem Merkmal der frei gewählten religiös-weltanschaulichen Identität werden zu lassen oder sich von ihnen zu distanzieren und sie zu verwerfen. […]	P1 zu T2:	
Mit jeder Erziehung ist unvermeidlich eine bestimmte Vorprägung des Kindes hinsichtlich der Sprache, die es erlernt, der Kultur, in der es aufwächst, und der Charakterbildung, die es empfängt, verbunden. Das ist grundsätzlich mit dem Hineinwachsen in religiöse Lebensmuster nicht anders als auf den sonstigen Feldern religiöser Erziehung.	P2 zu T2:	
	(Unausgesprochen) E2:	
Richtig ist allerdings, dass die Beschneidung, deren körperliche Folgen irreversibel sind, die körperliche Integrität verletzt und einen Apostaten oder gleichgültig gewordenen säkularen Juden immer an die (frühere) Zugehörigkeit zum Judentum erinnert."	AE2 (= T3):	
Schockenhoff 2014, S. 207	*Bitte beachten Sie, dass der Text gekürzt ist und dass man einen philosophischen Text auf verschiedene Weise rekonstruieren kann*	

Zu 3.9.6: Argument der letzten Tür gegen eine Selbsttötung aus Liebeskummer.

Gegen Pd1: Ist die Handlung H tatsächlich eine Lösung für das Problem?
Gegen Pd2: Steht die Entscheidung tatsächlich unter deutlich größerem Zeitdruck als andere moralische Entscheidungen?
Gegen Pn1: Hat H tatsächlich (nur) schlechte Folgen? Gibt es keine angemessene Entschädigung?
Gegen Pd3: Lassen sich die Folgen von H tatsächlich nicht rückgängig machen?
Gegen Pn2: Würde sich bei gründlicherem Nachdenken (d. h. ohne Zeitdruck) eine bessere Alternative eröffnen?

Pd1: Eine Selbsttötung würde den Liebeskummer beenden.	E1: Eine Selbsttötung beendet nicht den Liebeskummer, sondern das Leben. E2: Gibt es nicht Lösungen, die langfristig besser sind? Z. B. die Hoffnung auf eine neue Liebe? E3: Wer tot ist, kann sich nicht neu verlieben.

Pd2: Es herrscht Zeitdruck, weil Liebeskummer wie eine quälende Krankheit ist, die man unbedingt abstellen will.	E1: Es herrscht kein Zeitdruck, wenn der Liebeskummer schon lange Dauerzustand ist. E2: Fast alle wichtigen Entscheidungen müssen unter Zeitdruck gefällt werden.
Pn1: Eine Selbsttötung hat die schlimme Folge, dass der Getötete hinterher tot ist.	E1: Liebeskummer ist schlimmer als der Tod, weil Liebeskummer quälend ist. E2: Manche behaupten ein Recht auf seinen eigenen Tod.
Pd3: Eine Selbsttötung lässt sich nicht rückgängig machen.	E: Diese Prämisse lässt sich nicht bezweifeln.
Pn2: Man sollte eine Handlung mit unumkehrbaren Folgen niemals unter Zeitdruck tun.	E1: Wer wichtige Entscheidungen endlos vertagt, ist ein lebensuntüchtiger Zauderer. E2: Die meisten Folgen von moralischen Entscheidungen sind nicht rückgängig zu machen.
→ K: Man sollte sich nicht aus Liebeskummer selbst töten.	**Ist die Konklusion noch haltbar?**

Bitte beachten Sie, 1) dass es mehrere Möglichkeiten gibt, das Argument zu formulieren und 2) dass hier nicht alle möglichen Einwände genannt werden können. Wenn Sie einen anderen Syllogismus geschrieben oder andere Einwände formuliert haben, liegen Sie vermutlich ebenfalls richtig! Vielleicht befragen Sie Ihren Freundeskreis? Und bitte beachten Sie vor allem, dass sich die These (K) auch anders begründen ließe als durch das Argument der letzten Tür.

> **Zum Weiterlesen**
> Harris, John: *The Value of Life.* London 1985, insb. S. 36 ff.

3.10 Das Argument des Nichtstuns

Das Argument des Nichtstuns basiert auf der verbreiteten Intuition, dass man sich durch Nichtstun moralisch nicht schuldig machen kann. ‚Wer schläft, sündigt nicht', sagt der Volksmund. Wer nicht handelt, kann auch nichts Falsches tun. Nur wer handelt, kann sich schuldig machen. Aber sollte man sich tatsächlich darauf verlassen, dass man seine Hände in Unschuld waschen kann, wenn man nichts tut und nur zuschaut? Unser Gesetz kennt den Tatbestand der unterlassenen Hilfeleistung. Wenn ein Mensch in Not ist und man ihm nicht hilft, obwohl man es könnte, macht man sich offensichtlich durch Nichtstun eben doch schuldig. Außerdem gibt es Situationen, in denen ein Unterlassen einem Handeln gleichkommt. Die Mitläufer des Nationalsozialismus werden aus der Retrospektive heute moralisch verachtet, weil sie das Verbrecherregime indirekt dadurch unterstützt haben, dass sie nicht gegen die Menschenrechtsverletzungen protestierten. Zudem ist keineswegs immer klar, was ein (aktives) Tun und was ein (passives) Geschehenlassen ist. Leistet man aktive oder passive Sterbehilfe, wenn man einen Schalter betätigt, um ein Beatmungsgerät abzuschalten?

1. Wann sagen Sie „Lass besser Deine Finger davon, dann kannst Du nichts falsch machen"? Erfinden Sie ein Beispiel und überlegen Sie, ob man wirklich ‚nichts falsch' macht, wenn man in der Situation nichts tut.

Ihre Situation:	
Nichts-Tun hätte die Konsequenzen:	a) für den Akteur:
	b) für andere:

3.10 • Das Argument des Nichtstuns

Ein Eingreifen hätte die Konsequenzen:	a) für die Akteurin:
	b) für andere:
Sollte man (nicht) eingreifen?	
Ihre Begründung:	

2. Können Sie sich eine Situation vorstellen, in der Sie sagen: „Ich hab' doch gar nichts gemacht – was passiert ist, ist also nicht meine Schuld!" Überlegen Sie: Warum haben Sie nicht gehandelt?

Ihr Beispiel:

___

___

Ihre Gründe für Ihr Nicht-Handeln:

___

___

Im Nachhinein war die Entscheidung (nicht) richtig, weil:

___

___

3. Wenn sich jemand vor einer unangenehmen oder schwierigen Aufgabe drückt, nennt man ihn abfällig einen ‚Drückeberger'. Überlegen Sie: Gibt es so etwas wie ‚moralisches Drückebergertum' oder ist es per se gerechtfertigt, etwas moralisch Schlimmes nicht zu tun, wenn man damit noch Schlimmeres vermeiden kann? Finden Sie ein Beispiel für ‚moralisches Drückebergertum'. Begründen Sie, warum man in der Situation hätte handeln müssen.

Ihr Beispiel für ‚moralisches Drückebergertum':

___

___

Es ist (nicht) richtig, in einer solchen Situation nicht zu handeln, weil:

___

___

4. Stellen Sie sich vor, dass ein fiktiver Pazifist und eine fiktive (aber überzeugte) Soldatin sich grundsätzlich darüber streiten, ob man einen Wehrlosen mit einer Waffe gegen einen Angreifer verteidigen muss, wenn man dazu in der Lage ist,

ohne sich zu gefährden. Was sagen Sie selbst? Welcher der beiden ist moralisch im Unrecht? Darf man zur Verteidigung eines Wehrlosen töten?

	Position	Begründung	Ihr Kommentar
Pazifistin			
Soldatin			
Sie selbst:			

5. Definieren Sie: Was unterscheidet ‚Handeln' und ‚Verhalten'? Was ist eine ‚Handlung'? Überlegen Sie: Können auch ein Unterlassen oder ein Dulden eine ‚Handlung' sein?

Definition Handeln:		Beispiel:
Definition Verhalten:		Beispiel:
Absichtliches Dulden ist (k)eine Handlung, weil:		Beispiel:
Absichtliches Unterlassen ist (k)eine Handlung, weil:		Beispiel:

6. Was müsste man voraussetzen können, wenn man behaupten will, dass auch Tiere ‚handeln' können?

Voraussetzung:	Welche Tierart(en) könnte(n) diese Voraussetzung erfüllen?

Tipp

Zu 3.10.5: Wer ‚handelt', hat Absichten und Handlungsgründe. ‚Verhalten' ist instinktgesteuertes Tun z. B. als Reaktion auf einen Reiz.
Eine ‚Handlung' ist ein absichtliches Tun, das sich 1) aus einzelnen Handlungsabschnitten zusammensetzen kann, das 2) auf ein Handlungsziel gerichtet ist (Intention) und dem 3) Handlungsgründe (Motive) zugrunde liegen. Sowohl absichtliche Aktivitäten als auch absichtliche Unterlassungen und Duldungen können somit ‚Handlungen' sein.
Zu 3.10.6: Die wichtigste Bedingung für Handeln (und Verantwortung) ist die ‚moralische Autonomie': Das ist die Fähigkeit, aus Gründen (d. h. nicht nur instinktgesteuert) so zu handeln, wie man es als vernünftig und richtig eingesehen hat (s. ▶ Kapitel 3.7. und 3.8).

7. Für sein Handeln ist man (in aller Regel) moralisch verantwortlich. Begründen Sie, warum man auch für Unterlassungen verantwortlich sein kann, wenn die Unterlassung eine Handlung ist.

Handlungen sind gekennzeichnet durch:

_____

_____

Auch Unterlassungen können gekennzeichnet sein durch:

_____

_____

Man ist also für eine Unterlassung moralisch verantwortlich, wenn:

_____

_____

8. Um die verbreitete Auffassung infrage zu stellen, dass man sich nur durch aktives Tun moralisch schuldig machen kann, aber nicht durch Nichtstun bzw. durch das Unterlassen einer Handlung, hat Philippa Foot zum Argument der Doppelwirkung (s. ▶ Kapitel 3.4) das berühmte Trolley-Dilemma erfunden (Foot 1990). Stellen Sie sich eine Straßenbahn vor, die außer Kontrolle gerät. Sie beobachten das und stehen dabei zufällig an einer Weiche. Wenn Sie die Straßenbahn ungebremst weiterfahren lassen, werden fünf Personen überfahren. Sie könnten die Straßenbahn aber auf ein anderes Gleis umlenken. Damit würden Sie aber eine Person töten, die sich unglücklicherweise gerade auf dem anderen Gleis befindet. Womit machen Sie sich weniger schuldig? Begründen Sie.

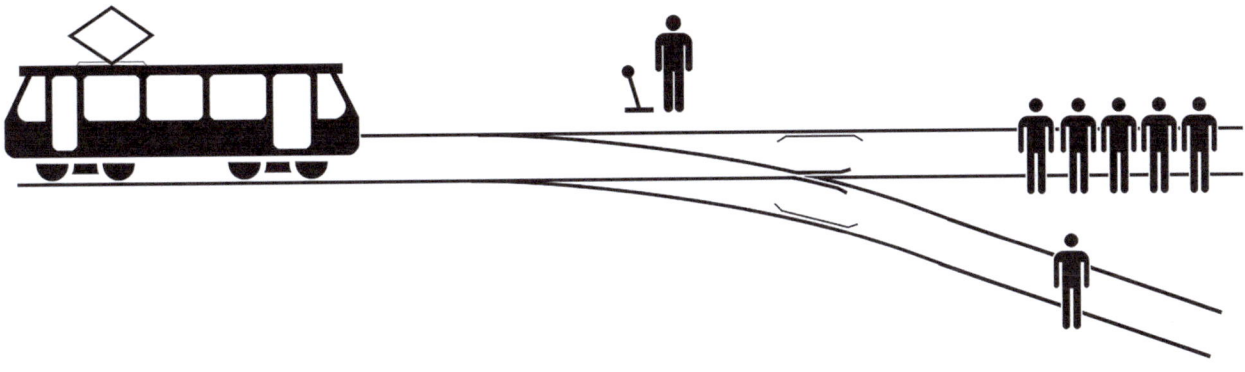

▶ https://de.wikipedia.org/wiki/Trolley-Problem

Sie würden die Straßenbahn (nicht) umlenken, weil:

_____

_____

Wenn Sie die Straßenbahn nicht umgelenkt hätten, würde Sie sich anschließend bei den Angehörigen (nicht) entschuldigen, weil:

_____

_____

Wenn Sie die Straßenbahn umgelenkt hätte, würde Sie sich anschließend bei den Angehörigen (nicht) entschuldigen, weil:

_____

_____

9. Kennen Sie das Theaterstück *Terror* von Ferdinand von Schirach? Ein Major wird vor Gericht gestellt, weil er gegen den ausdrücklichen Befehl seines Vorgesetzten ein vollbesetztes Flugzeug abschießt, das ansonsten von Terroristen in ein ebenfalls vollbesetztes Stadion gelenkt worden wäre. Hätten Sie den Major verurteilt und wenn ja, wofür? Stöbern Sie: Was wird als ‚Finaler Rettungsschuss' bezeichnet? Wie ist die Rechtslage dazu in Deutschland? Blättern Sie noch einmal zurück, wie im Kapitel zum Authentizitätsargument das ‚Problem der schmutzigen Hände' beschrieben wurde (s. ▶ Abschn. 2.9.8).
Sie hätten den Major (nicht) verurteilt, weil:

_____

_____

10. Drei Flugzeuge wurden entführt, die jeweils in vollbesetzte Fußballstadien gelenkt werden sollen. Sie sind der Regierungsverantwortliche, der die Entscheidung über den ‚finalen Rettungsschuss' fällen muss. Überlegen Sie zu jeder der drei im Folgenden geschilderten Situationen, mit welcher Entscheidung Sie die meiste moralische Schuld auf sich laden würden, und begründen Sie bitte Ihre Entscheidung. Vielleicht fühlen Sie sich in jedem Fall (nicht) schuldig?
1. Im ersten Flugzeug sitzen (einschließlich Bord-Personals, aber abzüglich der Attentäter) 200 Menschen: Es soll in ein Stadion gelenkt werden, in dem ebenfalls 200 Menschen sitzen. Machen Sie sich mehr schuldig, wenn Sie das Flugzeug weiterfliegen oder wenn Sie es abschießen lassen?
2. In einem zweiten Flugzeug sitzen (einschließlich des Bord-Personals, aber abzüglich der Attentäter) 150 Menschen. Es soll in ein Stadion gelenkt werden, in dem 152 Menschen sitzen. Machen Sie sich mehr schuldig, wenn Sie das Flugzeug weiterfliegen oder wenn Sie es abschießen lassen?
3. In einem dritten Flugzeug sitzen (einschließlich Bord-Personal, aber abzüglich der Attentäter) 5 Menschen und im Stadion 10.000 Menschen? Machen Sie sich umso mehr schuldig, je mehr Menschen sterben müssen, weil Sie das Flugzeug weiterfliegen lassen? Begründen Sie.

3.10 • Das Argument des Nichtstuns

	Entscheidung	Begründung:
Am meisten schuldig würden Sie sich fühlen, wenn:		
Sie würden sich schuldig fühlen, wenn:		
Sie würden sich nicht schuldig fühlen, wenn:		

> **Tipp**
>
> **Zu 3.10.9:** Ein finaler Rettungsschuss ist der gezielte Einsatz einer Schusswaffe mit Tötungsabsicht durch staatliche Instanzen (z. B. Polizei), wenn nur dadurch Gefahr von Dritten abgewandt werden kann (Nothilfe).

11. Das Argument des Unterlassens hat etwa folgende allgemeine Form:

> Pd: Akteur A könnte die Handlung H tun.
> Pn1: Die Handlung H wäre in der Situation S moralisch wertvoll.
> Pn2: Es ist moralisch nicht verwerflich, nichts zu tun.
> → K: Akteur A macht sich nicht moralisch schuldig, wenn er H nicht tut.

Stellen sie ein Argument des bloßen Unterlassens gegen einen finalen Rettungsschuss zur Rettung eines vollbesetzten Fußballstadions als Syllogismus dar und überlegen Sie, ob bzw. wie Sie die Prämissen des Urteils anfechten würden.

Syllogismus	Mögliche Einwände?
Pd:	
Pn1:	
Pn2:	
→ K:	

11. Grundsätzlich scheint es der Fall zu sein, dass man sich weniger in Gefahr begibt, etwas moralisch Falsches zu tun, wenn man nichts tut. Nichtstun bzw. Unterlassen wäre deshalb ein einfacher Weg, Schuld zu vermeiden. Allerdings gibt es das Problem, dass es sich nicht immer klar entscheiden lässt, ob jemand tatsächlich ‚nichts' getan hat! Analysieren Sie folgenden Text zu diesem Problem:

Text	Rekonstruktion	Diskussion
„Die zentrale Unklarheit betrifft die in	T1:	
Medizin, Recht und Ethik übliche Einteilung der Sterbehilfe nach ihrem Ausführungsmodus in *aktiv* und *passiv*.		Def. aktive Sterbehilfe: Def. passive Sterbehilfe:

Text	Rekonstruktion	Diskussion
Für beide gibt es *eindeutige* Fälle.	T2:	
Ein eindeutiges Beispiel für *aktive* Sterbehilfe ist die gezielte Tötung eines Patienten durch einen physischen Eingriff, etwa durch eine Todesspritze.	z. B. 1 zu T2:	
Ein eindeutiges Beispiel für *passive* Sterbehilfe ist der Verzicht auf die Aufnahme einer möglichen lebensverlängernden Behandlung, in dessen Folge der Patient stirbt.	z. B. 2 zu T2:	
Aber neben diesen eindeutigen Fällen stehen Grenzfälle, in denen die Zuordnung weniger klar ist:	(noch einmal) T1:	
Fall 1. Ist der Abbruch einer lebensverlängernden Maßnahme, um einen schwer leidenden Patienten sterben zu lassen, auch dann ein Akt *passiver* Sterbehilfe, wenn der Abbruch durch das aktive Abstellen eines Apparats, etwa eines Beatmungsgeräts, erfolgt?	z. B. 1 zu T1:	
Fall 2. Ist die Herbeiführung des Todes bei einem künstlich ernährten schwer leidenden Patienten durch ein Vorenthalten künstlicher Ernährung ein Akt *passiver* oder ein Akt *aktiver* Sterbehilfe?"	z. B. 2 zu T1:	
Birnbacher 1995, 340 f.	*Bitte beachten Sie, dass der Text gekürzt ist und dass man einen philosophischen Text auf verschiedene Weise rekonstruieren kann.*	

Zu 3.10.11: Argument des Unterlassens gegen einen finalen Rettungsschuss

Gegen Pd: Kann Akteur A die Handlung H tatsächlich tun? Ist er befugt? Ist er verantwortlich?
Gegen Pn1: Wäre Handlung H in der Situation S tatsächlich moralisch wertvoll und wünschenswert? Würde Sie vielleicht sogar Schlimmes anrichten? Gibt es alternative Handlungen, die ebenso gut wären?
Gegen Pn2: Wäre ein Nichtstun oder eine Unterlassung im vorliegenden Fall tatsächlich moralisch indifferent? Würde es sich vielleicht um unterlassende Hilfeleistung handeln? Welche Folgen hätte es für A, wenn er H tun würde? Darf A die Handlung tun?

Pd: Nur Soldat Müller kann das entführte Flugzeug abschießen.	E1: Ist Soldat Müller berechtigt, eine solche Entscheidung zu treffen? Wurde sie vom Vorgesetzten (Bundesregierung) abgesegnet? E2: Ist Soldat Müller der Einzige, der das Flugzeug abschießen könnte?
Pn1: Wenn das Flugzeug nicht abgeschossen wird, hätte das die furchtbare Folge, dass viele Personen in einem Stadion sterben müssen.	E1: Lässt sich das Stadion evakuieren? E2: Sitzen im Stadion mehr Menschen als im Flugzeug? E3: Kann man die Entführer zur Aufgabe überreden? E4: Kann man das Flugzeug zur Landung zwingen, indem man es nur beschädigt? E5: Könnte das Flugzeug auf Wohngebiete stürzen? E6: Darf man Soldat Müller die moralische Last eines Flugzeug-Abschusses zumuten?

Pn2: Es ist moralisch nicht verwerflich, nichts zu tun.	E1: Ist Nichts-Tun im vorliegenden Fall tatsächlich moralisch neutral? Wäre es nicht unterlassene Hilfeleistung? E2: Wäre Soldat Müller schuldig durch Unterlassen, wenn er das Flugzeug nicht abschießt?
→ K: Soldat Müller würde sich moralisch nicht schuldig machen, wenn er nicht schießt.	**Ist die Konklusion noch haltbar?**

Bitte beachten Sie, 1) dass es mehrere Möglichkeiten gibt, das Argument zu formulieren und 2) dass hier nicht alle möglichen Einwände genannt werden können. Wenn Sie einen anderen Syllogismus geschrieben oder andere Einwände formuliert haben, liegen Sie vermutlich ebenfalls richtig! Vielleicht befragen Sie Ihren Freundeskreis? Und bitte beachten Sie vor allem, dass sich die These (K) auch anders begründen ließe.

> **Zum Weiterlesen**
> Birnbacher, Dieter: *Tun und Unterlassen.* Stuttgart 1995.

3.11 Das Argument des bösen Zufalls

Das Argument des bösen Zufalls (engl. *bad luck*) beruht auf der Intuition, dass man nicht verantwortlich ist, wenn eine Handlung unvorhergesehene Folgen hat. Wenn ich tatsächlich nur das Beste gewollt habe, kann ich doch nichts dafür, wenn dann doch alles anders gekommen ist! Aber waren die Folgen meines Handelns tatsächlich unvorhersehbar? Wie weit kann ich mich mit dem bösen Zufall herausreden? Muss ich mich nicht besser informieren, was in einem bestimmten Kontext riskant, verboten oder sogar strafbar ist, bevor ich etwas tue? ‚Unwissenheit schützt vor Strafe nicht' könnte man denjenigen entgegenhalten, die sich mit dem Argument des bösen Zufalls zu entlasten versuchen.

1. Was meint Sie, wenn Sie sagen: „Damit habe ich nicht gerechnet! Das konnte ich doch wirklich nicht ahnen!" Finden Sie ein Beispiel. Welche Bedingungen müssen erfüllt sein, damit Ihr Gegenüber Sie entschuldigen kann? Unter welchen Bedingungen muss Ihr Gegenüber Sie nicht entschuldigen?

Ihr Beispiel:

_____

_____

Sie sind nicht zu entschuldigen, wenn:

_____

_____

Sie sind zu entschuldigen, wenn:

_____

_____

2. Sie spielen ein Würfelspiel mit sechs Personen. Jedem Spieler ist eine der Zahlen auf dem Würfel zugeordnet. Wer eine 1 oder 2 würfelt, darf aussetzen. Wer eine 3 oder 4 würfelt, muss noch einmal würfeln und der Person etwas Nettes sagen, dessen Zahl der Würfel jetzt zeigt. Wer eine 5 oder 6 würfelt, muss ebenfalls noch einmal würfeln und dann die Person beleidigen, dessen Zahl der Würfel anzeigt. Würden Sie es dem Würfler übelnehmen, wenn er sie unter solchen Umständen beleidigt? Er hat dem (dämlichen!) Spiel zwar zugestimmt, aber das haben Sie offensichtlich auch getan. Und er wusste weder, dass er eine 5 oder eine 6 würfeln würde, noch dass ausgerechnet Sie es sein würden, den er beleidigen muss. Entschuldigt ihn das in Ihren Augen? Diskutieren Sie und nennen Sie mehrere Gründe für beide möglichen Positionen.

	Ihre Begründung
Ich wäre beleidigt, weil:	1.
	2.
	3.
Ich wäre nicht beleidigt, weil:	1.
	2.
	3.

3. Ein Lastwagenfahrer hat ein Kind überfahren, das plötzlich vor seinen Laster gelaufen ist. Überlegen Sie: Unter welchen Bedingungen würden Sie den Lastwagenfahrer der fahrlässigen Tötung beschuldigen? Unter welchen Umständen würden sie ihn freisprechen und von einem Unglück (bzw. von bösem Zufall) sprechen?

	Umstände	Begründung
Unglück (böser Zufall):	1:	
	2:	
	3:	
Fahrlässigkeit:	1:	
	2:	
	3:	
Vollumfängliche Schuld:	1:	
	2:	
	3:	

3.11 · Das Argument des bösen Zufalls

4. Ein Sprichwort sagt ‚Unwissenheit schützt vor Strafe nicht'. Mit Unwissenheit kann zweierlei gemeint sein. Man kann einmal aus ‚Unwissenheit' moralisch falsch handeln, wenn man wichtige Umstände einer Tat nicht kennt und deshalb die Folgen nicht abschätzen kann. Man kann aber auch aus ‚Unwissenheit' moralisch falsch handeln, wenn man nicht weiß, dass die Handlung moralisch schlecht bzw. verboten ist. Finden Sie für beide Fälle von Unwissenheit ein Beispiel und diskutieren Sie, ob Sie die Akteurin moralisch verurteilen würden und wenn ja, wofür Sie sie verurteilen würden.

Art der Unwissenheit	Beispiel	(Nicht) zu entschuldigen, weil
Umstände:		
Gesetz bzw. Verbot:		

5. Stöbern Sie: Was besagt der Grundsatz *ignorantia legis non excusat* im Römischen Recht? Was ist ein „Verbotsirrtum" im deutschen Recht? Was bedeutet ‚Fahrlässigkeit'? Versuchen Sie sich selbst an einer Definition und erfinden Sie Beispiele, in denen ein entschuldbarer bzw. ein nicht entschuldbarer ‚Verbotsirrtum' und Fahrlässigkeit vorliegen könnten. Begründen Sie.

	Ihre Definition	Ihr Beispiel	Begründung
entschuldbarer Verbotsirrtum:			
nicht entschuldbarer Verbotsirrtum:			
Fahrlässigkeit:			

> **Tipp**
>
> **Zu 3.11.5:** *Ignorantia legis non excusat* bedeutet ‚die Unkenntnis des Gesetzes entschuldigt nicht'. Gemeint ist, dass man sich im Falle einer Gesetzesübertretung nicht darauf berufen kann, das einschlägige Gesetz bzw. Verbot nicht gekannt zu haben, weil es als Pflicht gilt, sich über die Gesetzeslage zu informieren. Im deutschen Strafrecht wird eine Tat jedoch milder bestraft, wenn ein „Verbotsirrtum" vorliegt. Es heißt: „Fehlt dem Täter bei Begehung der Tat die Einsicht, Unrecht zu tun, so handelt er ohne Schuld, wenn er diesen Irrtum nicht vermeiden konnte. Konnte der Täter den Irrtum vermeiden, so kann die Strafe [...] gemildert werden." (StGB § 17)
> Von ‚Fahrlässigkeit' ist die Rede, wenn jemand nicht die nötige Sorgfalt aufgewandt hat, um sich über die Risiken seines Handelns zu informieren und diese gegebenenfalls zu vermeiden.

6. Nach Kant ist man nur dafür moralisch verantwortlich, ob man seine Pflicht tut (bzw. die Verbote befolgt) oder nicht. Deshalb ist man nach Kant für die schlimmen Folgen seines Handelns nicht verantwortlich, wenn die Handlung Pflicht war, während man sich umgekehrt die guten Folgen einer Handlung moralisch nicht zurechnen kann, wenn man mit der Handlung ein Verbot übertreten oder einer Pflicht zuwidergehandelt hat. Analysieren Sie folgenden Argumentationsgang zur gutmütigen Lüge und diskutieren Sie ihn.

Text	Rekonstruktion	Diskussion
„Diese gutmütige Lüge kann aber auch durch einen Zufall (casus) strafbar werden, nach bürgerlichen Gesetzen; was aber bloß durch den Zufall der Straffälligkeit entgeht, kann auch nach äußeren Gesetzen als Unrecht abgeurteilt werden.	T:	
Hast du nämlich einen eben itzt [sic] mit Mordsucht Umgehenden *durch eine Lüge* an der Tat verhindert, so bist du für alle Folgen, die daraus entspringen möchten, auf rechtliche Art verantwortlich. Bist du aber strenge bei der Wahrheit geblieben, so kann dir die öffentliche Gerechtigkeit nichts anhaben, die unvorhergesehene Folge mag sein, welche sie wolle. […]	P1:	
[Das ist der Fall,] weil Wahrhaftigkeit eine Pflicht ist, die als die Basis aller auf Vertrag zu gründenden Pflichten angesehen werden muß. […]	P2:	
Es ist doch möglich, daß, nachdem du dem Mörder, auf die Frage, ob der von ihm Angefeindete zu Hause sei, ehrlicherweise mit Ja geantwortet hast, dieser doch unbemerkt ausgegangen ist und so dem Mörder nicht in den Wurf gekommen, die Tat also nicht geschehen wäre; hast du aber gelogen und gesagt, er sei nicht zu Hause und ist er auch wirklich (obzwar dir unbewußt) ausgegangen, wo denn der Mörder ihm im Weggehen begegnete und seine Tat an ihm verübte: So kannst Du mit Recht als Urheber des Todes desselben angeklagt werden. […]	z. B. zu P1:	
Wer also *lügt*, so gutmütig er dabei auch gesinnt sein mag, muß die Folgen davon, selbst vor dem bürgerlichen Gerichtshofe, verantworten und dafür büßen: so unvorhergesehen sie auch immer sein mögen".	K (vgl. T):	
Kant: Lügen (1956) S. 639	*Bitte beachten Sie, dass der Text gekürzt ist und dass man einen philosophischen Text auf verschiedene Weise rekonstruieren kann.*	

7. Das Argument des bösen Zufalls hat etwa folgende Form:

> Pd1: Die Handlung H hat die Folge Fs.
> Pn1: Die Folge Fs ist eine schlimme Folge.
> Pd2: Die schlimme Folge Fs der Handlung H war für Akteur A in der Situation S weder absehbar noch vermeidbar.
> Pn2: Für schlimme Folgen, die man weder absehen noch vermeiden konnte, ist man moralisch nicht verantwortlich.
> → K: A ist für die schlimmen Folgen von H nicht verantwortlich.

Stellen Sie ein Argument des bösen Zufalls zur Verteidigung des Lastwagenfahrers Jo Karacho als Syllogismus auf, der versehentlich die fünfjährige Mia überfahren hat, der ein Ball auf die Straße gerollt war.

3.11 · Das Argument des bösen Zufalls

Syllogismus	Mögliche Einwände?
Pd1:	
Pn1:	
Pd2:	
Pn2:	
→ K:	

8. Nach Bernard Williams gaukeln uns traditionelle Moralphilosophien (allen voran der Utilitarismus und deontologische Theorien) die moralische Sicherheit vor, dass wir uns nicht schuldig machen (müssen), wenn wir die Regeln der Moralphilosophie befolgen. Williams bezweifelt, dass sich ein solches Versprechen halten lässt, weil uns bei allen guten Absichten immer der ‚böse Zufall' in die Quere kommen kann. Um das zu zeigen, unterscheidet er verschiedene Arten von Bedauern (engl. *regret*) bzw. Schuldgefühlen, die man nach einem moralischen Verstoß empfinden kann. Analysieren Sie folgenden Argumentationsgang und finden selbst eigene Beispiele für die verschiedenen Formen des ‚Bedauerns', die Williams unterscheidet.

Text	Definitionen	Ihr Beispiel
„Es gibt einen Gedankenzug in der Philosophie, […] daß es eine grundlegende Form von Werten gibt, moralische Werte nämlich, die gegen Zufälle immun sind. […] Das erfolgreiche moralische Leben, das der Rücksichtnahmen auf Geburt, geglückte Erziehung oder auf gar die unbegreifliche Gunst eines nichtpelagianischen Gottes enthoben ist, wird […] als Gabe [geschildert], die alle vernünftigen Wesen notwendig im gleichen Maße besitzen.	Gegenposition:	
Dennoch ist der Plan, Moralität gegen Zufälle immun zu machen, zwangsläufig zum Scheitern verurteilt. […] Die bittere Wahrheit [ist], daß Moralität letzten Endes doch konstitutivem Zufall ausgesetzt ist. […]	T:	
‚Bedauern' wird letzten Endes mit dem Bedauern des Zuschauers in eins gesetzt […].	Def. Zuschauer-Bedauern:	
Es gibt jedoch eine besonders wichtige Spezies von Bedauern, das ich ‚Täter-Bedauern' nennen werde und das eine Person nur gegenüber ihren eigenen vergangenen Handlungen empfinden kann (oder bestenfalls gegenüber Handlungen, bei denen sie sich als Teilnehmer ansieht). […]	Generelle Def. Täter-Bedauern:	
‚Reue' [ist] das, was wir ‚Täter-Bedauern' genannt haben, mit der Einschränkung jedoch, daß es sich bloß auf das Freiwillige bezieht. […]	Def. Täter-Bedauern 1:	
Selbst jedoch auf Ebenen eines Tätigseins, das in tiefliegender Weise unbeabsichtigt oder unfreiwillig ist, sind Gefühle des Täter-Bedauerns verschieden von Bedauern im Allgemeinen, wie es ein Zuschauer empfinden könnte, und sie werden von uns in der Praxis als verschieden anerkannt.	Def. Täter-Bedauern 2:	

Text	Definitionen	Ihr Beispiel
Der Lastkraftwagenfahrer, der ohne eigenes Verschulden ein Kind überfährt, wird andere Gefühle haben als jeder Zuschauer, [nämlich das Gefühl,] dass er selbst es hätte verhindern können – was der Gedanke eines Handelnden ist.	z. B. zu Def.2:	
Zweifellos und zu Recht werden die Leute […] ihm Trost zusprechen, […]	E1:	
doch […] man würde in der Tat einige Zweifel über einen Fahrer hegen, der allzu glatt oder bereitwillig in diese Position überwechseln würde. Der Fahrer [steht nun einmal als Handelnder in kausaler] Beziehung zu diesem Ereignis, [was] nicht einfach durch die Erwägung getilgt werden kann, daß es nicht seine Schuld war. […]	AE1:	
Bedauern schließt notwendig einen Wunsch ein, daß die Dinge anders gewesen wären, daß man beispielsweise nicht so hätte handeln müssen, wie es der Fall war. Doch es schließt nicht notwendig den Wunsch ein, daß man alles in allem anders gehandelt haben möge.	Def. Täterbedauern 3:	
Ein Beispiel hierfür, das von den gegenwärtigen Fällen weitgehend unabhängig ist, bieten die Fälle, in denen es einen Konflikt gibt zwischen zwei Handlungsweisen, die beide moralisch erforderlich sind, und in denen jede der beiden Handlungsweisen, selbst wenn man sie zum besten beurteilt, ein Bedauern zurückläßt – das in unserer jetzigen Terminologie ein Täter-Bedauern ist über etwas, das man freiwillig getan hat. […]	z. B. 1 zu Def.3:	
Ähnlich verhält es sich mit dem umgekehrten Phänomen, wo der Handelnde einen Überlegungsfehler begangen und zu spät entdeckt hat, jedoch durch Glück Erfolg hat und tatsächlich weniger erfolgreich gewesen wäre, wenn er irgend etwas anderes getan hätte. Hier ist seine Freude darüber, so gehandelt zu haben, wie er es tat (sein fehlender Wunsch, anders gehandelt zu haben), auf einer Ebene wirksam, auf der sie verträglich ist mit solchen Gefühlen wie dem des Selbstvorwurfs oder der retrospektiven Besorgnis darüber, so gehandelt zu haben, wie er es tat."	z. B. 2 zu Def.3:	
Die Beispiele Gauguins und Anna Kareninas sind natürlich Fälle freiwilligen Tätigseins, doch sie haben etwas mit den eben erwähnten unfreiwilligen Fällen gemein, denn das ‚Glück' der Handelnden bezieht sich auf die Elemente, die für das Ergebnis wesentlich sind, jedoch außerhalb ihrer Macht stehen […].	(noch einmal) z. B. 2 und z. B. 1 zu Def.3:	
Williams 1984, S. 30, 37–41	*Bitte beachten Sie, dass der Text gekürzt ist, dass er aus dem Englischen übersetzt wurde und dass man einen philosophischen Text auf verschiedene Weise rekonstruieren kann.*	

9. Stellen Sie sich vor, dass der Lastwagenfahrer alle Sorgfaltspflichten erfüllt hat, die er als Lastwagenfahrer hat. Wenn er trotzdem einen Brief an die Eltern des Jungen schreiben würde – was könnte er schreiben?

Liebe Eltern,

_____

_____

3.12 • Das Argument des Nichtkönnens (ought implies can)

> **Zu 3.11.7: Argument des bösen Zufalls zur Verteidigung des Lastwagenfahrers Jo Karacho, der aus Versehen das Kind Mia überfahren hat**
>
> Gegen Pd1: Ist die Handlung tatsächlich die Ursache der Folge Fs?
> Gegen Pn1: Ist die Folge Fs tatsächlich eine schlimme Folge?
> Gegen Pd2: Inwieweit waren die Folgen absehbar oder vermeidbar?
> Gegen Pn2: In gewisser Weise ist man immer für die Folgen seines Handelns verantwortlich, weil man schließlich derjenige ist, der handelt.
>
> | | |
> |---|---|
> | Pd1: Der Lastwagenfahrer Jo Karacho hat das Kind Mia überfahren. | E1: Saß Karacho wirklich am Steuer des Lastwagens? |
> | Pn1: Es ist sehr schlimm, ein Kind zu überfahren. | E: Dass ein überfahrenes Kind eine schlimme Folge ist, lässt sich nicht bestreiten. |
> | Pd2: Karacho konnte nicht damit rechnen, dass Mia plötzlich vor sein Auto laufen würde. | E1: Lastwagenfahrer müssen immer mit spielenden Kindern rechnen.
E2: War Karacho abgelenkt, übermüdet oder aus anderen Gründen in seiner Aufmerksamkeit beeinträchtigt?
E3: War das Überfahren die Folge der Unaufmerksamkeit einer Aufsichtsperson?
E4: Hätte Karacho auf den Ball reagieren müssen? |
> | Pn2: Weil Karacho mit Mia nicht rechnen konnte, ist er für den Unfall nicht verantwortlich. | E: Wer sich ans Steuer eines Lastwagens setzt, übernimmt die Verantwortung dafür, dass durch den Lastwagen etwas Schlimmes geschehen kann. |
> | → K: Karacho ist nicht schuld am Tod von Mia. | **Ist die Konklusion noch haltbar?** |
>
> Bitte beachten Sie, 1) dass es mehrere Möglichkeiten gibt, das Argument zu formulieren und 2) dass hier nicht alle möglichen Einwände genannt werden können. Wenn Sie einen anderen Syllogismus geschrieben oder andere Einwände formuliert haben, liegen Sie vermutlich ebenfalls richtig! Vielleicht befragen Sie Ihren Freundeskreis? Und bitte beachten Sie vor allem, dass sich die These (K) auch anders begründen ließe.

Zum Weiterlesen
Williams, Bernard: *Moralischer Zufall. Philosophische Aufsätze 1973–1980.* Übers. v. André Linden. Königsstein 1984 (engl. *Moral Luck*, 1976).

3.12 Das Argument des Nichtkönnens (ought implies can)

In vielen Rechtssystemen und Moralen gilt der Grundsatz, dass man niemanden zu etwas verpflichten darf, was er nicht leisten kann. Deshalb ist das Argument des Nichtkönnens auf den ersten Blick ein starker Entschuldigungsgrund: Man kann jemanden (moralisch oder juristisch) offensichtlich nicht verurteilen, wenn er einen Ertrinkenden nicht retten konnte, weil er selbst nicht schwimmen kann. Der Teufel sitzt aber wieder einmal im Detail. Vielleicht ist man manchmal eben doch selbst dafür verantwortlich, die Fähigkeiten zu erwerben, um die es geht? Und natürlich kann man auch behaupten, dass man etwas nicht tun kann, was man lediglich nicht tun will.

1. Wann sagen Sie „Es tut mir leid, aber ich konnte das nicht machen"? Was meinen Sie: Sind Sie damit entschuldigt?

Ihr Beispiel:

_____

_____

Sie sind (nicht) entschuldigt, weil:

_____

_____

2. Tatsächlich kann der Satz „Es tut mir leid, aber ich konnte das nicht machen"? ganz verschiedene Bedeutungen haben. Überlegen Sie, welche Bedeutungen Sie unterscheiden können und finden Sie jeweils Beispiele. In welcher Bedeutung ist der Satz eine belastbare moralische Entschuldigung? Unter welchen Umständen wirkt er eher als ‚faule Ausrede'? Begründen Sie.

Bedeutung	Beispiel	Ausrede oder echte Entschuldigung?	Begründung
1.			
2.			
3.			
4.			
5.			

3. Sie sehen von der Straße aus, dass auf einem Balkon im vierten Stock ein Kind über die Brüstung klettert. Sie sehen auch, dass ein Mann hinstürzt und im letzten Moment den Arm des Kindes packen kann. Nach einigen Minuten aber verlässt ihn die Kraft, und das Kind stürzt in die Tiefe, bevor die Feuerwehr mit dem rettenden Sprungtuch da ist. Was glauben Sie, wie sich der Mann fühlt? Was würden Sie dem Mann sagen? Begründen Sie.

Der Mann fühlt sich:		Begründung:
Sie sagen ihm:		Begründung:

4. Nachdem Jesus von den Soldaten des Pontius Pilatus (s. ▶Abschn. 3.15.5) gefangen genommen worden war, wurde er gefoltert und gedemütigt, bevor er zum Tode am Kreuz verurteilt wurde. Genau wie Jesus es beim letzten Abendmahl vorher angekündigt hat, soll ihn sein Jünger Petrus als Zeuge der Folterungen aus Angst dreimal verleugnet haben. Diskutieren Sie: Hat sich Petrus schuldig gemacht oder ist er entschuldigt, weil er wegen seiner (Todes-)Angst nicht zu Jesus stehen konnte?

3.12 • Das Argument des Nichtkönnens (*ought implies can*)

> Petrus aber saß draußen im Hof; und es trat eine Magd zu ihm und sprach: Auch du warst mit Jesus, dem Galiläer. Er aber leugnete vor allen und sprach: Ich weiß nicht, was du sagst. Als er aber in das Torgebäude hinausgegangen war, sah ihn eine andere; und sie spricht zu denen, die dort waren: Auch dieser war mit Jesus, dem Nazaräer. Und wieder leugnete er mit einem Eid: Ich kenne den Menschen nicht! Kurz nachher aber traten die Umstehenden herbei und sprachen zu Petrus: Wahrhaftig, auch du bist einer von ihnen, denn auch deine Sprache verrät dich. Da fing er an, sich zu verwünschen und zu schwören: Ich kenne den Menschen nicht! Und gleich darauf krähte der Hahn. Und Petrus gedachte des Wortes Jesu, der gesagt hatte: Ehe der Hahn kräht, wirst du mich dreimal verleugnen. Und er ging hinaus und weinte bitterlich. (MT 26, 69–75)

Ich würde Petrus (nicht) entschuldigen, weil:

_____

_____

Ihr paralleles Beispiel lautet:

_____

_____

Ihre Überlegungen zu Ihrem Beispiel:

_____

_____

5. Im Zuge der sogenannten ‚Flüchtlingskrise' wurde von vielen das Argument ins Feld geführt, dass Deutschland bzw. Europa die Aufnahme von noch mehr Geflüchteten nicht leisten und verkraften könne. Informieren Sie sich über die aktuellen Zahlen und darüber, welche Länder wie viele Geflüchtete aufgenommen haben. Überlegen Sie, was mit dem Argument „wir können nicht noch mehr Geflüchtete aufnehmen" im vorliegenden Zusammenhang gemeint sein könnte. Unterscheiden Sie verschiedene Bedeutungen und diskutieren Sie sie jeweils.

Mit dem Argument könnte gemeint sein, dass:

_____

_____

In Ihren Augen ist das Argument (nicht) überzeugend, weil:

_____

_____

> **Tipp**
>
> **Zu 3.12.5:** „Von Januar bis Oktober 2023 wurden in Deutschland insgesamt 286.638 Asylanträge gestellt". (Statista Research Departement 9.1.2023). Im Jahr 2022 hat die Türkei zahlenmäßig die meisten anerkannten Geflüchteten aufgenommen, gefolgt vom Iran, Kolumbien und Deutschland (Statista Research Departement 29.8.2023). Zu früheren Zahlen im Vergleich: „Im Jahr 2016 wurden in Deutschland 745.545 Anträge entgegengenommen, 268.869 mehr als im Vorjahr. Insgesamt 256.136 Personen erhielten im Jahr 2016 die Rechtsstellung eines Flüchtlings nach der Genfer Konvention (36,8 Prozent aller Asylbewerber). Zudem erhielten 153.700 Personen (22,1 Prozent) subsidiären Schutz und 24.084 Personen (3,5 Prozent) Abschiebungsschutz." (BAMF 11.01.2017).
> Deutschland hat 2016 pro 1000 Einwohner 22 Geflüchtete aufgenommen, die Türkei 37 und Schweden 17 (Schätzung BAMF für den Mai 2016).

6. Stöbern Sie: Was bedeutet der lateinische Rechtsgrundsatz *ultra posse nemo obligatur*? Finden Sie Beispiele für Situationen, in denen ein Akteur wegen Nichtkönnens entschuldigt bzw. moralisch entlastet werden sollte und begründen Sie

Ihre Beispiele	Begründung für die Entlastung
1.	
2.	
3.	

7. Während sich viele damit entschuldigen, dass sie etwas nicht tun können, gibt es in der Moralphilosophie auch das Prinzip ‚Sollen impliziert Können' *(ought implies can)*. Obwohl sich die Formulierung so nirgends findet, wird dieser Grundsatz auf Kants Moralphilosophie zurückgeführt. Tatsächlich besagt Kants moralphilosophisches Postulat von der Freiheit (Autonomie) des menschlichen Willens, dass sich der Mensch (insofern er vernünftig ist) grundsätzlich für das entscheiden kann, was er als das moralisch Richtige eingesehen hat. Aber heißt das, dass er dann auch tatsächlich immer tun kann, was er als richtig eingesehen hat? Analysieren Sie folgende Passagen und überlegen Sie, was Kant gemeint haben könnte.

Text	Rekonstruktion	Ihre Interpretation:
„Die Moral ist […] Inbegriff von unbedingt gebietenden Gesetzen, nach denen wir handeln sollen,	P1:	
und es ist offenbar eine Umgereimtheit, nachdem man diesem Pflichtbegriff seine Autorität zugestanden hat, noch sagen zu wollen, dass man es doch nicht könne."	K1 (T1):	
Kant ZeF (1964) 228 f.		

3.12 • Das Argument des Nichtkönnens (ought implies can)

Text	Rekonstruktion	Ihre Interpretation:
„Freiheit und unbedingtes praktisches Gesetz weisen also wechselseitig auf einander zurück. […]	P2:	
Von der Freiheit […] können wir uns weder unmittelbar bewußt werden […] noch darauf aus der Erscheinung schließen.	P3:	
Also ist es das *moralische Gesetz*, dessen wir uns unmittelbar bewußt werden […], welches […] gerade auf den Begriff der Freiheit führt.	K2 (T2):	
Wie ist aber auch das Bewußtsein jenes moralischen Gesetzes möglich? […]	w.F.:	
[D]ie Erfahrung bestätigt diese Ordnung der Begriffe in uns.	T3:	
Setzet, daß jemand von seiner wollüstigen Neigung vorgibt, sie sei […] für ihn ganz unwiderstehlich:	P4:	
ob, wenn ein Galgen […] aufgerichtet wäre, um ihn sogleich nach genossener Wollust daran zu knüpfen, er alsdenn nicht seine Neigung bezwingen würde. Man darf nicht lange raten, was er antworten würde. […]	P5:	
Er urteilt also, daß er etwas kann, darum, weil er sich bewußt ist, daß er es soll, und erkennt in sich die Freiheit, die ihm sonst ohne das moralische Gesetz unbekannt geblieben wäre."	K3 (T3):	
Kant KpV (1956) S. 139 f.	*Bitte beachten Sie, dass der Text gekürzt ist und dass man einen philosophischen Text auf verschiedene Weise rekonstruieren kann.*	

> **Tipp**
>
> **Zu 3.12.6:** Der lateinische Satz *ultra posse nemo obligatur* bedeutet ‚jenseits des Könnens wird niemand verpflichtet'. Gesagt wird, dass niemand über die Grenzen seines Könnens hinaus zu irgendetwas verpflichtet werden kann. Der Satz soll auf den römischen Enzyklopädisten und Medizinschriftsteller Aulus Cornelius Celsus (ca. 25 v. Chr–50 n. Chr.) zurückgehen.

8. Bei Bernard Williams heißt es, dass viel Klärendes gesagt werden müsse „über das nicht völlig klare Prinzip *ought implies can.*" Diskutieren Sie folgende fünf mögliche Bedeutungen und finden Sie jeweils Beispiele. Vielleicht fällt Ihnen noch eine sechste mögliche Bedeutung ein? Gibt es auch dafür ein Sprichwort?

Bedeutung	Sprichwort	Ihr Beispiel	Diskussion
1. Wenn man weiß, dass man etwas tun soll, kann man es auch tun, weil der Wille frei ist. Man muss es nur richtig versuchen!	*Wo ein Wille ist, ist auch ein Weg.*		
2. Wenn man etwas nicht tun kann, hat man auch keine Pflicht, es zu tun.	*Wo nichts ist, hat der Kaiser sein Recht verloren.*		

Bedeutung	Sprichwort	Ihr Beispiel	Diskussion
3. Es ist zwecklos, etwas zu fordern, was der andere nicht leisten kann.	*Einem nackten Mann kann man nicht in die Tasche greifen.*		
4. Eine Moral ist eine schlechte (grausame) Moral, wenn sie unerfüllbare moralische Anforderungen stellt.	*Die Moral ist für die Menschen da, und nicht die Menschen für die Moral.*		
5. Wer z. B. im Falle eines moralischen Dilemmas (s. ▶ Kapitel 3.15) keine Möglichkeit hat, eine moralisch richtige Entscheidung zu treffen, kann sich mit einer moralisch falschen Entscheidung nicht schuldig machen.	*Wenn man nur etwas Falsches machen kann, kann man nichts richtig machen.*		
6.			

9. Das Argument des Nichtkönnens hat etwa folgende Form:

> Pd: Der Akteur A kann die Handlung H in der Situation S nicht tun.
> Pn1: Die Handlung H wäre in der Situation S moralisch wertvoll.
> Pn2: Auf eine Handlung, die man nicht tun kann, kann man nicht verpflichtet werden *(ultra posse nemo obligatur)*.
> → K: A ist in der Situation S entschuldigt, wenn sie H nicht tut.

Stellen Sie ein Argument des Nichtkönnens gegen offene Grenzen für Schutzsuchende aus anderen Ländern als Syllogismus dar und antizipieren Sie mögliche Einwände.

Syllogismus	Mögliche Einwände?
Pd:	
Pn1:	
Pn2:	
→ K:	

10. Rekonstruieren Sie folgendes Argument und diskutieren Sie seine Prämissen.

Text	Rekonstruktion	Diskussion
„Die Frage, wie viele Flüchtlinge einzelne Staaten jeweils aufnehmen sollten, ist philosophisch relativ klar zu beantworten: So viele wie nötig und möglich.	Leitende Frage:	
	T1 und T2:	
Die Notsituation der Schutzsuchenden erlaubt es Staaten nicht, ihnen die Aufnahme zu verweigern.	P1:	

3.12 · Das Argument des Nichtkönnens (*ought implies can*)

Text	Rekonstruktion	Diskussion
Tatsächlich wird diese Forderung nicht nur als moralische, sondern auch als völkerrechtlich verbindliche Pflicht weitgehend anerkannt. […]	K1 (T1):	
Sollten die Chancen zur tatsächlichen Realisierung des moralisch Gebotenen von Beginn an in die Untersuchung mit einbezogen werden? […] Wenn einige wenige Staaten im Zweifel alle Flüchtlinge aufnehmen müssen, die in keinem anderen Staat Schutz gefunden haben: Würde das die Staaten nicht überfordern?	w.F.:	
Für diese Position spricht, dass es wenig Sinn ergibt, Dinge zu fordern, die sich letztlich nicht umsetzen lassen. In anderen Worten: Wenn ein Sollen stets ein Können impliziert (*ought implies can*), müssen wir dann nicht auch die politischen Macht- und Mehrheitsverhältnisse als Begrenzung des Raums des Möglichen in den Blick nehmen?	P2:	
Tatsächlich existiert ein Limit: Staaten müssen dann keinen zusätzlichen Schutzsuchenden Zuflucht gewähren, wenn sie ihre *absolute* Kapazitätsgrenze erreicht haben. […]	K2 (T2):	
Das Problem besteht jedoch darin, die absolute Grenze der Aufnahmekapazitäten von Staaten zu bestimmen. […]	E1:	
Eine zentrale Ursache dieser Unschärfe liegt darin begründet, dass viele der Faktoren, die die weitere Aufnahme von Flüchtlingen ermöglichen, vom politischen Willen der Regierung und der BürgerInnen abhängt. […]	AE1:	
Trotz der Anerkennung von absoluten Kapazitätsgrenzen als Limit der Aufnahmepflicht bleibt die hier vertretene Position also anspruchsvoll. Verlangt sie letztlich von den BürgerInnen in Aufnahmestaaten, auf jeglichen Luxus zu verzichten, um weitere Flüchtlinge aufzunehmen?	E2:	
Im Extremfall scheint das Argument darauf hinauszulaufen." [Es folgen drei Argumente, warum die Aufnahme von mehr Geflüchteten in unserer Gesellschaft vermutlich keinen Verzicht auf Luxus bedeuten würden].	AE2:	
Brezger 2016, S. 57 f., 64–67	*Bitte beachten Sie, dass der Text gekürzt ist und dass man einen philosophischen Text auf verschiedene Weise rekonstruieren kann.*	

Zu 3.12.9: Argument des Nichtkönnens gegen offene Grenzen für Schutzsuchende

Pd: Ist das Nicht-Können nicht eher ein Nicht-Wollen? Ist alles versucht worden? Wodurch bestimmt sich die Grenze des Könnens?
Pn1: Ist die Handlung tatsächlich moralisch wertvoll?
Pn2: Ist man nicht immer verantwortlich, wenn man scheitert oder kapituliert bei dem Versuch, etwas Schlimmes zu verhindern?

Pd: Die Kapazitäten Deutschlands zur Aufnahme von Schutzsuchenden sind erschöpft.	E1: Sind die Kapazitäten tatsächlich erschöpft, solange die meisten von uns in Wohlstand leben? E2: Andere (ärmere) Länder haben ungleich mehr Geflüchtete aufgenommen. E3: Sind die ökonomischen Kapazitäten erschöpft, oder (nur) die Bereitschaft vieler Bürger, für Schutzsuchende Einschränkungen hinzunehmen?

Pn1: Es ist grundsätzlich gut, wenn ein Land Schutzsuchende aufnimmt.	E1: Die Aufnahme von Schutzsuchenden kann kulturelle Überfremdung bedeuten. E2: Es wäre besser für die Schutzsuchenden, wenn sie in ihren Heimatländern sicher leben könnten.
Pn2: Ein Land muss nicht mehr Schutzsuchende aufnehmen, als es aufnehmen kann.	E: Wer wegschaut und nichts zur Linderung von Not tut, macht sich auch dann schuldig, wenn er zuvor schon viel getan hat.
→ K: Deutschland darf seine Grenzen für Schutzsuchende schließen.	**Ist die Konklusion noch haltbar?**

Bitte beachten Sie, 1) dass es mehrere Möglichkeiten gibt, das Argument zu formulieren und 2) dass hier nicht alle möglichen Einwände genannt werden können. Wenn Sie einen anderen Syllogismus geschrieben oder andere Einwände formuliert haben, liegen Sie vermutlich ebenfalls richtig! Vielleicht befragen Sie Ihren Freundeskreis? Und bitte beachten Sie vor allem, dass sich die These (K) auch anders begründen ließe.

> **Zum Weiterlesen**
> Grundmann, Thomas/Stephan, Achim (Hg.): *Welche und wie viele Flüchtlinge sollen wir aufnehmen?* Stuttgart 2016.

3.13 Das Argument der Supererogation

Mit dem Argument der Supererogation kann man Handlungen verweigern, die keine Pflicht sind. Das können banale Gefälligkeiten sein, aber auch sehr gefährliche oder anstrengende Handlungen. Allerdings lässt sich die Grenze zwischen Pflichten und Supererogationen nicht immer scharf ziehen: Gehört es beispielsweise zu den Berufspflichten eines Feuerwehrmanns, zur Rettung eines Menschen in ein brennendes Haus zu stürzen? Und wirkt es nicht schlicht unfreundlich, wenn man einem schwerbeladenen Paketboten die Tür nicht aufhält und ihm dann auch noch sagt, dass man dazu ja schließlich nicht verpflichtet sei? Mit dem Argument der Supererogation steht man schnell als Drückeberger da – aber andererseits muss man auch ‚Halt' sagen können, wenn im Namen der Moral zu viel gefordert wird.

1. Was meinen Sie, wenn Sie sagen „Das tue ich nicht, weil man mir das beim besten Willen nicht zumuten kann"? Finden Sie ein Beispiel für eine moralisch wertvolle Handlung, von der Sie meinen, dass man sie niemandem zumuten sollte. Begründen Sie die Unzumutbarkeit und überlegen Sie, ob es Umstände gibt, unter denen Sie die Handlung dennoch tun würden.

Ihr Beispiel:

_____

_____

Die Handlung ist unzumutbar, weil:

_____

_____

3.13 · Das Argument der Supererogation

Sie würden die Handlung dennoch tun, wenn:

_____

_____

2. Was kann man Menschen im Namen der Moral nicht mehr zumuten? Können Sie (unabhängig von konkreten Handlungen oder Situationen) eine Grenze dafür definieren? Wie sieht es beispielsweise aus, wenn jemand sein Leben riskieren müsste, um anderen zu helfen?

Es gibt (k)eine Grenze, weil:

_____

_____

Die Grenze ggfs. liegt bei:

_____

_____

3. Stöbern Sie: Kennen Sie den Fall Dominik Brunner? Wie hat die Presse berichtet und welche Auszeichnungen hat er erhalten? Manche haben ihn als Held verehrt, aber manche haben ihn auch für leichtsinnig erklärt. Informieren Sie sich und diskutieren Sie die möglichen moralphilosophischen Klassifizierungen seines Handelns. Vielleicht fänden Sie eine andere Klassifizierung angemessen?

	Pro	Contra
Dominik Brunner hat seine Pflicht getan.		
Dominik Brunner hat mehr als seine Pflicht getan und supererogativ gehandelt.		
Dominik Brunner hat leichtsinnig gehandelt.		
Ihre Einschätzung:		
Abwägung zu Ihrer Einschätzung:		

4. Was sind für Sie Helden oder Heilige? Beachten Sie, dass es mit Menschen, die sich für andere aufopfern, auch nicht-religiöse ‚Heilige' geben kann. Was meinen Sie: Warum haben sie gehandelt, wie sie gehandelt haben? Und wollen Sie ihnen nacheifern?

	Ihr(e) Heilige(r)	Ihr(e) Held(in)
Ihr Beispiel:		
Verehrungswürdig, weil:		
Ihr Motiv ist vielleicht:		
(Kein) Vorbild, weil:		

5. Was verstehen Sie unter den Begriffen? Versuchen Sie sich jeweils an einer Definition und finden Sie Beispiele.

	Definition	Ihr Beispiel
Zivilcourage:		
Anstandspflicht:		
Freundschaftsdienst:		
Gemeinnützige Tätigkeit:		

6. Schreiben Sie einen Entwurf zu dem Film ‚Nur meine Pflicht!'. Der Film handelt von einer Familie, die an einem arbeitsfreien Tag beschließt, ein Spiel zu spielen. Die einzige Regel des Spiels lautet, dass alle an diesem Tag ausschließlich pflichtgemäß handeln, aber weder Verbote übertreten noch Gefälligkeiten erweisen dürfen. Wie würde dieser Tag aussehen? Beginnen Sie mit dem Frühstück und planen Sie Ihren Film bis zum Einbruch der Nacht. Lassen Sie Ihrer Fantasie freien Lauf. Vielleicht kommt es zu Notlagen? Oder sind alle froh, weil der Drückeberger der Familie endlich auch einmal mit anfasst? Überlegen Sie: Sollte es solche Tage regelmäßig geben?

Tageszeit	Ereignisskizze
Frühstück:	
Vormittag:	
Mittag:	
Nachmittag:	
Früher Abend:	
Später Abend:	
Bewertung des ganzen Tages:	

3.13 · Das Argument der Supererogation

7. Stöbern Sie: Was bedeutet der Begriff ‚Supererogation'? Was bedeutet der Begriff in der Bibel (Lukas 10, 25–37)? An welcher Stelle fällt der Begriff? Was versteht man unter einem ‚Samariter'? Was bedeutet der Begriff ‚Supererogation' in der scholastischen Moraltheologie?

> **Tipp**
>
> **Zu 3.13.3:** Dominik Brunner wurde am 12. September 2009 von zwei Jugendlichen am Münchener S-Bahnhof Solln totgeschlagen, weil er versucht hatte, vier Schüler vor den Jugendlichen zu schützen. Ihm wurde posthum das Bundesverdienstkreuz Erster Klasse verliehen und es wurde ein Platz nach ihm benannt.
>
> **Zu 3.13.7:** „Works of supererogation or supererogatory acts are now commonly understood to be those acts which a person does over and above his religious and moral duty, i.e. more than he ought to do or has to do." (Heyd 1982, 1)
> Dem Lukas-Evangelium zufolge erzählt Jesus von einem Mann, dem (nur) ein barmherziger Samariter (sprich: ein Fremder) geholfen hat, nachdem er unter die Räuber gefallen war. Von ‚Supererogation' ist die hier Rede, als der Samariter einem Wirt verspricht, bei seiner Rückkehr auch noch alle zusätzlichen Kosten für den Geretteten zu übernehmen. Die Samariter lebten im Bergland von Palästina und galten als ‚Irrgläubige'. Heute sind Samariter Menschen, die selbstlos helfen. Der Arbeiter-Samariter-Bund ist eine der Sozialdemokratie nahestehende Hilfsorganisation.
> In der Scholastik sind *opera supererogationis* gute Werke jenseits der Pflicht, mit denen man besonders gottgefällig handeln und Sünden abgleichen kann.

8. Stöbern Sie: Wie lautet der § 323c StGB Abs. 1 zu ‚Unterlassener Hilfeleistung'? Informieren Sie sich weiterhin darüber, was so skandalös war am ‚Mordfall Kitty Genovese' in den USA. Suchen Sie (z. B. im Netz) nach einem anderen Beispiel für unterlassene Hilfeleistung und überlegen Sie, welche Fragen ein Richter möglichen Zuschauern gegebenenfalls stellen würde.

	Kitty Genovese:	**Ihr Beispiel:**
Frage 1:		
Frage 2:		
Fragen 3–x:		

> **Tipp**
>
> **Zu 3.13.8:** Im § 323c StGB Abs. 1 heißt es: „(1) Wer bei Unglücksfällen oder gemeiner Gefahr oder Not nicht Hilfe leistet, obwohl dies erforderlich und ihm den Umständen nach zuzumuten, insbesondere ohne erhebliche eigene Gefahr und ohne Verletzung anderer wichtiger Pflichten möglich ist, wird mit Freiheitsstrafe bis zu einem Jahr oder mit Geldstrafe bestraft."
> Kitty Genovese wurde am 13. März 1964 gegen 3.20 Uhr nachts im Hof eines mehrstöckigen Gebäudes angegriffen und erstochen. Ihre Hilfeschreie sollen mehrere der 38 Hausbewohner gehört haben, bis gegen 3.50 Uhr endlich die Polizei angerufen wurde.

9. Wenn Sie Lehrerin wären – würden Sie Heilige und Helden im Ethik-Unterricht als moralische Vorbilder einsetzen? Würden Sie beispielsweise von Martin Luther King sprechen und Ihren Schülern sagen, dass sie sich an solchen Menschen ein Beispiel nehmen sollen? Wägen Sie ab: Was spricht für den Einsatz solcher Vorbilder im Unterricht und was spricht dagegen?

These: Kinder und Jugendliche sollten sich moralische Heilige oder Helden zum Vorbild nehmen	
Pro	**Contra**
1.	1.
2.	2.
3.	3.

10. Das Argument der Supererogation hat etwa folgende Form:

> Pd: Der Akteur A könnte die Handlung tun.
> Pn1: Die Handlung H wäre in der Situation S moralisch wertvoll.
> Pn2: Die Handlung H ist für Akteur A keine Pflicht, sondern Supererogation.
> Pn3: Supererogationen darf man verweigern, ohne Strafe oder Missbilligung befürchten zu müssen.
> → K: Wenn Akteur A die Handlung H in der Situation S verweigert, darf man ihn dafür moralisch nicht tadeln.

Stellen Sie ein Argument der Supererogation gegen eine für den Akteur gefährliche Rettungsaktion als Syllogismus dar und antizipieren Sie mögliche Einwände.

Syllogismus	**Mögliche Einwände?**
Pn1:	
Pd:	
Pn2:	
Pn3:	
→ K:	

11. Analysieren Sie folgenden Argumentationsgang. Überlegen Sie, wie Thomson den Begriff ‚Samariter' verwendet und überprüfen Sie ihre Rekonstruktion des Gleichnisses kritisch im Lukas-Evangelium der Bibel.

3.13 • Das Argument der Supererogation

Text	Rekonstruktion	Diskussion
„Sie erinnern sich vielleicht" an die „Geschichte von Kitty Genovese, die [...] ermordet wurde, während 38 Menschen zusahen oder zuhörten, ohne irgend etwas für ihre Hilfe zu tun.	z. B.	
Ein guter Samariter wäre sofort hingeeilt, um ihr gegen die Mörder zu helfen. Oder vielleicht sollten wir lieber einräumen, dass das ein ‚überragender Samariter' getan hätte, denn damit hätte er sich selbst in Lebensgefahr gebracht.	Def.1:	
Die 38 Menschen unterließen aber nicht nur das, sie machten sich nicht einmal die Mühe, zum Telefon zu gehen, um die Polizei zu rufen.	(unausgesprochen) Def.2:	
Bei minimal anständigen Samaritern würde man zumindest das letztere erwarten, und dass sie es nicht taten, war ungeheuerlich. [...]	Def.3.:	
Auf jeden Fall scheint klar, dass von keinem der 38 Zuschauer moralisch gefordert war, hinzueilen und Hilfe unter Lebensgefahr zu leisten. [...] Ich hatte gesagt, dass von keiner Person moralisch zu fordern ist, große Opfer zu bringen, um das Leben eines anderen zu retten, der kein Recht hat, sie zu fordern, und zwar sogar dann, wenn die Opfer nicht das Leben selbst umfassen.	P:	
Es ist von uns nicht moralisch gefordert, uns gegenseitig als gute Samariter zu verhalten, oder zumindest nicht als sehr gute Samariter. [...]	K (T) zu Def.1.:	
Es scheint mir offenkundig, dass es Fälle gibt, in denen wir dazu in der Lage sind [...].	E1:	
Sie haben Ihr eigenes Leben zu führen. Sie bedauern es, aber Sie können es einfach nicht über sich bringen, einen so großen Teil Ihres Lebens aufzugeben [...] Ich würde denken, dass wir [...] nicht zustimmen müssen, dass Sie gezwungen werden, so viel aufzugeben. [...]	AE1:	
Und so steckt in diesem Tun keine Ungerechtigkeit."	Noch einmal K (T) zu Def.1:	
Thomson 1990, S. 124 ff.	*Bitte beachten Sie, dass der Text gekürzt ist, dass er aus dem Englischen übersetzt wurde und dass man einen philosophischen Text auf verschiedene Weise rekonstruieren kann.*	

Zu 3.13.10: Argument der Supererogation gegen einen lebensgefährlichen Rettungseinsatz

Gegen Pd: In welchem Sinne ‚kann' der Akteur die Handlung tun? Wäre er gefährdet oder überfordert?
Gegen Pn1: Ist die Handlung in der Situation S tatsächlich moralisch wertvoll? Welche Eigeninteressen von Akteur A liegen vor? Gibt es mögliche Kollateralschäden?
Gegen Pn2: Ist die Handlung in der Situation S tatsächlich keine Pflicht? Überzeugen die Gründe, die dafür angeführt werden?
Gegen Pn3: Wäre es nicht zumindest unanständig, die Handlung H in der Situation S zu verweigern?

Pd: Der Feuerwehrmann Tatütata könnte Herrn Müller retten.	E1: Kann von einem ‚Können' die Rede sein, wenn ein Rettungseinsatz lebensgefährlich sein kann? E2: Könnte Herr Müller gerettet werden, ohne dass Tatütata gefährdet würde?

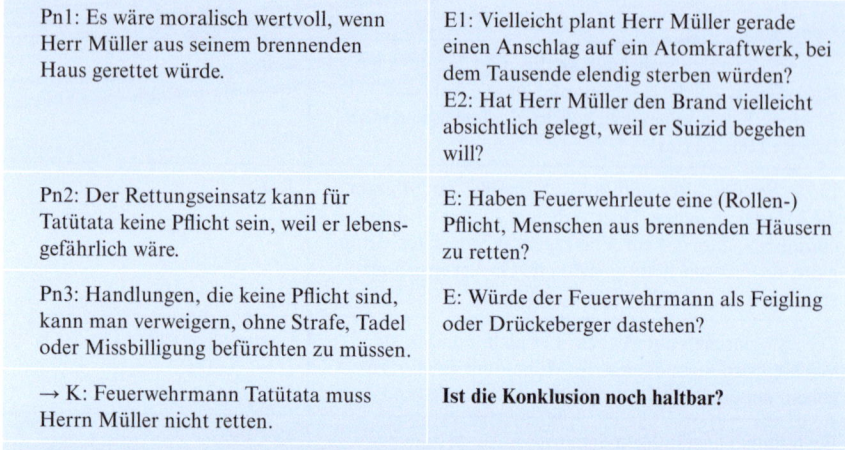

Pn1: Es wäre moralisch wertvoll, wenn Herr Müller aus seinem brennenden Haus gerettet würde.	E1: Vielleicht plant Herr Müller gerade einen Anschlag auf ein Atomkraftwerk, bei dem Tausende elendig sterben würden? E2: Hat Herr Müller den Brand vielleicht absichtlich gelegt, weil er Suizid begehen will?
Pn2: Der Rettungseinsatz kann für Tatütata keine Pflicht sein, weil er lebensgefährlich wäre.	E: Haben Feuerwehrleute eine (Rollen-)Pflicht, Menschen aus brennenden Häusern zu retten?
Pn3: Handlungen, die keine Pflicht sind, kann man verweigern, ohne Strafe, Tadel oder Missbilligung befürchten zu müssen.	E: Würde der Feuerwehrmann als Feigling oder Drückeberger dastehen?
→ K: Feuerwehrmann Tatütata muss Herrn Müller nicht retten.	**Ist die Konklusion noch haltbar?**

Bitte beachten Sie, 1) dass es mehrere Möglichkeiten gibt, das Argument zu formulieren und 2) dass hier nicht alle möglichen Einwände genannt werden können. Wenn Sie einen anderen Syllogismus geschrieben oder andere Einwände formuliert haben, liegen Sie vermutlich ebenfalls richtig! Vielleicht befragen Sie Ihren Freundeskreis? Und bitte beachten Sie vor allem, dass sich die These (K) auch anders begründen ließe.

Zum Weiterlesen

Flescher, Andrew Michael: *Heroes, Saints and Ordinary Morality.* Washington 2003.

Raters, Marie-Luise: *Das muss ich nicht tun! Das Argument der Supererogation und die Grenzen der Pflicht in der Angewandten Ethik.* Berlin (Metzler) 2022.

3.14 Das Argument der Allgemeinen Menschenrechte

Die ‚Allgemeinen Menschenrechte' (AM) sind der Idee nach universelle Rechte, die alle Menschen auf der ganzen Welt unabhängig von ethnischer Zugehörigkeit, Geschlecht, sozialer Stellung oder individuellen Fähigkeiten haben, weil sie Menschen sind. Obgleich die AM Eingang in viele Verfassungen gefunden haben, gibt es offene Fragen. So wird mancherorts der Anspruch der AM als globaler Wertekonsens bezweifelt, weil sie das Menschenbild der Aufklärung und der sogenannten ‚westlichen Welt' mit ihrer christlichen Prägung widerspiegeln würden. Tatsächlich werden die AM in vielen Ländern nicht anerkannt oder sogar systematisch verletzt. Damit steht auch die Frage im Raum, welche juridischen Instanzen die AM ggfs. weltweit schützen können bzw. sollten. Und Philosophen diskutieren das Problem von Henne und Ei: Ist die Menschenwürde bzw. der intrinsische Wert jedes Menschen (s. ▶ Kapitel 3.7) das erste moralische Fundament zur Begründung der AM, oder muss es die AM geben, weil die Menschenwürde ein überaus schützenswertes, aber verletzliches Gut ist?

1. Können Sie sich eine Situation vorstellen, in der Sie sagen „Was immer er auch getan hat – er ist ein Mensch und muss auch so behandelt werden"?

Ihr Beispiel:

_____

_____

3.14 · Das Argument der Allgemeinen Menschenrechte

Ihre Begründung:

_____

_____

Andere könnten sagen, dass:

_____

_____

2. Wenn jemand aus niedrigen Motiven (Eifersucht, Habgier etc.) einen arglosen Menschen tötet, spricht das Strafgesetzbuch von ‚Mord'. Wenn jemand einen Menschen wegen seiner Zugehörigkeit zu einer Ethnie, einem Geschlecht o. Ä. tötet, handelt es sich um ein ‚Verbrechen gegen die Menschlichkeit'. Suchen Sie in der Presse Beispiele für einen Mord und für ein Verbrechen gegen die Menschlichkeit. Beschreiben Sie beide Situation und fragen Sie sich: Was unterscheidet die Fälle?

Beispiel Mord:

_____

_____

Beispiel Verbrechen gegen die Menschlichkeit:

_____

_____

Beiden Situationen ist gemeinsam, dass:

_____

_____

Die beiden Situationen unterscheiden sich dadurch, dass:

_____

_____

3. Stöbern Sie: Was ist die *Allgemeine Erklärung der Menschenrechte* (AEMR) von 1948? Gibt es Vorläufer?

4. Die normativen Prämissen der AEMR werden in der „Präambel" genannt. Analysieren Sie die Prämissen und diskutieren Sie ihre Reichweite und Bedeutung.

Text	Rekonstruktion	Diskussion
Da die Anerkennung der angeborenen Würde und der gleichen und unveräußerlichen Rechte aller Mitglieder der Gemeinschaft der Menschen die Grundlage von Freiheit, Gerechtigkeit und Frieden in der Welt bildet,	P1:	
da die Nichtanerkennung und Verachtung der Menschenrechte zu Akten der Barbarei geführt haben, die das Gewissen der Menschheit mit Empörung erfüllen, und da verkündet worden ist, dass einer Welt, in der die Menschen Rede- und Glaubensfreiheit und Freiheit von Furcht und Not genießen, das höchste Streben des Menschen gilt,	P2:	
da es notwendig ist, die Menschenrechte durch die Herrschaft des Rechtes zu schützen, damit der Mensch nicht gezwungen wird, als letztes Mittel zum Aufstand gegen Tyrannei und Unterdrückung zu greifen,	P3:	
da es notwendig ist, die Entwicklung freundschaftlicher Beziehungen zwischen den Nationen zu fördern,	P4:	
da die Völker der Vereinten Nationen in der Charta ihren Glauben an die grundlegenden Menschenrechte, an die Würde und den Wert der menschlichen Person und an die Gleichberechtigung aller Menschen erneut bekräftigt und beschlossen haben, den sozialen Fortschritt und bessere Lebensbedingungen in größerer Freiheit zu fördern,	P5:	
da die Mitgliedstaaten sich verpflichtet haben, in Zusammenarbeit mit den Vereinten Nationen auf die allgemeine Achtung und Einhaltung der Menschenrechte und Grundfreiheiten hinzuwirken,	P6:	
da ein gemeinsames Verständnis dieser Rechte und Freiheiten von größter Wichtigkeit für die volle Erfüllung dieser Verpflichtung ist,	P7:	
verkündet die Generalversammlung **diese Allgemeine Erklärung der Menschenrechte**	K:	
als das von allen Völkern und Nationen zu erreichende gemeinsame Ideal,	K1:	
damit jeder einzelne Mensch und alle Organe der Gesellschaft sich diese Erklärung stets gegenwärtig halten	K2:	
und sich bemühen, durch Unterricht und Erziehung die Achtung vor diesen Rechten und Freiheiten zu fördern	K3:	
und durch fortschreitende nationale und internationale Maßnahmen ihre allgemeine und tatsächliche Anerkennung und Einhaltung durch die Bevölkerung der Mitgliedstaaten selbst wie auch durch die Bevölkerung der ihrer Hoheitsgewalt unterstehenden Gebiete zu gewährleisten	K4:	
AEMR (2023): Präambel (Herv. MLR)		

3.14 • Das Argument der Allgemeinen Menschenrechte

5. Die AM werden mancherorts als Schutzrechte aufgefasst. Erstellen Sie eine Liste darüber, was man mit Menschen unter keinen Umständen machen darf und was kein Mensch dieser Welt erleiden sollte. Begründen Sie. Überlegen Sie außerdem, worauf es in Ihren Augen vernünftigerweise kein Menschenrecht geben sollte.

Es sollte ein Menschenrecht geben auf:

_____

_____

Begründung:

_____

_____

Es sollte kein Menschenrecht geben auf:

_____

_____

Begründung:

_____

_____

6. Die AEMR besteht aus 30 Artikeln. Informieren Sie sich über den Wortlaut (z. B. im Internet) und überlegen Sie, was genau geschützt bzw. verhindert werden soll.

Artikel	Was wird geschützt?	Diskussion
1. Freiheit, Gleichheit, Solidarität		
2. Verbot der Diskriminierung		
3. Recht auf Leben und Freiheit		
4. Verbot der Sklaverei und des Sklavenhandels		
5. Verbot der Folter		
6. Anerkennung als Rechtsperson		
7. Gleichheit vor dem Gesetz		
8. Anspruch auf Rechtsschutz		

Artikel	Was wird geschützt?	Diskussion
9. Schutz vor Verhaftung und Ausweisung		
10. Schutz vor Ausweisung		
11. Unschuldsvermutung		
12. Freiheitssphäre des Einzelnen		
13. Freizügigkeit und Auswanderungsfreiheit		
14. Asylrecht		
15. Recht auf Staatsangehörigkeit		
16. Eheschließung, Familie		
17. Recht auf Eigentum		
18. Gedanken-, Gewissens-, Religionsfreiheit		
19. Meinungs- und Informationsfreiheit		
20. Versammlungs- und Vereinigungsfreiheit		
21. Allgemeines und gleiches Wahlrecht		
22. Recht auf soziale Sicherheit		
23. Recht auf Arbeit, gleichen Lohn		
24. Recht auf Erholung und Freizeit		
25. Recht auf Wohlfahrt		
26. Recht auf Bildung		
27. Freiheit des Kulturlebens		
28. Soziale und internationale Ordnung		
29. Grundpflichten		
30. Auslegungsregel		

3.14 · Das Argument der Allgemeinen Menschenrechte

> **Tipp**
>
> **Zu 3.14.3:** Die *Allgemeine Erklärung der Menschenrechte* (AEMR; engl. *Universal Declaration of Human Rights*) wurde am 10.12.1948 von der UN-Vollversammlung als Reaktion auf die Gräuel des Zweiten Weltkriegs, der Gulags und der NS-Konzentrationslager verabschiedet. Als Vorläufer gelten u. a. die amerikanische *Virginia Declaration of Rights* von 1776 und die Menschenrechtserklärung der Französischen Revolution von 1789. Als ‚Erklärung' formuliert die AEMR ein moralisches Ideal, das juridisch wirksam wurde, u. a. durch das Völkerrecht, durch Institutionen wie den Internationalen Strafgerichtshof in Den Haag und durch die Verfassungen der Staaten, welche die AEMR angenommen haben (vgl. das *Grundgesetz* in Deutschland).

7. Man könnte gegen die Idee der AM den Einwand erheben, dass sich aus einer biologischen Zugehörigkeit zur Menschengattung keine Rechte ergeben (s. ▶ Abschn. 1.3.9 zum naturalistischen Fehlschluss). Diskutieren Sie andere mögliche Begründungen dafür, dass alle Menschen AM haben.

Begründung von	Alle Menschen sollten durch dieselben AM geschützt sein, weil	Einwände?
Gattungssolidarität	alle Lebewesen gegenüber den Mitgliedern ihrer eigenen Gattung besondere Solidarität empfinden (sollten).	
Würde	alle Menschen Menschenwürde haben (s. ▶ Kapitel 3.7).	
Sozialität	Gesellschaften nicht funktionieren, wenn Menschen sich nicht gegenseitig als Menschen schützen.	
Gottesebenbildlichkeit	alle Menschen als Gottes Ebenbild geschaffen und geliebt sind (s. ▶ Kapitel 2.2).	
Evidenz	nur verrohte Sadisten bestreiten können, dass alle Menschen vor Menschenrechtsverletzungen geschützt sein sollten (s. ▶ Kapitel 2.3).	
Ihre Begründung für Allgemeine Menschenrechte:		

8. Gegen die AEMR erheben manche den Einwand, dass sie vom Wertekonsens unserer sogenannten ‚westlichen Welt' abhängig seien und das christliche Menschenbild sowie Ideen der Aufklärung widerspiegeln würden. Spiegeln die AM Ihre Werte wider? Begründen Sie.

Die AM spiegeln meine Werte (nicht) wider, weil:

_____

_____

9. Seyla Benhabib verteidigt den globalen (bzw. universalen) Anspruch der AEMR aufgrund ihrer diskursethischen (s. ▶ Kapitel 2.12) Überzeugung, dass alle Menschen unabhängig von ihrer Kultur rationale Gründe abwägen können zu der Frage, ob sie der AEMR zustimmen wollen oder nicht. Analysieren Sie ihren Argumentationsgang.

Text	Rekonstruktion	Diskussion
„Bei Rechten geht es nicht darum, wie *die Welt ist*, sondern um die Art der Welt, in der wir vernünftigerweise wünschen *sollten* zu leben. […]	P1:	
Wie können wir berechtigterweise von Menschenrechten sprechen,	Leitende Frage:	
ohne uns in einen naturalistischen Fehlschluss	E1:	
oder in einen alles vereinnahmenden Individualismus zu verstricken?	E2:	
Die Antwort lautet: ‚Um dir gegenüber rechtfertigen zu können, dass du und ich in bestimmter Weise handeln sollten, muss ich deine Fähigkeit achten, mir aus Gründen zuzustimmen oder zu widersprechen, und zwar aus Gründen, deren Gültigkeit du akzeptierst oder zurückweist'.	(AE1 + AE2 =) P2:	
Deine Fähigkeit, Gründen zuzustimmen oder sie zurückzuweisen, bedeutet aber für mich, dass ich deine Fähigkeit zu kommunikativer Freiheit achte.	P3:	
	(unausgesprochen) E3:	
Ich gehe davon aus, dass *alle* Menschen, die eine natürliche Sprache sprechen, zu kommunikativer Freiheit fähig sind, das heißt, dass sie dazu fähig sind, auf eine Äußerung ‚ja' oder ‚nein' zu entgegnen, deren Geltungsanspruch sie verstehen und aufgrund deren sie handeln können.	(AE3 =) P4:	
Menschenrechte oder fundamentale Rechte sind moralische Grundsätze, die darauf angewiesen sind, in ein System rechtlicher Normen, die etwa die Ausübung kommunikativer Freiheit schützen, eingebettet zu sein."	K (T):	
Benhabib 2013, S. 412	*Bitte beachten Sie, dass der Text gekürzt ist, dass er aus dem Englischen übersetzt wurde und dass man einen philosophischen Text auf verschiedene Weise rekonstruieren kann.*	

10. Shamina Begun besitzt die britische Staatsbürgerschaft, weil sie als Tochter von Einwanderern aus Bangladesch in London geboren wurde. Nachdem sie im Internet vom sogenannten ‚Islamischen Staat' (IS) angeworben wird, reist sie 2015 mit 14 Jahren nach Syrien, um IS-Mitglied und die Ehefrau eines IS-Kämpfers zu werden. Im Jahr 2019 befindet sie sich mit ihrem Baby in einem syrischen Camp für Geflüchtete und möchte nach London zurückkehren. Obwohl Begun selbst (allen Informationen zufolge) keine Menschenrechtsverletzungen begangen hat, verhindert die Britische Regierung ihre Rückreise durch den Entzug der Staatsangehörigkeit. Das wird damit begründet, dass Begun Angehörige des IS sei (der systematisch Menschenrechtsverletzungen begeht) und Anspruch auf die Staatsbürgerschaft von Bangladesch habe (wo ihr nach eigenen Angaben allerdings die Todesstrafe drohen soll). Hat die Britische Regierung richtig entschieden? Diskutieren Sie.

3.14 · Das Argument der Allgemeinen Menschenrechte

Für den Entzug der Staatsbürgerschaft spricht:	Gegen den Entzug der Staatsbürgerschaft spricht:
Ihre Entscheidung:	Begründung:

11. Würde es in Ihren Augen etwas ändern, wenn es sich um die deutsche Ärztin Herta Oberheuser handeln würde, die während ihrer NS-Zeit im KZ Ravensbrück nachweislich selbst schwere Menschenrechtsverletzungen begangen hat? Informieren Sie sich über Herta Oberheuser und diskutieren Sie Unterschiede und Parallelen zu Shamina Begun.

Die beiden Fälle sind (nicht) vergleichbar, weil:

_____

_____

12. Ein Argument, das sich auf die AM beruft, kann in etwa folgende Form haben:

> Pd1: Die AEMR garantiert allen Menschen das Menschenrecht AMx.
> Pd2: Mit der Handlung X würde das Menschenrecht AMx verletzt.
> Pn: Ein AM darf unter keinen Umständen verletzt werden.
> → Die Handlung X darf nicht getan werden.

Stellen Sie Ihr AM-basiertes Argument als Syllogismus für die Position, dass einer fiktiven Person Sally Wisautsteit die Staatsbürgerschaft auch dann nicht entzogen werden darf, wenn sie schwere Menschenrechtsverletzungen begangen hat, insofern sie dadurch staatenlos wird.

Ihr Syllogismus	Mögliche Einwände
Pd1:	
Pd2:	
Pn:	
→ K:	

> **Tipp**
>
> **zu 3.14.11:** Herta Oberheuser hat als Ärztin im KZ Ravensbrück grausame ‚medizinische Experimente' mit Häftlingen durchgeführt. Die misshandelten Frauen wurden im Lager ‚Kaninchen' (polnisch: Króliki) genannt, weil sie als ‚Versuchskaninchen' missbraucht worden waren und wegen schwerer Beinverstümmelungen nur noch ‚hoppeln' (bzw. hinken) konnten. Weil Oberhäuser nicht in der SS war (in der Frauen sowieso keinen Zutritt hatten), wurde sie nicht zum Tode, sondern zu 20 Jahren Gefängnis verurteilt, aber nach nur 5 Jahren (!) begnadigt.

13. Ein Jahr nach der AEMR weist Hannah Arendt (die als Jüdin selbst vor dem Nazi-Regime geflohen war) auf das Problem hin, dass nur staatliche Instanzen vor Menschenrechtsverletzungen schützen können, so dass Menschen zu ‚absolut Entrechteten' werden, wenn sie (durch Vertreibung oder Flucht) ihre Staatsangehörigkeit verlieren. Analysieren Sie Ihren Argumentationsgang.

Text	Rekonstruktion	Diskussion
„Die Hunderttausende von staatenlosen Flüchtlingen in den zwanziger und dreißiger Jahren unseres Jahrhunderts, denen Millionen von *displaced persons* in den vierziger Jahren auf dem Fuße gefolgt sind,	P1:	
haben die Frage der Menschenrechte wieder auf die Tagesordnung der lebendigen Politik gebracht".	Leitende Frage:	
In den Blick geraten ist dadurch das „Paradox zeitgenössischer Politik", nämlich eine „Diskrepanz zwischen den Bemühungen wohlmeinender Idealisten, welche beharrlich Rechte als unabdingbare Menschenrechte hinstellen […], und der Situation der Entrechteten selbst, die […] *displaced persons* geworden" sind.	P2:	
„Staatenlosigkeit in Massen-Dimensionen	(noch einmal) P1:	
hat die Nationen der Welt faktisch vor die unausweichliche und höchst verwirrende Frage gestellt, ob es überhaupt unabdingbare ‚Menschenrechte', das heißt Rechte gibt, die unabhängig von jedem besonderen politischen Status sind und einzig der bloßen Tatsache des Menschseins entspringen."	(noch einmal) leitende Frage:	
„Die neuen Flüchtlinge […] wurden nicht verfolgt, weil sie dieses oder jenes getan oder gedacht hätten", sondern weil sie „in die falsche Rasse, die falsche Klasse" hineingeboren worden waren. […] „Es gehört zu den Aporien moderner Erfahrung, daß es leichter zu sein scheint, einen völlig Unschuldigen seiner Legalität zu berauben als einen Mann, der eine politisch feindselige Handlung verübt oder ein gewöhnliches Verbrechen begangen hat."	(noch einmal) P2:	
„Es stellte sich heraus, dass der Mensch alle sogenannten Menschenrechte einbüßen kann,	(noch einmal) P2:	
ohne seine wesentliche menschliche Qualität, seine Menschenwürde zu verlieren.	P3:	
Einzig der *Verlust der politischen Gemeinschaft* ist es, der den Menschen aus der Menschheit herausschleudern kann."	K (T):	
Arendt 2017, 395 f., 398, 401	*Bitte beachten Sie, dass der Text gekürzt ist und dass man einen philosophischen Text auf verschiedene Weise rekonstruieren kann.*	

14. Das Problem der Entrechtung durch Staatenlosigkeit betrifft auch heute noch Menschen, die aus ihren Heimatländern fliehen. Diskutieren Sie: Ergibt sich dadurch für ein wohlhabendes Land wie Deutschland eine moralische Pflicht, Menschen einbürgern zu müssen, die von Staatenlosigkeit bedroht sind?

Für eine Pflicht spricht:	
Gegen eine solche Pflicht spricht:	
Ihre Position:	
Begründung:	

Zu 3.14.12: Ein AM-basiertes Argument dafür, dass einem Menschen, der ein AM verletzt hat, die Staatsbürgerschaft dennoch nicht entzogen werden darf, wenn er dadurch staatenlos wird.

Gegen Pd1 und Pd3: Ist die Situation angemessen beschrieben?
Gegen Pd2: Ist das jeweilige Menschenrecht AMx einschlägig?
Gegen Pn1: Lässt sich das AMx anders interpretieren?
Gegen Pn2: Sind die AEMR tatsächlich eine unhintergehbare moralische Autorität? Müssen außerdem manchmal (s. ▶ Kapitel 3.15) moralische Regeln gebrochen werden, wenn nur dadurch einer gewichtigeren moralischen Regel Folge geleistet werden kann?

Pd1: Sally Wisautsteit hat schwere Menschrechtsverletzungen begangen.	E1: Hat Sally Wisautsteit tatsächlich Menschenrechtsverletzungen begangen? Wie zuverlässig sind die Quellen, die davon berichten? E2: War sie schuldfähig? E3: Wurde sie unter Druck gesetzt?
Pd2: Der Artikel 15 der AEMR garantiert allen Menschen des Recht auf „eine Staatsangehörigkeit".	E1: Wie ist der genaue Wortlaut von Artikel 15? E2: Ist die AEMR tatsächlich eine globale moralische Autorität?
Pd3: Durch den Entzug der Staatsbürgerschaft würde Sally Wisautsteit staatenlos.	E: Gibt es eine alternative Staatsangehörigkeit? Schließlich gewähren die AM lediglich das Recht auf (irgend)eine Staatsangehörigkeit.
Pn1: Aus dem Recht folgt: „Niemandem darf seine Staatsangehörigkeit willkürlich entzogen werden".	E: Ist der Entzug tatsächlich willkürlich, wenn Sally Wisautsteit Menschenrechtsverletzungen begangen hat?
Pn2: Ein AM darf unter keinen Umständen verletzt werden.	E1: Gibt es Ausnahmen? Muss man vielleicht sogar eine Menschenrechtsverletzung (durch Entzug der Staatsbürgerschaft) begehen, wenn man nur so andere Menschenrechtsverletzungen verhindern kann? E2: Kann es Umstände (wie z. B. die Bedrohung eines Gemeinwesens durch einen Menschenrechtsverletzer) geben, unter denen eine Wahrung der AM nicht zumutbar ist?
→ K: Selbst einer Sally Wisautsteit darf die Staatsbürgerschaft nicht entzogen werden.	**Ist die Konklusion noch haltbar?**

Bitte beachten Sie, 1) dass es mehrere Möglichkeiten gibt, das Argument zu formulieren und 2) dass hier nicht alle möglichen Einwände genannt werden können. Wenn Sie einen anderen Syllogismus geschrieben oder andere Einwände formuliert haben, liegen Sie vermutlich ebenfalls richtig! Vielleicht befragen Sie Ihren Freundeskreis?

> **Zum Weiterlesen**
> Pollmann, Arndt/Lohmann, Georg (Hg): *Menschenrechte.* Ein interdisziplinäres Handbuch. Stuttgart 2012.

3.15 Das Argument des moralischen Dilemmas

Das Argument des moralischen Dilemmas hat eine spezielle Funktion: Es dient nicht dazu, eine bestimmte Position zu verteidigen, sondern vielmehr der moralischen Entlastung in Situationen, in denen man sich schuldig fühlt, weil man sich durch die Situation gezwungen gesehen hat, etwas zu tun, was man unter anderen Umständen nie tun würde, weil man es für moralisch falsch hält. Zugrunde liegt die moralphilosophische Überzeugung, dass es moralische Probleme gibt, die keine eindeutig richtige Lösung haben, so dass man zwangsläufig etwas moralisch Falsches tun muss. Allerdings kann ein philosophisches Argument die quälenden Schuldgefühle letztlich wohl nicht nehmen, wenn man in einer Dilemma-Situation etwas wirklich Schlimmes tun musste. Gerade bei Menschen mit einem ausgeprägten Gewissen hat das Argument deshalb Grenzen.

1. Bei welchem moralischen Problem haben Sie gesagt „Da steckte ich in der Klemme, weil irgendwie alles, was ich tun konnte, falsch war"?

Die Situation:	
Sie mussten:	
Sie mussten auch:	
Letztendlich haben Sie:	
Ihre Entscheidung war (nicht) richtig, weil:	

2. Stöbern Sie: Was ist ein moralisches Dilemma? Was kennzeichnet ein moralisches Dilemma und was unterscheidet ein moralisches Dilemma von einer Antinomie und einer Aporie? Was ist ein Paradox?

	Definition	Beispiel
(Umgangssprache) Patsche:		
(Umgangssprache) Klemme:		
Dilemma:		
Moralisches Dilemma:		
Paradox:		
Antinomie:		

3.15 · Das Argument des moralischen Dilemmas

	Definition	Beispiel
Aporie (Sokrates):		
Aporie (Aristoteles):		

3. Konstruieren Sie eine Situation, in der zwei Gebote im Raum stehen, die Sie nicht beide gleichzeitig erfüllen können. Wie würden Sie mit einer solchen Situation umgehen?

Die Situation:	
Gebot A:	
Gebot B:	
Ihre Lösung:	
Begründung:	

4. Warum ist Sartres ‚Franzosen-Dilemma' (s. ▶ Abschn. 2.9.10) ein Dilemma? Buchstabieren Sie die Situation als moralisches Dilemma aus und überlegen Sie (noch einmal), wie Sie entscheiden würden.

Der Franzose müsste:	
Der Franzose müsste auch:	
Beide Handlungsoptionen schließen sich aus, weil:	
Insgesamt sollte der Franzose:	
Begründung:	
Damit ist das Problem (nicht) gelöst, weil:	
Nachher hatte der Franzose vermutlich das Gefühl, dass:	

5. Stöbern Sie: Wer war Pontius Pilatus? Was heißt es, wenn jemand versucht, ‚seine Hände in Unschuld zu waschen'? Analysieren Sie den Konflikt des Pontius Pilatus und bewerten Sie seine Entscheidung, keine Entscheidung zu treffen?

Das Diktum ‚Ich wasche meine Hände in Unschuld' bedeutet:

Man macht sich tatsächlich (nicht) schuldig, wenn man eine Dilemma-Entscheidung verweigert, weil:

_____

_____

6. Bernard Williams unterscheidet verschiedene Arten von ‚Täterbedauern'. Lesen Sie seine Ausführungen (s. ▶ Abschn. 3.11.8) noch einmal und analysieren Sie Ihren eigenen Sprachgebrauch, indem Sie verschiedenes ‚Täterbedauern' in verschiedenen Situationen beschreiben und benennen.

Der Satz	Beispiel	Merkmale der Situation
Ich bereue wirklich:		
Das tue ich nie wieder:		
Ich habe ein schlechtes Gewissen, aber ich konnte nicht anders:		
Mein Gewissen quält mich bis heute:		
Entschuldige bitte:		

7. Die Novelle *Sophie's Choice* von W. Styron aus dem Jahr 1979 erzählt die furchtbare Geschichte von Sophie, die (nachdem sie dem Lagerarzt gesagt hat, dass sie weder Jüdin noch Kommunistin, sondern gläubige Katholikin sei) im Konzentrationslager von diesem Lagerarzt vor die grausame Entscheidung gestellt wird, eines ihrer beiden Kinder dem Gas opfern zu müssen, weil sonst beide Kinder ermordet würden. Sophie opfert ihre jüngere Tochter und behält den älteren Jungen bei sich. Stellen Sie sich vor, dass Sophie ihrer Tochter im Jenseits begegnet. Was sagt sie ihrer Tochter? Was antwortet die Tochter? Was sagt der Sohn? Was sagen Sie Sophie?

	Statement	Ihr Kommentar
Sophie sagt:		
die Tochter antwortet:		
Der Sohn sagt:		
Wenn es im Jenseits ein Gericht gäbe, würde Sophie (nicht) freigesprochen, weil:		
Sie sagen:		

3.15 · Das Argument des moralischen Dilemmas

> **Tipp**
>
> **Zu 3.15.2:** Ein Dilemma (griech. *dilemma* bzw. δίλημμα für ‚zweifache Annahme') ist eine praktische Situation, in der sich eine Akteurin zwischen zwei Handlungsmöglichkeiten entscheiden muss, die sich gegenseitig ausschließen. Im moralischen Dilemma sprechen für beide Handlungsmöglichkeiten moralische Gründe (z. B. Pflichten), so dass man zwangsläufig eine moralische Verfehlung begehen muss. Eine Antinomie (*anti-nomos* bzw. αντί-νομος für ‚gegen das Gesetz') ist ein theoretisches Problem, bei dem es für zwei sich ausschließende Antworten auf ein- und dieselbe Frage vergleichbar gute Begründungen gibt. Ein Paradox (griech. *para-doxos* bzw. παρά-δοξος für ‚wider den Anschein') ist etwas, das es eigentlich nicht geben kann, weil es herrschenden Überzeugungen oder etablierten Regeln des sinnlichen Wahrnehmens widerspricht. Eine Aporie (griech. *aporia* bzw. απορία für ‚Ausweglosigkeit') ist bei Sokrates der Zustand, in dem ich weiß, was ich nicht weiß; bei Aristoteles ein interessantes und schwieriges philosophisches Problem.
>
> **Zu 3.15.5:** Pontius Pilatus war zur Zeit von Jesus Statthalter Roms im besetzen Jerusalem, weshalb er u. a. über Hinrichtungen (bzw. Kreuzigungen) entscheiden musste. An Jesus von Nazareth konnte Pilatus keine Schuld finden. Deshalb hätte er mit einer Kreuzigung gegen seine Gerechtigkeitsvorstellungen verstoßen. Mit einem Freispruch hätte er allerdings einen vom Hohen Rat angezettelten Aufstand riskiert. Der Bibel zufolge verweigert Pilatus die Entscheidung dieses moralischen Dilemmas mit einer Geste des Händewaschens.

8. Glauben Sie, dass jeder moralische Konflikt die eine ‚richtige' Lösung hat? Thomas von Aquin und Kant haben diese metaethische Auffassung mit dem Argument verteidigt, dass die (bei Thomas von Aquin: göttliche) Vernunft widerspruchsfrei sein müsse, weil Widersprüche auf Mängel hindeuten (s. ▶ Abschn. 1.5.14). Den Anschein des moralischen Dilemmas erklären sie mit dem mangelhaften moralischen Denken der Menschen. Analysieren Sie Kants Diskussionsgang.

Text	Rekonstruktion	Diskussion
„Ein *Widerstreit der Pflichten* […] würde das Verhältnis derselben sein, durch welche eine derselben die andere (ganz oder zum Teil) aufhöbe.	T:	
Da aber Pflichten und Verbindlichkeit überhaupt Begriffe sind, welche die objektive praktische *Notwendigkeit* gewisser Handlungen ausdrücken und	P1:	
zwei einander entgegengesetzte Regeln nicht zugleich notwendig sein können, sondern,	P2:	
wenn nach einer derselben zu handeln es Pflicht ist, so ist nach der entgegengesetzten zu handeln nicht allein keine Pflicht, sondern sogar pflichtwidrig:	P3:	
so ist eine *Kollision* von Pflichten und Verbindlichkeiten gar nicht denkbar (obligationes non colliduntur).	K1:	

Text	Rekonstruktion	Diskussion
Es können aber gar wohl zwei *Gründe* der Verbindlichkeit […] in einem Subjekt und der Regel, die es sich vorschreibt, verbunden sein […].	E:	
Wenn zwei solche Gründe sich widerstreiten, so sagt die praktische Philosophie nicht: daß die stärkere Verbindlichkeit die Oberhand behalte […],	A1E:	
sondern der stärkere *Verpflichtungsgrund* behält den Platz."	A2E (= T):	
Kant MS (1956) S. 330 f.	*Bitte beachten Sie, dass der Text gekürzt ist und dass man einen philosophischen Text auf verschiedene Weise rekonstruieren kann.*	

9. Eine Theorie zur Entstehung moralischer Dilemmata besagt, dass sie entstehen, weil vorher etwas moralisch Falsches getan wurde. Finden Sie ein Beispiel dafür. Fällt Ihnen auch ein Gegenbeispiel ein?

Ihr Beispiel für ein moralisches Dilemma, das durch eine moralisch falsche Handlung entstanden ist:	
Das Dilemma hätte sich vermeiden lassen, wenn folgende moralisch falsche Handlung vorher nicht getan worden wäre:	
Ihr Beispiel für ein moralisches Dilemma, das nicht aus einer vorangegangenen falschen Handlung entstanden ist:	
Dieses Dilemma hätte sich (nicht) vermeiden lassen, weil:	

10. Das Argument des moralischen Dilemmas kann in etwa folgende Form haben:

> Pd1: Die Situation S hat die moralisch relevanten Merkmale M1–Mx.
> Pn1: In der Situation S gibt es zwingende moralische Gründe, dass die Person P die Handlung H1 tun muss.
> Pn2: Es gibt in der Situation S aber auch zwingende moralische Gründe, dass die Person P die Handlung H2 tun muss.
> Pd2: H1 und H2 schließen sich in der Situation S gegenseitig aus und es gibt keine Alternative.
> Pn3: Man ist zwar nicht schuldlos, aber immerhin entlastet, wenn man in der Zwangssituation eines moralischen Dilemmas moralischen Gründen zuwiderhandeln muss.
> → P ist zwar nicht schuldlos, aber immerhin entlastet, wenn sie in der Situation S den moralischen Gründen für H1 oder für H2 zuwiderhandeln muss.

Bitte entwickeln Sie ein Argument des moralischen Dilemmas zur Entlastung einer Person, die sich gezwungen gesehen hat, aktive Sterbehilfe (s. ▶ Abschn. 3.10.11) zu leisten.

3.15 • Das Argument des moralischen Dilemmas

Ihr Syllogismus	Mögliche Einwände
Pd1:	
Pn1:	
Pn2:	
Pd2:	
Pn3:	
→ K:	

11. Stöbern Sie: Wer war Agamemnon? Bernard Williams vertritt am Beispiel des moralischen Dilemmas des Agamemnon die These, dass man in manchen Situationen gezwungen ist, etwas moralisch Falsches zu tun, weil manche moralischen Konflikte keine Lösung haben. Analysieren Sie seinen Argumentationsgang.

Text	Rekonstruktion	Diskussion
„Die extremsten Fälle moralischen Konflikts, nämlich die tragischen Fälle, werfen einiges Licht […] auf diesen Punkt. Eine Eigentümlichkeit dieser Fälle besteht darin, dass der Begriff des ‚zum Besten Handelns' hier durchaus seinen Gehalt verlieren kann.	T:	
Agamemnon mag in Aulis zwar sagen: ‚Möge es gut sein', doch er ist weder überzeugt noch überzeugend.	z. B.	
	(unausgesprochen) E1:	
Die Pein, die ein solcher Mensch empfindet, nachdem er in vollem Bewusstsein einer solchen Situation gehandelt hat, lässt sich nicht darauf zurückführen, dass er ständig daran zweifelt, ob er sich auch für das Bessere entschieden hat, sondern […] auf die deutliche Überzeugung, er habe nicht das Bessere getan, weil es nichts Besseres zu tun gab.	AE1 (= P1):	
	(unausgesprochen) E2:	
Es mag andererseits sogar der Fall sein, dass er nach Maßgabe nicht völlig irrationaler Kriterien des ‚Besseren' davon überzeugt ist, das Bessere getan zu haben; rationale Personen haben Agamemnon zweifellos auf seine Verantwortung als Befehlshaber hingewiesen, auf die große Anzahl der Beteiligten, auf seine Ehre usw. Wenn er all dies akzeptierte und entsprechend handelte, so dürfte es wohl ein recht oberflächlicher Moralist sein, der dann im Sinne einer Kritik davon spräche, er müsse unvernünftig sein, wenn er nachts wach liege, nachdem er seine Tochter getötet hat.	A1E2:	
Und er liegt nicht deshalb wach, weil er Zweifel hat, sondern wegen einer Gewissheit [dass er etwas moralisch Furchtbares getan hat].	A2E1 (= P2):	
Mancher mag sagen, die Mythologie von Agamemnon und seiner Entscheidung sei ohne Bedeutung für uns, da wir uns nicht in einer Welt befinden, in der irrationale Götter den Menschen befehlen, ihre eigenen Kinder umzubringen.	E3:	

Text	Rekonstruktion	Diskussion
Aber es bedarf keiner irrationalen Götter, um tragische Situationen hervorzubringen. […]	AE3 (= P3):	
Auch nach dem Zugeständnis, eine wirklich bewunderungswürdige, moralisch handelnde Person würde gelegentlich solches Bedauern empfinden, wird vielleicht […] behauptet, dies sei nicht unmittelbar mit der Struktur moralischen Konflikts in Verbindung zu bringen. Dieser Mann empfindet vielleicht Bedauern, weil er etwas Trauriges oder etwas Entsetzliches oder etwas ihm Widerstrebendes habe tun müssen.	E4:	
Dies ist aber nicht das gleiche wie Bedauern, weil man etwas getan zu haben glaubt, dass man nicht hätte tun sollen oder weil man etwas nicht getan zu haben glaubt, dass man hätte tun sollen."	AE4 (= P4):	
Das Beispiel des Agammemnon zeigt: Manche „moralische Konflikte lassen sich weder systematisch vermeiden, noch kann man sie restlos lösen".	K (T):	
Williams 1978, 275 f., 285	*Bitte beachten Sie, dass der Text aus dem Englischen übersetzt wurde, dass er gekürzt ist und dass man einen philosophischen Text auf verschiedene Weise rekonstruieren kann.*	

Tipp

Zu 3.15.11: König Agamemnon von Argos sieht sich durch ein Bündnis verpflichtet, mit König Menelaos in den Krieg gegen Troja zu ziehen, um den Raub an dessen Ehefrau Helena durch Paris zu rächen. Als das Heer wegen widriger Winde nicht aus dem Hafen segeln kann, steht er nach einem Orakelspruch vor der Entscheidung, ob er um seiner Pflicht als griechischer Feldherr willen seine Tochter Iphigenie den Göttern opfern soll oder nicht. Er entscheidet sich gegen seine Tochter. Deshalb wird er von seiner Frau Klytämnestra nach seiner Rückkehr nach Argos in der Badewanne ermordet.

Zu 3.15.10: Ein Argument des moralischen Dilemmas zur Entlastung einer Person, die sich gezwungen gesehen hat, aktive Sterbehilfe zu leisten.

Gegen Pd1: Ist die Situation angemessen beschrieben?
Gegen Pn1 und Pn2: Sind die Gründe für H1 oder H2 tatsächlich von vergleichbarem moralischen Gewicht?
Gegen Pd2: Schließen sich die Handlungen H1 und H2 tatsächlich aus? Gibt es eine Handlungsmöglichkeit H3 als Ausweg?
Gegen Pn3: Entlastet das Wissen um den Dilemma-Charakter einer Situation tatsächlich das Gewissen? Schließlich wird man faktisch etwas moralisch Schlechtes tun müssen.

Pd1: Die Angehörige von P leidet sehr, weil sie unheilbar krank ist und sehr starke Schmerzen hat. Eine aktive Tötung wäre die einzige Möglichkeit, ihr Leiden zu beenden.	E1: Ist die Angehörige wirklich unheilbar krank? E2: Leidet die Angehörige vielleicht weniger unter Schmerzen als unter Einsamkeit o. Ä.? E3: Hat die Angehörige selbst den Sterbewunsch geäußert? Ist sie zu einer autonomen Entscheidung fähig? E4: Kann man die Schmerzen mit Medikamenten lindern, die nicht tödlich wirken würden?

3.16 · Das Argument des geglückten Lebens

Pn1: Man darf einen Menschen nicht leiden lassen, wenn man sein Leiden beenden kann.	E: Bei manchem Leiden kann niemand helfen.
Pn2: Man darf unter keinen Umständen einen Menschen töten.	E: Es gibt Umstände (z. B. Selbstverteidigung), unter denen eine Tötung gerechtfertigt wäre.
Pd3: Das Tötungsverbot (Pn1) und das Gebot der Leidensminderung (Pn2) schließen sich gegenseitig aus und es gibt keine Alternative.	E2: Besteht die Möglichkeit eines assistierten Suizids?
Pn3: Weil sich P deshalb in der Zwangssituation eines moralischen Dilemmas befindet, kann ihr weder ein Leiden-Lassen der Angehörigen noch die Tötung schuldhaft angelastet werden.	E1: Die Zwangslage des moralischen Dilemmas entlastet nur sehr bedingt, weil man eben doch derjenige ist, der etwas moralisch Verbotenes tut. E2: Deshalb können die Schuldgefühle nach einer Dilemma-Entscheidung äußerst quälend sein.
→ K: P macht sich nicht schuldig, wenn sie aktive Sterbehilfe leistet. Dasselbe gilt, wenn sie diese verweigert.	**Ist die Konklusion noch haltbar?**

Bitte beachten Sie, 1) dass es mehrere Möglichkeiten gibt, das Argument zu formulieren und 2) dass hier nicht alle möglichen Einwände genannt werden können. Wenn Sie einen anderen Syllogismus geschrieben oder andere Einwände formuliert haben, liegen Sie vermutlich ebenfalls richtig! Vielleicht befragen Sie Ihren Freundeskreis?

> **Zum Weiterlesen**
> Raters, Marie-Luise: *Das moralische Dilemma.* Freiburg/München ²2016.

3.16 Das Argument des geglückten Lebens

Die meisten Menschen wünschen sich ein glückliches Leben. Damit ist nicht gemeint, dass sie immer in einem Glücksrausch leben wollen: Das würde keiner durchhalten. Tatsächlich ist diese Art des Glücks erfahrungsgemäß eine flüchtige Momentsache. Gemeint ist vielmehr, dass Menschen ein sinnvolles Leben führen und keinen Mangel an substanziellen materiellen und immateriellen Gütern erleiden wollen. Viele Ethikerinnen behaupten, dass Menschen ein Recht auf ein solches Leben haben. Aber kann es tatsächlich ein Recht auf ein gelungenes Leben geben? Wenn es ein solches Recht für alle Menschen dieser Welt gäbe, müssten wir unsere Haltung gegenüber den Armen und Verfolgten gründlich ändern. Und wie sieht es mit dem Recht auf ein gelungenes Leben aus, wenn es mit den Ansprüchen der Moral in Konflikt gerät? (s. ▶ Kapitel 3.3) Darf ich meine Vorstellung von einem sinnvollen Leben mit allen Mitteln verteidigen? Was hat Vorrang: Die Moral oder meine Vorstellung von einem geglückten Leben? Weil das vermutlich die schwierigste Frage der Praktischen Philosophie ist, befasst sich dieses letzte Kapitel damit.

1. Was heißt es, wenn jemand sagt „da hast Du noch einmal Glück gehabt" (s. ▶ Kapitel 3.11)? Wann sagt man: „Der hat sein Glück verdient"? Und was heißt es, wenn man sagt „der hat mehr Glück, als er verdient"? Kann man Glück ‚verdienen'? Was müsste man gegebenenfalls dafür getan haben? Achten Sie bitte darauf, wie Sie den Begriff ‚Glück' jeweils verwenden – und unterscheiden Sie verschiedene Gründe, aus denen man Ihrer Ansicht nach Glück verdient haben kann oder auch nicht. Und nennen Sie jeweils Beispiele.

	Beispiel	Bedeutung ‚Glück'
Da hast Du noch einmal Glück gehabt!		
Der hat sein Glück verdient!		
Der hat mehr Glück, als er verdient!		
Ihr Satz:		

2. Wenn Aristoteles oder Habermas beispielsweise von ‚Ethik' sprechen, meinen sie nicht die Wissenschaft von der Moral, sondern die Wissenschaft vom geglückten bzw. gelungenem Leben (s. ▶ Abschn. 1.2.3). Unterscheiden Sie noch einmal verschiedene Bedeutungen des Begriffs ‚Glück', indem Sie Wortkombinationen (z. B. Glücksrausch) bilden. Überlegen Sie dann: Was ist dem gegenüber ein ‚geglücktes Leben'? Versuchen Sie sich an Definitionen und finden Sie jeweils Beispiele dafür, wie man die jeweiligen Konzeptionen von ‚Glück' realisieren könnte. Überlegen Sie auch, ob ein ‚menschenwürdiges Leben' und ein ‚geglücktes Leben' dasselbe sind.

	Definition	Beispiele möglicher Realisierung
Glück:	1.	
	2.	
	3.	
Geglücktes Leben:		
Menschenwürdiges Leben:		

3. Sie sind Leiter(in) einer Flüchtlingshilfeorganisation. Sie müssen entscheiden, was die Flüchtlinge mindestens haben sollten und was ihnen mindestens finanziert werden muss. Machen Sie eine Liste von Minimalgütern, die jeder Mensch zu einem geglückten Leben braucht. Reichen Ihnen sechs Spalten dafür? Sind ideelle oder materielle Güter wichtiger?

Das braucht jeder	Begründung
1.	
2.	
3.	
4.	

3.16 · Das Argument des geglückten Lebens

Das braucht jeder	Begründung
5.	
6.	
Außerdem 7–x:	

4. Nach Marta Nussbaum haben alle Menschen bestimmte Grundbedürfnisse, die erfüllt sein müssen, damit sie überhaupt die Chance auf ein gelungenes bzw. geglücktes Leben haben. Analysieren Sie ihren Argumentationsgang. Überlegen Sie, welche Bedingungen gegeben sein müssen, damit das jeweilige Grundbedürfnis erfüllt werden kann. Überlegen Sie außerdem, ob es sich wirklich um ein Grundbedürfnis in dem Sinne handelt, dass ein Mensch kein geglücktes Leben führen kann, wenn das Bedürfnis nicht erfüllt ist.

Text	Rekonstruktion	Bedingung	Diskussion
„Sobald wir die wichtigsten Funktionen menschlichen Lebens definiert haben, können wir die Frage stellen, wie sich die sozialen und politischen Institutionen auf sie auswirken. Geben sie den Menschen das, was sie brauchen, um bei allen diesen menschlichen Tätigkeiten funktionstüchtig zu bleiben? […] Die hier formulierte Position […] geht […] von zwei Tatsachen aus:	Leitende Frage:		
Erstens, dass wir uns über viele Unterschiede der Zeit und des Ortes hinweg gegenseitig als Menschen anerkennen. […] Die Darstellung [listet] jene Eigenschaften auf, von denen man annimmt, dass sie an jedem beliebigen Ort ein Leben zu einem menschlichen Leben machen.	P1:		
Zweitens haben wir einen weithin akzeptierten Konsens hinsichtlich jener Eigenschaften, derer Fehlen das Ende einer menschlichen Lebensform bedeutet. Sowohl in der Medizin als auch in der Mythologie haben wir eine Vorstellung davon, dass bestimmte Übergänge oder Veränderungen ganz einfach unverträglich sind mit der Weiterführung der Existenz eines Wesens als einem der Menschengattung zugehörigen. […]	P2:		
Die Darstellung ergibt sich aus […] den Geschichten, die die Menschen sich erzählen, wenn sie fragen, was es denn heißt, als ein Wesen mit bestimmten Eigenschaften zu leben, die es von den übrigen Lebewesen in der Welt der Natur abhebt. […]	Methode:		
(1) Fähig zu sein bis zum Ende eines vollständigen menschlichen Lebens leben zu können, soweit, wie es möglich ist; nicht frühzeitig zu sterben oder zu sterben, bevor das Leben so vermindert ist, dass es nicht mehr lebenswert ist.	1. Grundbedürfnis:		

Text	Rekonstruktion	Bedingung	Diskussion
(2) Fähig zu sein, eine gute Gesundheit zu haben; angemessen ernährt zu werden; angemessene Unterkunft zu haben; Gelegenheit zur sexuellen Befriedigung zu haben; fähig zu sein zur Ortsveränderung	2. Grundbedürfnis:		
(3) Fähig zu sein, unnötigen und unnützen Schmerz zu vermeiden und lustvolle Erlebnisse zu haben.	3. Grundbedürfnis:		
(4) Fähig zu sein, die fünf Sinne zu benutzen; fähig zu sein, zu phantasieren, zu denken und zu schlussfolgern.	4. Grundbedürfnis:		
(5) Fähig zu sein, Bindungen zu Dingen und Personen außerhalb seiner selbst zu unterhalten; diejenigen zu lieben, die uns lieben und sich um uns kümmern; über ihre Abwesenheit zu trauern; in einem allgemeinen Sinne lieben und trauern sowie Sehnsucht und Dankbarkeit empfinden zu können.	5. Grundbedürfnis:		
(6) Fähig zu sein, sich eine Auffassung des Guten zu bilden und sich auf kritische Überlegungen zur Planung des eigenen Lebens einzulassen.	6. Grundbedürfnis:		
(7) Fähig zu sein, für und mit anderen leben zu können, Interesse für andere Menschen zu zeigen, sich auf verschiedene Formen familiärer und gesellschaftlicher Interaktionen einzulassen.	7. Grundbedürfnis:		
(8) Fähig zu sein, das eigene Leben in seiner eigenen Umwelt und in seinem eigenen Kontext zu leben."	8. Grundbedürfnis:		
Nussbaum 1993, S. 332–340	*Bitte beachten Sie, dass der Text aus dem Englischen übersetzt wurde, dass er gekürzt ist und dass man einen philosophischen Text auf verschiedene Weise rekonstruieren kann.*		

5. Überlegen Sie: Ist der Katalog von Grundbedürfnissen des Menschen vollständig? Fällt Ihnen noch etwas anderes ein? Wo würden Sie streichen? Begründen Sie.

	Grundbedürfnisse	Begründung
Streichen würde ich:		
Hinzufügen würde ich:		

6. Die Amerikanische Verfassung (engl. *Constitution of the United States of America*) vom 17. September 1787 wird mit folgender Präambel überschrieben: „We the People of the United States, in order to perform a more perfect union, establish justice, insure domestic tranquility, provide for the common defence, promote a general welfare, and secure the blessings of liberty to ourselves and our Posterity, do ordain and establish this constitution for the United States of America." Überlegen Sie, was das für eine Gesellschaft bedeutet und vergleichen Sie diesen Verfassungsanfang mit den ersten Passagen unserer Verfassung

3.16 · Das Argument des geglückten Lebens

(s. ▶ Abschn. 3.7.5). Was meinen Sie: Lässt sich aus solchen Unterschieden etwas über die Grundwerte unserer Gesellschaften schließen? Was würden Sie persönlich lieber unterschreiben?

	Schwerpunkt(e)	Diskussion
USA:		
Deutschland:		

7. In moralischen Urteilen können subjektive Glücksvorstellungen, Wünsche, Lebenspläne und Werte als evaluative Prämissen Pe insbesondere dann Gewicht haben, wenn sie nicht rein privat sind, sondern von vielen Menschen in einer Gesellschaft geteilt werden (s. ▶ Abschn. 1.3.3 und 2.12.5). Manchmal stehen sie allerdings im Konflikt mit moralischen Normen Pn. So kann es der Fall sein, dass eine Person etwas unbedingt für ein geglücktes Leben zu brauchen glaubt, das aber einer anderen Person gehört und ihr nicht weggenommen werden darf. Erfinden Sie einen Konflikt zwischen einem Wunsch oder Wert und einer moralischen Norm und fällen Sie ein Urteil, das auf (mindestens) einer deskriptiven Prämisse Pd, (mindestens) einer normativen Prämissen Pn und (mindestens) einer evaluativen Prämisse Pe basiert.

Der Syllogismus	Diskussion
Ihr Beispiel:	
Pd:	
Pn:	
Pe:	
→ K:	

8. Analysieren Sie folgenden Argumentationsgang und überlegen Sie, was es nach Kant heißen kann, dass man sich ‚des Glückes würdig' erweisen muss, indem man getreu seine Pflicht tut bzw. moralisch handelt? Würden Sie es unterstreichen, dass ein sehr moralischer Mensch ein ‚lustvolleres' Leben führt als jemand, der seine Vorteile zu wahren weiß? Kennen sie so etwas wie ‚Lust an der Moral'? Es wäre schön, wenn Ihnen dieses Arbeitsbuch zumindest die Lust des ethischen Argumentierens bereitet hätte. Danke schon einmal für's Mitmachen!

Text	Rekonstruktion	Diskussion
„Ich hatte die Moral […] für eine Wissenschaft erklärt, die da lehrt, nicht wie wir glücklich, sondern der Glückseligkeit würdig werden sollen.	T1:	
Hierbei hatte ich nicht verabsäumt anzumerken, daß dadurch dem Menschen nicht angesonnen werde, er solle, wenn es auf Pflichtbefolgung ankommt, seinem natürlichen Zwecke, der Glückseligkeit, *entsagen*;	E1:	

Text	Rekonstruktion	Diskussion
denn das kann er nicht, so wie kein endliches vernünftiges Wesen überhaupt. […]	AE1:	
Allerdings muß der Wille Motive haben,	E2:	
aber diese sind nicht gewisse vorgesetzte, auf physische Gefühle bezogene Objekte, als Zweck,	P1:	
sondern nichts als das unbedingte Gesetz selbst,	P2:	
für welches die Empfänglichkeit des Willens […] das moralische Gefühl heißt, […] mithin eine Lust, die wir uns zum Zweck machen. […]. Daß der Mensch sich bewußt ist, er könne dieses, weil er es soll: das eröffnet in ihm eine Tiefe göttlicher Anlagen, die ihm gleichsam einen heiligen Schauer über die Größe und Erhabenheit seiner wahren Bestimmung fühlen läßt. […]	P3:	
Ja, er fühlt sogar, wenn der Begriff der Pflicht ihm etwas gilt, einen Abscheu, sich auch nur auf den Überschlag von Vorteilen […] einzulassen. […]	P4:	
Und wenn der Mensch öfters darauf aufmerksam gemacht und gewöhnt würde, […] daß man dem Trachten nach Glückseligkeit vor dem, was die Vernunft zur obersten Bedingung macht, nämlich der Würdigkeit glücklich zu sein, den Vorzug zu geben [hat], so müßte es mit der Sittlichkeit der Menschen bald besser stehen."	AE2 (vgl. T2):	
Kant: Gemeinspruch (1964) S. 131–143	*Bitte beachten Sie, dass der Text gekürzt ist und dass man einen philosophischen Text auf verschiedene Weise rekonstruieren kann.*	

9. Das Argument des geglückten Lebens hat etwa folgende Form:

> Pd: Mit der Handlung H würde das Gut G realisiert.
> Pe: Das Gut G ist notwendige Bedingung eines geglückten Lebens.
> Pn: Es gibt ein Recht auf ein geglücktes Leben.
> → K: Man darf H tun.

Entwickeln Sie ein Argument des guten Lebens für eine Situation, in der eine Person ihre Familie mit einem schwer behinderten Kind verlassen will, weil sie glaubt, nur in einer anderen Partnerschaft ein geglücktes Leben führen zu können.

Syllogismus	Mögliche Einwände?
Pd:	
Pe:	
Pn:	
→ K:	

3.16 · Das Argument des geglückten Lebens

10. Kennen Sie die Biographie des Malers Paul Gaugin? Er war ein angesehener Banker und Familienvater in Paris, als er seine Leidenschaft für das Malen und sein Fernweh entdeckte. Er ließ alles im Stich und ging nach Tahiti. In dem Roman *Des Menschen Hörigkeit* von William Somerset Maugham heißt es:

> Philip Watkins hält sich (fälschlicherweise) für einen talentierten Maler und geht nach Paris. Hier trifft er viele Bohémien-Maler aus England. Einer von ihnen, Clutton, erzählt eines Tages von Paul Gaugin: „Er ist jetzt nach Tahiti abgereist. Er war ein vielverdienender Börsenmakler in London und hatte Frau und Kinder. Aber er hat alles aufgegeben, um Maler zu werden. Er hat es einfach liegengelassen, ist in die Bretagne gegangen und hat angefangen zu malen". Philip fragt nach der Familie Gaugins. „Ach, die hat er fallengelassen", antwortet Clutton. „Das finde ich nicht gerade anständig", mahnt Philip. Und Clutton entgegnet, dass man entweder „Gentleman" oder „Künstler" sein könne. „Diese beiden Dinge" hätten „nicht das geringste miteinander zu tun". So höre man zwar „von Menschen, die Blumentöpfe bemalen, um eine alte Mutter zu erhalten". Das zeige jedoch nur, „dass sie ausgezeichnete Söhne sind". Ein Künstler würde hingegen „seine Mutter ins Armenhaus" bringen, wenn das seiner Kunst dienen würde. Dafür sei Gaugin das beste Beispiel: „Er hat sich zu seiner Frau und zu seinen Kindern benommen wie ein Schwein, er benimmt sich immer wie ein Schwein", aber „er ist ein großer Künstler". (Maugham o.J., S. 268 f.)

Wie lautet Ihr moralisches Urteil? Durfte Gaugin nach Tahiti reisen, um ein Künstler zu werden? Beantworten Sie sich bitte folgende Fragen:

	Antwort	Begründung
War Gaugin egoistisch?		
Hat Gaugin unmoralisch gehandelt?		
Man muss (nicht) auf ein großes Glück verzichten, wenn:		
Spielt es für Sie eine Rolle, dass Gaugin heute als großer Künstler gilt?		

Zu 3.14.9: Argument des guten Lebens für das Recht, seine Familie mit einem schwerbehinderten Kind verlassen zu dürfen.

Gegen Pd: Würde die Handlung H tatsächlich das Gut G realisieren?
Gegen Pn1: Ist das Gut H tatsächlich Bedingung eines geglückten Lebens?
Gegen Pn2: Hat man das Recht auf eine Handlung, die glücklich macht, wenn andere dadurch sehr unglücklich werden?

Pd: Weil die Familiensituation von Person P anstrengend und belastend ist, würde sie sich in einer neuen Beziehung glücklicher fühlen.	E1: Lässt sich die Familiensituation verbessern? E2: Würde sich P tatsächlich in einer neuen Partnerschaft wohler fühlen? Oder liegen ihre Probleme in ihrer eigenen Persönlichkeit oder in Umständen, die mit der Familiensituation nichts zu tun haben?
Pe: Die neue Partnerschaft ist Bedingung für ein geglücktes Leben.	E1: Ist die neue Partnerschaft nur ein kurzfristiges egoistisches Interesse? E2: Ist P wirklich unglücklich oder nur unzufrieden?

Pn: Jeder Mensch hat ein Recht auf ein geglücktes Leben.	E1: Hat ein Elternteil das Recht, sein Kind zu verlassen? Gilt das auch, wenn das Kind pflegebedürftig ist? E2: Gibt es ein (moralisches) Recht auf ein geglücktes Leben?
→ K: P darf eine neue Partnerschaft eingehen.	**Ist die Konklusion noch haltbar?**

Bitte beachten Sie, 1) dass es mehrere Möglichkeiten gibt, das Argument zu formulieren und 2) dass hier nicht alle möglichen Einwände genannt werden können. Wenn Sie einen anderen Syllogismus geschrieben oder andere Einwände formuliert haben, liegen Sie vermutlich ebenfalls richtig! Vielleicht befragen Sie Ihren Freundeskreis? Und bitte beachten Sie vor allem, dass sich die These (K) auch anders begründen ließe.

> **Zum Weiterlesen**
> Baurmann, Michael/Kliemt, Hartmut (Hg.): *Glück und Moral. Arbeitstexte für den Unterricht.* Stuttgart 1987.

Literatur

AEMR: *Allgemeine Erklärung der Menschenrechte.* ▸ https://www.amnesty.de/alle-30-artikel-der-allgemeinen-erklaerung-der-menschenrechte (März 2023).

Arendt, Hannah: *Eichmann in Jerusalem* [1986]. München/Zürich [13]2004.

Arendt, Hannah: Es gibt nur ein einziges Menschenrecht [1949]. In: Christoph Menke/Francesca Raimondi (Hg.): *Die Revolution der Menschenrechte.* Frankfurt a.M. [2]2017, S. 394–410.

Arendt, Hannah: Was ist Autorität? In: Dies.: *Zwischen Vergangenheit und Zukunft.* München 1961, S. 159–200.

Allensbacher Archiv, IfD-Umfrage 11052, Februar 2016. ▸ https://www.ifd-allensbach.de/fileadmin/kurzberichte_dokumentationen/FAZ_Februar016.pdf (14.4.2023).

Baurmann, Michael/Kliemt, Hartmut (Hg.): *Glück und Moral. Texte und Materialien für den Unterricht.* Stuttgart 1987.

Benhabib, Seyla: Gibt es ein Menschenrecht auf Demokratie? In: Christoph Broszies/Henning Hahn (Hg.): *Globale Gerechtigkeit.* Frankfurt a.M. [3]2013, S. 404–438.

Beauchamp, Tom/Childress, James: *Principles of Biomedical Ethics.* New York 1994.

Birnbacher, Dieter: *Tun und Unterlassen.* Stuttgart 1995.

Bobbert, Monika: Sterbehilfe als medizinisch assistierte Tötung auf Verlangen. Argumente gegen eine rechtliche Zulassung. In: Markus Düwell/Klaus Steigleder (Hg.): *Bioethik.* Frankfurt a.M. 2003, S. 314–322.

Brezger, Jan: So viele wie nötig und möglich! In: Thomas Grundmann/Achim Stephan (Hg.): *Welche und wie viele Flüchtlinge sollen wir aufnehmen?* Stuttgart 2016, S. 57–69.

Bundesamt für Migration und Flüchtlinge (BAMF): Jahresbilanz 11.1.2017. ▸ https://www.bamf.de/SharedDocs/Meldungen/DE/2017/20170111-asylgeschaeftsstatistik-dezember.html?nn=282388 (30.3.2020).

Deutscher Ethikrat: Präimplantationsdiagnostik. Abschnitt 7,2. Votum für ein gesetzliches Verbot der PID. Abschnitt 4,1, Berlin 2011, S. 111–152.

Die Bibel. Zitiert nach: Elberfelder Bibel. Wuppertal 2006.

Flescher, Andrew Michael: *Heroes, Saints and Ordinary Morality.* Washington 2003.

Foot, Philippa: Das Abtreibungsproblem und die Doktrin der Doppelwirkung. In: Anton Leist (Hg.): *Um Leben und Tod.* Frankfurt a.M. 1990, S. 196–214 (engl. *The Problem of Abortion and the Doctrine of Double Effect*, 1967).

Galen, Clemens Kardinal Graf von: Predigt Lamberti-Kirche zu Münster vom 3.8.1941. In: Urban Wiesing (Hg.) *Ethik in der Medizin. Ein Reader.* Stuttgart 2000, S. 46f.

Grundmann, Thomas/Stephan, Achim (Hg.): *Welche und wie viele Flüchtlinge sollen wir aufnehmen?* Stuttgart 2016.

Gutmann, Thomas: Der eigene Tod. Die Selbstbestimmung des Patienten und der Schutz des Lebens in ethischer und rechtlicher Dimension. In: *Ethik in der Medizin* 14 (2002), S. 170–185.

Harris, John: *The Value of Life.* London 1985.

Hegel, Georg Wilhelm Friedrich: *Phänomenologie des Geistes* [1807]. In: Werke in 20 Bänden, Bd. 3. Hg. von Eva Moldenhauer, Karl Markus Michels. Frankfurt a.M. 1970.

Heyd, David: *Supererogation. Its Status in Ethical Theory.* Cambridge 1982.

Kant, Immanuel: *Grundlegung zur Metaphysik der Sitten* [1785]. In: Werke in zehn Bänden, Bd. 6. Hg. von Wilhelm Weischedel. Darmstadt 1956, S. 11–102 [GMS].

Literatur

Kant, Immanuel: *Kritik der Praktischen Vernunft* [1788]. In: Werke in zehn Bänden, Bd. 6. Hg. von Wilhelm Weischedel. Darmstadt 1956, S. 102–304 [KpV].

Kant, Immanuel: *Über den Gemeinspruch: Das mag in der Theorie richtig sein, taugt aber nicht für die Praxis* [1793]. In: Werke in zehn Bänden, Bd. 9. Hg. von Wilhelm Weischedel. Darmstadt 1964, S. 125–172 [Gemeinspruch].

Kant, Immanuel: *Zum Ewigen Frieden* [1795]. In: Werke in zehn Bänden, Bd. 9. Hg. von Wilhelm Weischedel. Darmstadt 1964, S. 191–251 [ZeF].

Kant, Immanuel: *Die Metaphysik der Sitten* [1797]. In: Werke in zehn Bänden, Bd. 7. Hg. von Wilhelm Weischedel. Darmstadt 1956, S. 306–634 [MS].

Kant, Immanuel: *Über ein vermeintliches Recht, aus Menschenliebe zu lügen* [1797]. In: Werke in zehn Bänden, Bd. 7. Hg. von Wilhelm Weischedel. Darmstadt 1956, S. 635–643 [Lügen].

Ladwig, Bernd: Militärische Intervention zwischen Moralismus und Legalismus. In: *Deutsche Zeitschrift für Philosophie* 48/1 (2000), S. 133–148.

Maugham, W. Somerset: *Des Menschen Hörigkeit*. Gütersloh o. J. (engl. *Of Human Bondage*, 1915).

Menkens, Sabine: Warum jetzt viele Deutsche die Todesstrafe fordern. In: *Die Welt*, 28.11.2014. ▶ https://www.welt.de/politik/deutschland/article134799279/Warum-jetzt-viele-Deutsche-die-Todesstrafe-fordern.html (13.7.2020).

Nagel, Thomas: Massenmord und Krieg. In: Ders.: *Letzte Fragen*. Hg. von Michael Gebauer, übers. von Knut Eming. Bodenheim 21996, S. 83–109 (engl. War and Massacre, 1971).

Nussbaum, Martha: Menschliches Tun und soziale Gerechtigkeit. In: Micha Brumlik/Hauke Brunkhorst (Hg.): *Gemeinschaft und Gerechtigkeit*. Frankfurt a. M. 1993, S. 323–364.

Patientenverfügung. Formular Hamburger Ärztekammer 2015. ▶ https://www.aerztekammer-hamburg.org/files/aerztekammer_hamburg/patienten/patientenverfuegung/a_2015_17_Patientenverfuegung_1106.pdf (13.7.2020).

Platon: *Der Staat (Politeia)*. Hg. von Karl Vretska. Stuttgart 1958.

Pollmann, Arndt/Lohmann, Georg (Hg): *Menschenrechte*. Ein interdisziplinäres Handbuch. Stuttgart 2012.

Raters, Marie-Luise: *Das moralische Dilemma*. Freiburg/München ²2016

Raters, Marie-Luise: *Das muss ich nicht tun! Das Argument der Supererogation und die Grenzen der Pflicht in der Angewandten Ethik*. Berlin (Metzler) 2022

Schaber, Peter: Menschenwürde und Selbstachtung. In: Ralf Stoecker (Hg.): *Menschenwürde – Annäherungen an einen Begriff*. Wien 2003, S. 119–131.

Schaber, Peter: *Menschenwürde*. Grundwissen Philosophie. Stuttgart 2012.

Schockenhoff, Eberhard: Testfall für die Toleranzfähigkeit des demokratischen Rechtsstaats? In: Martin Langanke/Andreas Ruwe/Henning Theißen (Hg.): *Rituelle Beschneidung von Jungen. Interdisziplinäre Perspektiven*. Leipzig 2014, S. 193–214.

Singer, Peter: Hunger, Wohlstand und Moral. In: Peter Schaber/Barbara Bleisch (Hg.): *Weltarmut und Ethik*. Paderborn ²2009, S. 37–52 (engl. *Famine, Affluence, and Morality*, 1972).

Statista Research Departement. File: https://de.statista.com/ Zugriff 9.1.2023; 29.8.2023.

Stoecker, Ralf: Tun und Unterlassen und das Prinzip der Doppelwirkung. In: Christian Neuhäuser/Marie-Luise Raters/Ralf Stoecker (Hg.): *Handbuch Angewandte Ethik*. Stuttgart ²2023, S. 223–231.

Thomas von Aquin: *Summa Theologica*. Dt./Lat. Gesamtausgabe (unvollständig), 34 Bde. Übers. von deutschen und österreichischen Dominikanern und Benedektinern. Graz u. a. 1933ff. [ST].

Thomson, Judith J: Eine Verteidigung der Abtreibung. In: Anton Leist (Hg.): *Um Leben und Tod*. Frankfurt a.M. 1990, S. 107–132 (engl. *A Defense of Abortion*, 1971).

Urteil des Landgerichts Köln. Beschneidung von Jungen aus religiösen Gründen ist strafbar. In: *Süddeutsche Zeitung*, Panorama 26. Juni 2012. ▶ https://www.sueddeutsche.de/panorama/urteil-des-landgerichts-koeln-beschneidung-von-jungen-aus-religioesen-gruenden-ist-strafbar-1.1393536 (13.7.2020).

Walton, Douglas: *Slippery Slope Arguments*. Oxford 1992.

Welthungerindex 2016. Zitiert nach: ▶ https://www.welthungerhilfe.de/aktuelles/publikation/de-tail/welthunger-index-2016/ (13.7.2020).

Welthungerindex 2022. Zitiert nach ▶ https://www.globalhungerindex.org/pdf/de/2022.pdf (29.5.2023).

Williams, Bernard: Moralischer Zufall. In: Ders.: *Moralischer Zufall. Philosophische Aufsätze 1973–1980*. Übers. von André Linden. Königsstein 1984 (engl. *Moral Luck*, 1976).

Williams, Bernard: Widerspruchsfreiheit in der Ethik. In: Ders.: *Probleme des Selbst*. Übers. Joachim Schulte. Stuttgart 1978, S. 263–286 (engl. Ethical Consistency. In: *Proceedings of the Aristotelian Society* 39 [1965]).

Serviceteil

Anhang: Wie schreibe ich einen philosophischen Text? – 246

Anhang: Wie schreibe ich einen philosophischen Text?

Vorab: Das Wichtigste in Stichworten

Philosophische Texte sind gut strukturiert, wenn
- die leitende Frage klar ist,
- sich sämtliche Passagen auf die leitende Fragestellung beziehen,
- es keine überflüssigen Abschweifungen gibt (Ockhams Rasiermesser),
- die einzelnen Argumentationsschritte klar auseinander hervorgehen,
- es keine Widersprüche gibt,
- sich das Ergebnis eindeutig aus der Argumentation ergibt.

Die wichtigsten Mängel von philosophischen Texten sind:
- Fehlen einer klaren leitenden Problemstellung
- Überflüssige Informationen wie z. B. Biographisches, Lexikonwissen, Wikipedia-Paraphrasen
- Widersprüchlichkeit zweier Behauptungen (Inkohärenz)
- Argumentationssprünge und chaotische Gliederung
- Ungekennzeichnete Exkurse ohne Bezug zur leitenden Frage
- Fehlende oder nicht überzeugend hergeleitete Konklusion

Was gar nicht geht: Formale Mängel
- Fehler in der Rechtschreibung und Grammatik
- Ungelenke (insb. steife) Formulierungen
- Naive Wertungen („den Text fand ich insgesamt nicht so gut …")
- Zitate oder Paraphrasen, die nicht als solche gekennzeichnet sind (Plagiat)

Sekundärliteratur
- Als ‚Sekundärliteratur' werden die Texte bezeichnet, die andere Texte (die ‚Primärliteratur') kritisch rekonstruieren und diskutieren. Sekundärliteratur ersetzt nicht die Lektüre der Primärquelle. Sekundärliteratur sollte vielmehr als eine Art Gesprächspartner über die Primärquelle angesehen werden.
- Die Grundregel lautet: Man sollte grundsätzlich zuerst die Primärliteratur lesen und intensiv darüber nachdenken, ehe man sich mit der Sekundärliteratur vertraut macht.
- Es kann passieren, dass Sie Ihre eigene Lesart in der Sekundärquelle nicht wiederfinden.
  - Das kann daran liegen, dass Sie die Primärquelle nicht richtig verstanden haben. Lesen Sie deshalb die Primärquelle auf jeden Fall noch einmal und überprüfen Sie Ihre Lesart.
  - Es kann aber auch sein (tatsächlich ist das häufig der Fall), dass Sie durch die Sekundärquelle auf eine falsche Fährte geführt werden, weil sie aus einer bestimmten philosophischen Richtung oder mit einer bestimmten strategischen Absicht verfasst wurde oder weil der Autor die Primärquelle schlicht falsch verstanden hat. Dann distanzieren Sie sich bitte sowohl selbstbewusst als auch begründet von der Sekundärquelle. Formulieren können Sie das etwa so: „Dem Autor X zufolge ist die Passage P im Primärtext T folgendermaßen zu verstehen. Gegen eine solche Lesart spricht in meinen Augen jedoch die Tatsache, dass in T auch Folgendes steht [hier zitieren Sie die Passage, die Sie anders verstanden haben]. Derselben Ansicht ist Autor Y".

Anhang: Wie schreibe ich einen philosophischen Text?

- Man findet Sekundärliteratur a) in der Bibliothek über Stichwortkataloge, b) in Handbüchern, c) in den Anmerkungen von einschlägigen Aufsätzen oder Büchern zum Thema, d) im Internet. Bitte verwenden Sie jeweils die originalen Sekundärquellen, aber nicht Berichte über oder Zusammenfassungen von Sekundärliteratur.
- Bei wörtlichen Zitaten sollten Sie doppelte Anführungszeichen verwenden („…"). Bei Paraphrasen sollten Sie den Konjunktiv oder eine grammatische Form mit vergleichbarem Charakter verwenden („X behauptet, das Z Menschen seien"; „nach X sollen Z Menschen sein" etc.). Bei der Hervorhebung von Schlagwörtern ist die Verwendung einfacher Anführungszeichen (,…') üblich.
- Sowohl bei Paraphrasen als auch insbesondere bei wörtlichen Zitaten sollten sie deutlich die Quelle kennzeichnen. Dabei gibt es verschiedene Muster.
  - Wichtig ist, dass an einer Stelle des Textes (entweder in der ersten Fußnote, in der die Quelle zitiert oder paraphrasiert wird oder am Ende in der Bibliographie) alle nötigen bibliographischen Angaben genannt werden. Das sind Name des Autors, Vorname, Titel des Textes mit Untertitel (bei Aufsätzen oder Kapiteln aus Büchern zusätzlich Titel des Buches oder der Zeitschrift, eventuell Band, Herausgeber), Erscheinungsort (eventuell mit Verlag), Erscheinungsjahr, bei Aufsätzen und Buchkapiteln die entsprechenden Seitenzahlen.
  - Anschließend können Sie mit Kurzverweisen arbeiten, die entweder aus Autor Erscheinungsjahr Seitenzahl (Nagel 1986, 12) oder aus Autor Kurztitel Seitenzahl (Nagel View 12) bestehen. Die Kurzverweise können entweder in Klammern in den Text eingefügt oder in die Fußnote gesetzt werden.

Vier Grundregeln
- Grundsätzlich gilt: Falls Sie einem Autor zustimmen möchten, ist es strategisch ratsam, erst die Argumente zu diskutieren, die gegen seine Position sprechen, und dann die Argumente, die für seine Position sprechen. Falls man seine Position ablehnen möchte, verfährt man umgekehrt.
- Kritisieren lassen sich beispielsweise a) Begriffsverwendungen, b) die Prämissen von Argumenten, c) die Folgerichtigkeit von Argumenten, d) insbesondere die Verteidigungen gegen antizipierte Einwände sowie e) die Konsistenz und Stringenz des gesamten argumentativen Textes.
- Sekundärliteratur wird herangezogen, um die eigene Position zu stärken, oder um sie in Ihrer Einschätzung zu widerlegen. Folgende Formulierungen können Sie wählen: „Schon X betont in seiner Schrift y treffend, dass …". „Nicht zuzustimmen ist X, der in seiner Schrift y fälschlicherweise behauptet, dass …"
- Die wichtigste Grundregel ist der Respekt vor der Position!

Eine mögliche Vorgehensweise zur Planung einer philosophischen Abhandlung
Grundregel: Wer nach Amerika fahren will, muss mit einem ersten Schritt beginnen. Teilen Sie den Prozess des Abfassens Ihrer schriftlichen Arbeit in kleine Etappen. Machen Sie einen Zeitplan, der festlegt, in welcher Zeit Sie welche Etappe bewältigen wollen. Belohnen Sie sich, wenn Sie den Zeitplan einhalten – dann schaffen Sie das auch!
1. Erste Festlegung der Fragestellung (Essay) bzw. der Fragestellung des Textes (kritische Textanalyse), wobei die Fragestellung möglichst eng und möglichst präzise formuliert sein sollte. Falls möglich, suchen Sie dafür professionelle Hilfe (z. B. in der Sprechstunde).
2. Literatur-Recherche (s. o. den Abschnitt zur Sekundärliteratur).

3. Entwurf einer Gliederung (z. B. nach der Vorlage der kritischen Textanalyse oder des Essays; s. u.), in der die einzelnen Argumentationsschritte festgelegt sind. Dabei sollte vor allem die leitende Fragestellung noch einmal überprüft und ggfs. präzisiert oder verengt sowie eine abschließende These (auf welche die Argumentation hinlaufen soll) formuliert werden.
4. Zuordnung des Materials zu den einzelnen Gliederungspunkten bzw. Argumentationsschritten.
5. Ausformulierung einer ersten Textfassung durch schrittweises Abarbeiten der Gliederungspunkte.
6. Mindestens 3 Tage Pause. Anschließend Kürzungen und Verbesserungen der Formulierungen vornehmen.
7. Noch einmal ca. 7 Tage Pause. Anschließend den Text insgesamt noch einmal überarbeiten und auf mögliche inhaltliche Mängel (s. o.) überprüfen.
8. Auf formale Mängel (s. o.) überprüfen. Ggfs. Korrekturlesen lassen.
9. Ausdrucken, abgeben, Belohnung.
10. Ggfs. professionelle Rückmeldung (z. B. in der Sprechstunde) einholen, um für das künftige Verfassen philosophischer Texte zu lernen.

Die kritische Textarbeit

Eine verbreitete philosophische Textgattung ist die kritische Textarbeit. Sie fragt nach der Konsistenz, der Originalität und der Wirkmacht einer bestimmten philosophischen Position. Sie könnte bei einem Umfang von ca. 20 Textseiten etwa folgenden Aufbau haben, wobei die Seitenangaben natürlich nur eine sehr grobe Richtlinie ist, von der sie ggfs. unbedingt abweichen sollten.

1. Einleitung (ca. 2 Seiten)
- Die leitende Frage des Autors lautet: …
- Die Frage ist von Interesse, weil … (systematische oder philosophiegeschichtliche Einordnung und ggfs. Verweis auf eine aktuelle Diskussion)
- Ggfs. Ausführungen über die Wirkmacht des Textes: „Diese Position hatte großen Einfluss, weil der Philosoph X sie in seiner Schrift Y auf die Weise Z aufgegriffen hat"
- Die Antwort des Autors auf seine leitende Frage lautet, dass … (knappe Zusammenfassung der These)
- Das begründet der Autor mit insgesamt x Argumenten.

2. Rekonstruktion und Diskussion der einzelnen Argumente (Hauptteil ca. 16 Seiten)

> **Tipp**
>
> 1. Zum besseren Nachvollzug können den einzelnen Argumenten griffige Namen gegeben werden.
> 2. Die Argumente müssen nicht unbedingt in derselben Reihenfolge wie im Text diskutiert werden (vgl. vier Grundregeln).

- Argument 1
  - das erste Argument lautet: …
  - es wird begründet mit P1–Px: …
  - den Prämissen P1–Px ist (nicht) zuzustimmen, weil: …
  - Der Autor veranschaulicht das mit den Beispielen z. B. 1–z. B. x: …
  - Die Beispiele z. B. 1–z. B. x sind (un)passend, weil: …

- Der Autor selbst antizipiert die E1–Ex und antwortet mit AE1–AEx: …
- (Nicht) überzeugend sind die Antworten AE1–AEX: …
- Es fehlt der Einwand, dass: …
- Insgesamt kann das Argument (nicht) überzeugen, weil: …
- Argumente 2–x (vorgehen wie bei Argument 1)

3. Schluss (ca. 2 Seiten)
- Die leitende Frage lautet: …
- Die These lautet: …
- (Nicht) überzeugend sind die Begründungen, dass: …
- Insgesamt ist die Position also (nicht) überzeugend, weil: …
- Weiterführend könnte man die Frage(n) stellen, ob: …

Der Essay

Der philosophische Essay (bzw. die Streitschrift) behandelt eine systematische Fragestellung. Ein Essay könnte bei einem Umfang von ca. 20 Textseiten etwa folgenden Aufbau haben, wobei die Seitenangaben natürlich nur eine sehr grobe Richtlinie ist, von der sie ggfs. unbedingt abweichen sollten. Natürlich können Sie auch mehrere philosophische Gegenpositionen diskutieren – dann wird Ihr Essay entsprechend umfangreicher!

1. Schilderung einer Episode oder Zitat aus einem Zeitungsartikel o. Ä. (ca. 1 Seite)

2. Exposition der Fragestellung (ca. 1 Seite)
- Mit dieser Situation (s. 1.) stellt sich die Frage, ob …
- Diese Frage ist von Interesse, weil …
- Aus Platzgründen ausgeblendet werden müssen die Fragen nach …

3. Skizzierung einer nicht-philosophischen Positionen mit kurzer Widerlegung (ca. 2 Seiten)
- Man könnte auf die leitende Frage die Antwort geben, dass …
- Diese Antwort ist unbefriedigend, weil …

4. Philosophisch gehaltvolle Gegenposition nach dem Vorbild der kritischen Textarbeit (ca. 6 Seiten)
- Rekonstruktion der Gegenposition unter Rückgriff auf die einschlägige Sekundärliteratur
- Kurze Hervorhebung der Stärken und Plausibilitäten unter Rückgriff auf die einschlägige Sekundärliteratur
- Kritische Diskussion der Begründungen P1–Px der jeweiligen Argumente sowie der Antworten A1–x auf antizipierte Einwände E1–x unter Rückgriff auf die einschlägige Sekundärliteratur
- Zusammenfassung der eigenen Kritik an der Gegenposition mit kurzer Begründung

5. Die eigene Position (ca. 8 Seiten)
- Exposition der eigenen Argumente mit Begründungen
- Antizipation von möglichen Einwänden E1–x und Widerlegung der Einwände A1–x
- Konklusion mit Plädoyer, warum die eigene Position überzeugender als die Gegenposition ist

6. Schluss (ca. 2 Seiten)
- Zusammenfassung des Argumentationsganges mit Fokus auf dem eigenen Argument
- Ggfs. Ausblick auf weiterführende systematische Fragen

Der philosophische Vortrag

Vorbemerkung: Ein Vortrag kann ebenfalls die Form eines Essays oder kritischen Textanalyse haben. Wichtig ist, dass Einwände antizipiert werden, weil ein spannender Vortrag in eine Diskussion übergehen sollte.

1. Zum Aufbau: Jeder Vortrag steht und fällt mit der Gliederung. Sie kann so aussehen:
- Skizze des Kontextes: a) leitende Frage des Seminares, b) bibliographische Angaben zu den Texten, c) worauf nimmt der Autor/nehmen die Autorinnen Bezug oder woran knüpfen sie an?
- These(n) T1–x zur leitenden Frage inklusive ausführlicher Begründung P1–x.
- Diskussionshinweise (pro *und* contra) zu den Begründungen P1–x und zu antizipierten Einwänden E1–x
- Grundsätzliche eigene Stellungnahme
- Freundliche Eröffnung der Diskussion, in der zunächst Verständnisfragen geklärt werden sollten, bevor kritische Einwände erhoben werden.

2. Die Redevorlage eines Vortrags kann ein ausformulierter Text oder ein Thesenpapier bzw. eine Power-Point-Präsentation oder eine gegliederte Stichwortsammlung sein. Ein Thesenpapier für alle ist immer empfehlenswert.
- Wenn Sie einen ausformulierten Text vorziehen, sollten Sie wichtige Passagen markieren und unwichtige Passagen vielleicht sogar dünn mit einem Bleistift durchstreichen, damit Sie sie ggfs. überspringen können.
- Das Thesenpapier (die Power-Point-Präsentation) sollte Folgendes enthalten a) Die These des Vortrags bzw. des zu behandelnden Textes, b) Gliederung und Argumentationsschritte im Überblick, c) Wichtige Zitate, d) Begriffsdefinitionen und e) wichtige Quellen
- In einer Stichwortsammlung sollten Sie a) deutliche Gliederungsabschnitte markieren und b) zentrale Passagen ausformulieren, in denen es auf jedes Wort ankommt.

3. Das Halten des Vortrags:
- Falls Sie den Vortrag zu mehreren halten: Legen Sie die Aufgaben sowohl für die Vorbereitung als auch für die Präsentation im Voraus genau fest.
- Legen Sie ebenfalls vorher fest, wie lange Sie sprechen, und ob Sie mit a) Nachfragen oder b) Einwänden unterbrochen werden möchten.
- Sprechen Sie langsam und schauen Sie Ihr Publikum an. Sprechen Sie gegebenenfalls im Stehen – das macht die Stimme lauter!
- Leiten Sie die Diskussion möglichst selbst. Lassen Sie erst Nachfragen und dann Einwände zu. Schreiben Sie die Einwände ggfs. auf einen Zettel. Antworten Sie, indem Sie die Gliederung Ihrer Antwort mit erwähnen.
- Geben Sie nicht nach, wenn man Ihre Position angreift – das gehört zum ‚Spiel'!
- Bedanken Sie sich abschließend für die interessante Diskussion.
- Genießen Sie es!

If you have any concerns about our products,
you can contact us on
ProductSafety@springernature.com

In case Publisher is established outside the EU,
the EU authorized representative is:
**Springer Nature Customer Service Center GmbH
Europaplatz 3, 69115 Heidelberg, Germany**

Printed by Libri Plureos GmbH
in Hamburg, Germany